新理念教育译丛

差异化学习

Advancing Differentiation

——21世纪的思与学（修订版）

Thinking and Learning for the 21st Century

[美] 理查德·M.卡什（Richard M. Cash） 著
胡牧 朱云会 译

江苏凤凰教育出版社
Phoenix Education Publishing, Ltd

图书在版编目（CIP）数据

差异化学习 ：21世纪的思与学 ：修订版 / （美）理查德·M.卡什著 ；胡牧，朱云会译. -- 南京 ：江苏凤凰教育出版社，2019.7
（新理念教育译丛）
ISBN 978-7-5499-8182-3

Ⅰ. ①差… Ⅱ. ①理… ②胡… ③朱… Ⅲ. ①课堂教学—教学研究 Ⅳ. ①G424.21

中国版本图书馆CIP数据核字(2019)第261492号

书　　名	**差异化学习——21世纪的思与学**(修订版)
作　　者	[美]理查德·M.卡什
译　　者	胡　牧　朱云会
责任编辑	薛　柏
装帧设计	张金凤
出版发行	江苏凤凰教育出版社(南京市湖南路1号A楼　邮编210009)
苏教网址	http://www.1088.com.cn
照　　排	南京凯建图文制作有限公司
印　　刷	江苏凤凰通达印刷有限公司(电话:025-57572508)
厂　　址	南京市六合区冶山镇(邮编:211523)
开　　本	787mm×1092mm　1/16
印　　张	17.5
字　　数	270千字
版　　次	2019年11月第1版 2019年11月第1次印刷
书　　号	ISBN 978-7-5499-8182-3
定　　价	70.00元
网店地址	http://jsfhjycbs.tmall.com
公 众 号	江苏凤凰教育出版社(微信号:jsfhjycbs)
邮购电话	025-85406265，025-85400774，短信02585420909
盗版举报	025-83658579

各方赞誉

“倘若发现自己很难驾驭动辄波澜壮阔的差异化场景，不妨让卡什博士提供救生装置，为您保驾护航。尽情享用吧！”

——戴维·迈克尔·斯莱特(David Michael Slater)，教师，作家

“我的研究生把本书称为‘蓝皮书’，它是一本名副其实的、探究教育价值的鸿篇巨制。课程结束后，该书成了学生的案头必备。修订版比第一版更有价值，更注重概念的阐释和能力的培养。有人以为，在标准化课堂上实施差异化教学是无法实现的梦想。但理查德·M. 卡什却以文风欢快、游刃有余的方式为教师提供了切实可行的策略。这些教师心里明白：教育万万不可一刀切。”

——弗朗西斯·R. 斯皮尔哈根(Frances R. Spielhagen)，博士，教育学教授，圣玛丽山学院青少年研究与发展中心(CARD)主任

“差异化学习改变了游戏规则！本书提供了诸多严谨务实的策略，帮助我驾驭差异化挑战，从而能够更好地指导学生深入学习。”

——约翰·博恩(John Born)，七年级社会学教师

“对于教师和学校领导而言，本书是促进他们理解差异化的绝好资源。它在培养教师的提问技巧、将批判性思维融入课堂、创造能够激励和吸引各类学习者的学习环境等方面，提供了诸多行之有效的方法。”

——杰克·杜克(Jake Duke)，贝尔维尤学区 STEM 课程开发人员

“卡什巧妙地将先进的内容、复杂的思维、概念化的理解与 21 世纪的学

习技能相结合。修订版介绍了差异化课堂的基本组成部分,譬如利用批判性思维、创造性思维以及解决问题的方法讲授核心内容。他将理论与实践相结合,既考虑到有关课程与教学的合理见解,又兼顾差异化的实际运用。对于教师和课程设计者而言,该书乃扛鼎之作。”

——托德·克特勒(Todd Kettler),博士,北得克萨斯大学教育学院助理教授

“这是本人多年来饱览过的最具启发性和实用性的巨著之一……所有章节对我们这个职业的发展都大有裨益,令人陶醉其中。”

——里克·沃姆利(Rick Wormeli),作家,教师培训者,撰写了《公平并不总是平等的》(*Fair Isn't Always Equal*)和《差异化:从计划到实践》(*Differentiation: From Planning to Practice*)

“翔实周全,令人叹服……本书是教师和管理人员的绝佳资源。21世纪,除了面临区域群体日益多样化的难题,我们还要应对干预反应问题。卡什博士为提高学生的成绩和学生对干预的反应提供了大量的实例,并就其差异化提供了切实可行的应用之道。”

——安·罗洛夫(Ann Roloff),博士,曾任伊利诺伊州课程开发协会(ASCD)主席和斯科基镇、奈尔斯镇高中区课程与教学主管助理

“当年做校长的时候若有此书该多好啊!书中行之有效的教学方法可以帮助我娴熟地指导刚入职的青年教师。任何教师,无论是初登讲台还是久经教场,都可以通过书中清晰的写作、常用的方法、建议和图表,获得信心和动力。这本佳作是教学领域的实用性补充。”

——朱迪思·罗斯柏瑞(Judith Roseberry),顾问,加利福尼亚资优协会前任会长

“卡什不仅提供了差异化景观的全貌,还清晰地展示了他在艺术和教学科学方面的专业知识。他一贯强调:所有学生都可以开展高水平的、严谨的和具有挑战性的学习。在当前的教育环境中,本书是激励学习者产生新思

想、发掘创造力的重要著作。”

——费利西娅 · A. 狄克逊(Felicia A. Dixon),博士,波尔州立大学教育心理学系心理学教授

“卡什的差异化教学方法新颖、真实、实用。他将复杂的哲学知识描绘得栩栩如生……教师们应该人手一册。”

——杰米 · A. 卡斯特利亚诺(Jaime A. Castellano),教育学博士,佛罗里达州西棕榈滩卢西亚诺马丁内兹儿童发展中心助理主任,博卡拉顿市佛罗里达大西洋大学教授

“理查德的著作内容清晰,新、老教师均爱不释手。这是我迄今拜读过的最全面的教师指南。该书已荣居本人的推荐排行榜之首!”

——杰夫 · 丹尼利恩(Jeff Danielian),教育学硕士,教师资源专家,美国天才儿童协会资深教学主编

“卡什博士把差异化教学上升为提高教学质量的当务之急……打开扉页,丝丝新鲜空气扑面而来。”

——斯科特 · J. 皮特斯(Scott J. Peters),博士,威斯康星大学白水分校教育基金会助理教授

目　录

第二部分　将思维技巧应用到课堂中

序　言

戴安·赫克斯

教师时常面对种种新的教育范式、学校和政府的新倡议以及越来越多的“应该”。在参与学习的过程中，教师感到受益良多，但同时也有些无所适从。

当下，学生的差异显著，学习需求也今非昔比。这种差异化的课堂势必要求教师做到因材施教。理查德·M.卡什的《差异化学习——21世纪的思与学(修订版)》内涵丰富，既可以有效地帮助教师加深对差异化教学的理解，又可以助推学生赢得美好的未来。

世界发展日益多元化，教学也越来越注重知识的复杂性和严谨性，既要关注专业知识，也要关注概念知识，运用多种策略吸引和激发学习者，培养其自我调节能力、学习自主性和思维能力。这实属不易。本书提出的见解、观点和便于操作的策略易于读者批判性地审视自己当前的课堂实践。书中的模板可用以指导培养新的教学习惯和模式。

本书的前六章提出了优化课程和教学实践的方法，旨在提高学生的学习成绩。理查德明确了21世纪课程设计的核心要素以及吸引学生积极参与学习过程的方法。通过研究典型的课堂实践，他讲述了大脑如何学习以及文化和性别对学习的影响。

修订版增加了不少可以在课堂教学中探索和应用的新概念、新观点。其中，尤为有益的当属理查德提出的循序渐进地培养学生掌握基于概念的学习方法。他主张着眼于学习者的未来，强调程序性和概念性知识，而非事实性知识。他提出的课程图谱模板和单元规划工具可以引导教师在课程设置上彻底完成转变。

此外,本书提出的新模板和图表为设计分层任务以及在学习任务中使用科技、开展实验、展开调查和解决问题提供了新视角。修订版还深入探索了贫困和自我调节对学习者的重要影响。

科技进步改变了教育的本质。科技工具不断进步,人们信息获取的能力不断提升,教学也因此发生了改变。在深入思考使用课堂技术工具的利弊之后,理查德指出,学生的思维能力和学习习惯有助于提高科技在学习中的应用效果。修订版还考察了"翻转课堂"对推进差异化教学的作用。

教师们或许对第六章探讨的教学与学习连续体(TLC)尤感兴趣。我们希望学生能够对自己的学习负责,掌控自己的学习。然而,学生的自主学习能力未必与年龄同步增长。TLC模式建议:为了增强所有学生的自主性,我们必须转变教师和学习者的角色。第六章及整本书都明确提出了指导学生提高自主性的具体策略。

最后四章关注学生未来取得成功所必需的技能。理查德介绍了基本的思维能力:批判性推理能力、创造性观点生成能力、发现和解决问题能力以及决策能力。他指导我们如何有效地向学生介绍思维技能,使之成为学生有意识的行为,并将思维技能应用到我们的全部课程及每一节课中。他还给出了大量来自不同年级和课程主题的课堂实例。书中提供的思维技能结构图,可以节省读者的准备时间。此外,理查德提出的"深入探索布鲁姆分类法"的想法将会改变课堂使用布鲁姆分类法的方式。

进入21世纪以来,世界日趋复杂,人们对技能、素质和思想的关注度以及对差异化教学的推进都在不断增强,在此意义上,本书将会令读者受益匪浅。不管是新入职的教师还是资深教师,这本书对所有的教育工作者都有帮助。书中涉及的策略、模板、工具和示例均可用于教学,具有一定的可行性和实用性。饱览此书,读者会沉浸在理查德循循善诱的话语之中。

[**戴安·赫克斯**(Diane Heacox):教育学博士,美国明尼苏达州圣保罗圣凯瑟琳教育大学名誉教授。曾出版《常规课堂中的差异化教学》(*Differentiating Instruction in the Regular Classroom*)和《使差异化成为习惯》(*Making Differentiation a Habit*),并与他人合著《天才学习者的差异化》(*Differentiation for Gifted Learners*)]

导 读

当今时代,我们必须采用全新的教学方法和教育理念培养孩子。

——玛格丽特·米德(Margaret Mead),文化人类学家

唐纳森(Donaldson)夫人是一所郊区学校的六年级教师。她的班里有30名学生,分别来自四个大洲,讲七种语言,代表了当地几个较大的族群。这些学生的经济状况和智力水平各异,社会和情感需求五花八门。但这些学生有共同的特性,即都有一定的学习基础。她曾专门对学生就学习偏好、个人兴趣和文化背景等方面进行逐一了解。她还了解到学生知道什么,不知道什么;能做什么,不能做什么;理解什么,不理解什么。随着教龄的增加,她对自己也提出了更高的要求,并把区分教学策略和学习环境作为首要任务。这样的教学方法既提高了学生成绩,也提高了课堂效率。尽管唐纳森夫人并不是差异化教学方面的专家,当然她也没有必要成为这方面的专家,但她却对此越来越专业。

我曾关注并合作过几百位像唐纳森夫人一样的教师,他们给了我撰写本书的灵感。在新标准带来挑战的时期,高难度测试持续开发,缩小成绩差距的要求提高,在这种情况下,这些教师一直对教学保持着高度的热情,不但要确保每个孩子可以达到标准、通过测试,而且还要为他们未来取得成功切实做好准备。对此,我时常惊叹不已。

差异化教学的优化升级

许多教师、家长和商务人士都曾接受过13年以上的学校教育。但是,课程模式已经今非昔比。科技的进步,如平板电脑或笔记本电脑的出现、学习

和脑科学的不断发展，以及知识的不断拓展等，均要求教育工作者改变教学方法。此外，现在学生的需求也较过去差异极大。学生的基础参差不齐，有些学生早已掌握了大量知识，有些学生只浏览过几本读物。如今，学生们的差异越来越明显，这就要求我们在教学中采用不同的课程设计和教学方法。

只有真正了解学生，才能更好地满足他们的需求，才能确保我们的课程和教学有益于他们的成功。然而，现在我们大多数教师的课堂教学工具都只是教科书和其他一些课堂学习材料，这已经远远不能满足学习者多样化的学习需求，也难以帮助他们应对未来。遵循标准的课程设置固然重要，但是作为教师，我们需要为学生的未来考虑，对课程设置进行适当改善和提高。这就意味着我们需要将更为严谨的、概念性的知识融入课程中，运用特定的策略吸引和激励学生，培养学生的自我调节技能和学习自主性。或许，更为重要的是不仅要让学生学会学习，更要让他们学会思考。

思维技能在当今社会的重要性

玛格丽特·米德曾指出，“我们需要教育孩子如何思考而不是思考什么。”[①]这个观点非常正确。在严谨的课程和差异化教学之外，学生还必须掌握思维技能。在当今的差异化课堂中，教师和学生要协同合作，共同致力于提高学生的思维能力。除了专业知识，思维技能对学生未来在工作、个人和群体生活中取得成功至关重要。通常来讲，思维技能包括对新信息的吸收和理解能力，以及将各种信息连接起来应用到实践中并转换成独特新颖的理念的能力。强大的思维能力指能够分析信息、寻找问题，以及运用批判性推理进行评价、创造性地整合思想以获得新知识。

现实社会中，若想取得成功，我们的学生必须具备与众不同、切实中肯且灵活多变的思维方式。一份 1991 年发布的学校改进研究报告指出：“在 20 世纪，人们对细致、反思性思维的看法各不相同，譬如，将其视为有教养的人的基本特征，或是对民主社会中负责任公民的要求。最近，又被视为一种不断适用的就业技能。”[②]在 21 世纪，科技迅猛发展，信息量大幅增加，劳动方式多样化，全球贸易和通信技术的发展拉近了世界各国之间的距离，在此情形下，让学生掌握有效思维技巧较以往任何时候都更为重要。能否进行批判性和创造性思考，是学生能否在今后成为劳动力和社会成员中的中坚力量的决定因素。

"21 世纪学习伙伴关系（The Partnership for 21st Century Learning）"是美国的一个全国性宣传组织。该组织明确提出了能够帮助公民取得成功的五项基本能力：适应能力、自我导向能力、跨文化能力、生产能力和领导能力。该组织还提出，这些能力主要集中于五个跨学科主题：全球意识、理财能力、公民素养、健康意识、环保意识。[③] 全球数字公民基金会也建议学生掌握一些类似的基本技能。该组织是一个非营利性组织，致力于为数字化世界培养负责任、讲道德的全球性公民。这些技能包括解决问题的能力，创造力，分析思考能力，合作能力，沟通能力，道德观、行动力和责任感。[④]

因此，有效的思维技巧对培养学生的各种能力至关重要，主要表现在学生定位和优化信息的能力，使用不断更新的技术的能力，掌握并不断学习必要的知识和技能的能力，以及为应对日益复杂的社会和环境问题提供创新性解决方案的能力。良好的思维能力有益于学生与不同背景的人打交道，建立良好的人际关系，确立和调整个人目标，制订明智的财务计划和个人健康方案，成长为未来社会中的知识分子。

以学习者为中心的差异化教学课程实践，真实、有趣、严谨，且融入较高思维技能，能从根本上保障学习者在未来取得成功。

关于本书及电子资料

《差异化学习——21 世纪的思与学》第一版发行以来，本人有幸与世界各地的许多学校合作，共同致力于提升教育水平。在这些教育工作者的帮助下，我有了新的想法，完善了该书。本版旨在与大家分享差异化课程和差异化教学的最新实践进展。

与第一版相比，本版最重要的变化在于前几个章节。这些章节可以让读者更清楚地了解差异化的指向，以及如何更好地实现目标。第一章讨论了一个关键问题：为什么要实行差异化教学？教师、师培人员、教学组长和管理人员能够开展有效的自我评估调查，改进观察形式，提出新想法，增强差异化课堂的效果。

第二章提出了应对未来劳动力需求变化的路径。社会飞速发展,我们应对学生学习过程中出现的各种问题的方法也要不断更新。清晰明确的课程设计可以确定策略和技能之间的差异,细化不同层次的概念知识。与本人合作的学校和地区利用概念图谱和单元计划的方式调整课程设置,取得了良好的效果。

其他新的元素和想法包括:

- 设计真实的学习环境,布置分层作业,开展相关活动(第三章);
- 与贫困学生一起学习(第四章);
- 建立学习中心和学习站,培养学生的自我调节能力(第五章);
- 开展促进自主学习的活动(第六章);
- 教学生如何提出好的问题(第七章);
- “深入探索矩阵”(DDM)的其他示例(第八章);
- 更多批判性思维的模板(第九章);
- 鼓励数学方面的创新(第十章)。

如题目所示,本书旨在将培养学生的思维和学习能力融入差异化教学中,使差异化教学提升到更高层级。这对于学生的成功至关重要。本书共分为两部分,这两部分都聚焦于差异化教学实践。第一部分让读者领略如何更好地讲授知识(期待学生学到什么知识),如何组织教学环境(脑兼容学习),期许学生能够更好地达到标准,获得成功。本书将介绍明确课程基本要素的方法,以及在学习过程中如何激发、吸引和帮助学生树立责任意识的方法。第二部分关注过程(学生如何在学习中思考)和成果(学生如何生动地展示所学的知识),引导读者掌握和运用21世纪的新技能。该部分对思维能力进行层次划分,提供了丰富的实践策略,可以应用到所有的课堂教学中。

本书的两个部分将差异化概念和学生在21世纪取得成功所需要的技能相结合。在考虑内容差异化时,教师必须对要求学生所知道、理解、掌握的概念、程序和事实有充分的认识。概念层面的学习需要得到程序实施和事实实践的支持。正是对这些概念的理解,才使得学生能够在未来获得更大的成功。学生如果能够在多种环境中轻车熟路地驾驭这些技能,就可以在解决问题、批判性推理和创造性思考方面运筹帷幄。这一切都须以厚实的跨学科知识为基础。

本书旨在帮助教师创造一个能够识别和融入21世纪所需技能的课堂环境，从而在教学实践中巩固这些技能，以期产生创意新颖的成果。本书的其他目标如下：

■ 如何在课堂上将差异化教学优化升级；
■ 如何提供界定课程重点的方法：学生应该知道什么、能够做什么和理解什么；
■ 如何设计有效的单元问题和基本问题；
■ 如何设计一门优质、严谨、基于概念的课程；
■ 如何制订框架，创造有效的、吸引人的、令人兴奋的、内容丰富的学习机会，提高学生的思维能力；
■ 如何就学生的动机和参与度展开调查，并依据调查结果提供相关信息；
■ 如何把握大脑学习机制，包括性别、族群、文化背景对学习的影响；
■ 如何提供有效的策略和评估模式，提高学生成绩；
■ 如何提供有效的工具，培养学生在学习方面的自我调节能力和责任感；
■ 如何采取特定措施，增强学生在学习过程中的自我调节能力和责任感；
■ 如何谋划系列策略，提升学生的批判性思维、创造性思维，以及发现问题、解决问题和决策的能力；
■ 如何确定某些基本工具，构建以培养学生学习和思维能力为中心的课堂。

第一部分（一至六章）引导读者将目前的差异化教学实践提升到新的层次。为了巧妙地实施差异化教学，教师首先要懂得如何设计课程。了解如何设计课程内容，方可确定课程重点，懂得如何提高学生的严谨性，激励和吸引学生参与课堂，从而培养终身学习者。

第一章阐明随着学生数量和需求的不断变化，差异化教学如何成为当今课堂的一种迫切需要。在诸如多层支持系统（MTSS）和干预反应（RTI）

等主导性教学范式中,差异化教学是其中的关键策略。关于差异化教学是什么、不是什么,它能做什么、不能做什么,人们在认识上存在不少误区。这一章将通过课堂和校园文化对学生取得成功的影响澄清不实之词。表 1.1 介绍了使用科技的利弊,并讨论它对课堂教学的影响。这一章还将介绍差异化课堂调查的 10 个要素,这 10 个要素既可以视为个人自我意识量表,也可以作为专业开发工具。

第二章概述了差异化课程的核心要素。这一章重点是将知识建构的三个层次联系起来。这三个层次包括:学生应该知道什么,能够做什么,掌握什么。层次的划分与知识的三种类型有关。这三种类型包括概念性知识、程序性知识和事实性知识。事实性知识是指学生必须熟悉的学科术语、具体细节和基本要素。程序性知识包括技能、程序、技术和思维策略等。最高水平的知识是概念性知识,它为学生提供了从分类到原理、概括再到理论、模型等方面理解学科之间关系的框架。概念性知识也根据抽象程度分为:一般性概念知识、基于内容的概念知识,以及自我调节的概念知识。

第三章明确强调"严谨的课程"之所以需要,是因为它体现有效、愉快、刺激、充实(Effective、Engaging、Exciting、Enriching)的 4E 课程。所有学生都应该参与到基于概念的复杂的学习任务中,并能够通过各种学习模式探索学习内容。通过完成真实的任务,学生的自主能力可以得到提升。此外,学生在学习与其生活相关的内容时也将获得学习的自主权。这一章还包括如何添加真实的学习活动、布置分层作业以及开展相关活动等。

第四章介绍如何创建可以培养学生内在学习欲望的学习环境。学习任务能够激发并培养学生的学习兴趣,提高学生的学习技能,从而培养学生的内在学习动机。教师应让学生参与到有趣的、快乐的、有意义的任务中,激发学生主动学习的欲望。该章建议创设基于学生选择且具有内在激励作用的课堂。此外,还探索了学生的学习偏好,以及如何借此提高学生的学习成绩,提出了基于性别和文化差异的教学理念,指出了如何与贫困学生相处,如何协调不同的脑兼容学习策略以及相关的实例,介绍了罗伯特·斯腾伯格的"成功智力"模型,并给出了相关的课程格式。最后,这一章概述了三阶段评估法,该评估过程既可以激励学生,又可以了解其学习基础。预评估可以在课前确定学生已经掌握了哪些技能,有了哪些相关的学习经历;形成性评估是一种系统的、持续的、动态的评价过程，通过收集和分析数据提高学生的学习水平；总结性评估表明学生对学习目标的掌握程度。这一章为评估和评分提出了建议。

第五章提出鼓励学生学会自我调节并构建以学生为中心的课堂的策略。关注学习过程，有利于学生掌控自己的学习进度，并适时做出改变和调整，了解各种学习策略的作用，认识到努力和学习之间的直接关系。本章介绍调动资源以提高学生自我调节能力的五个关键要素，明确如何运用思维理论培养学习者的元认知意识，以期实现目标。这一章指出，对学习过程的反思是在学习上取得成功和产生学习差距的关键，并就此给出了一些开展有效反思性实践的建议。此外，读者还可以更好地理解如何利用学习中心和学习站培养学生的自我调节能力。

第六章讨论学生自主学习的益处和目标，介绍教学与学习连续体(TLC)模型，即通过逐渐改变学生和教师的角色，把学生培养成自主学习者。如果没有一个循序渐进的教学设计，学生可能难以进行高质量的独立学习。TLC以教学与学习的综合研究为基础，提供了师生角色和权力变化的框架。随着学习者自我指导技能的增强，教师逐渐转变成学生的咨询顾问。为了提高不同层次学生的独立性和自主性，这一章还提出了一系列的课堂策略、课堂实践和课堂活动。

第二部分(七至十一章)引导读者如何在差异化课堂上实施有效的高层次思维技能训练。这部分明确了思维的概念，提供了将思维技能整合到所有课程、主题或年级的方法，并提供了增加和扩展教材内容的模板。

第七章认为思维能力的基础是批判性推理、创造性思维生成、发现问题、解决问题以及决策能力。这一章解释了发散思维和求同思维的必要性，并明确了思维型学生、思维型课堂和思维型课程的特点。此外，还提出了培养高层次思考者的方法。

第八章借助本杰明·布鲁姆的学习分类法构建思维框架，探索各种提问技巧和课程设计。这一章提供了一些教学策略，这些策略能使学习者的思维从基础水平上升到复杂水平，并使学习者在学习过程中由机械学习转变为有意识的学习。深入探索矩阵(DDM)的例子展示了如何提高所有学生的学习能力。

第九章讨论批判性思维,即让学生学会利用手头资料做出决定。如果没有足够的关于批判性思考和推理的训练,学生通常会凭借情感、意见或本能做决定。这一章介绍了一些策略和课程设置,让学生学会通过问问题的方法提出相关观点并做出决策。此外,还提供了一些有用的结构图和示例。

第十章强调在课堂上培养创造性思维的重要性。世界发展日新月异,所以必须培养学生的创造力和创造性思维能力。流利性、灵活性、原创性和详尽性是帮助学生走出樊篱,培养学生创造性思维能力的重要方法。该章明确了这四个要素,阐明了课程之间的联系,介绍了建立创新性学习环境的策略。值得一提的是,这一章还鼓励学生培养数学方面的创造能力。

第十一章介绍了如何在学习过程中利用发现问题和解决问题的方法吸引学习者,促进学习者深入学习。为了让学生解决问题,教师需要一个内容丰富的工具包。这一章还介绍了发现问题的技巧、解决问题的策略,以及制定决策的技能。

余论部分回顾了本书的要点,并回应了第一章涉及的问题,即科技在课堂中的应用,以及 21 世纪如何让科技成为思维和学习的重要组成部分。该部分用一幅图描绘了差异化教学和 21 世纪思与学之间的联系,这也是贯穿本书的主要思想。

若在专业的学习群或读书小组中使用本书,可以利用 PLC,即书籍学习指南,其中每一章都附有可供讨论的问题和教学建议。可以在 freespirit.com/PLC 下载免费指南。

如何使用本书

本书汇集了课程设计的基本要素以及有关思维和学习的最新研究。它是笔者学术生涯的得意之作。本书将理论观点与实践相联系,通过实证策略提高学生的成绩,成就学生的未来。

本书旨在帮助任课教师、师培人员、管理人员和课程开发人员丰富和增长学生的学习经验。它可以成为教师教育学院的优秀课程教学资源。书中的观点、策略和技术适用于各种教学内容、各个年级或各种水平的学生。有些样本数据和模板可能适用于高年级学生,当然也可以稍做调整,使之适用于低年级学生，反之亦然。

第一章提供的有关差异化课堂调查的 10 个要素，读者可以根据自己的需求酌情阅读。通读本书者，可以按照步骤学会设计严谨的课程和思维型课堂，或者，先浏览全书，然后根据教学实践，选择特定章节仔细研读，帮助优化教学，确保所有学生都学会思考和学习。例如，倘若发现教科书不能提供足够的概念开发信息或严谨的参与活动，可以关注第三章《通过严谨的课程推进差异化教学的优化升级》。

除任课教师外，本书也可以为师培人员、课程协调员、才华横溢的专家或学校的管理人员提供宝贵的资源。怎样指导教师学会设计课程？如何帮助教师和学生提出自己的基本问题？面对标准化测试，如何让学生学会有效思考？如何在不删除其他课程内容的情况下融入思维技能？诸如此类的问题都可以在本书中找到答案。

或许读者会困惑："从何处着手？如何开始？我需要知道什么？"笔者建议从小处着手，感受一下成功的滋味。不妨从本书中择取某一观点或主题，进行尝试。每一章的篇首都概述了相关理论，继而通过大量示例阐述其课堂应用。书中的方法并非万能药，但是大部分经过微调，都可以适用于学生和课程的需求。希望本书能够成为课堂、学校和地区的重要资源，使学生体味到思考的艺术，提高成绩，终身受益。

① Mead, M. *Coming of Age in Samona: A Psychological Study of Primitive Youth for Western Civilisation.* New York: William Morrow, 1928.

② Contton, K. "Close-Up＃1: Teaching Thinking Skills." *School Improvement Research Series Report.* Northwest Regional Educational Laboratory (NWREL), 1991.

③ The Partnership for 21st Century Learning (p21.org/our-work/p21-framework).

④ The Global Digital Citizen Foundation(globaldigitalcitizen.org).

第一部分

推进差异化教学

以下六章是构建差异化课程和开展教学实践的宝贵资源。差异化教学的优势在于能够积极主动地满足每一位学生的学习需求，促使学生增加思想、策略和技术的储备，从而更好地满足 21 世纪的多样化需求。

第一章　明确课堂差异

> 差异化教学是指在不放弃自己的需求和需要、不支配和控制他人的情况下，考虑他人的需求和需要。因此，差异化教学不仅仅是一种教学方式，更是一种学会做人的方式。
>
> ——卡罗尔·安·汤姆林森(Carol Ann Tomlinson)，作家、教育家

教师可能已经接触了大量改善学生学习方式的“新”举措，譬如综合数学、全语言教学、基于标准的评估、新标准，等等。多年来，教师(譬如我自己)被要求采用差异化教学的策略以引导才华横溢的学生，因为天才学生的天赋也不尽相同。天才教育的杰出先驱，如约翰·费尔德休圣(John Feldhusen)、约瑟夫·任祖利(Joseph Renzulli)、乔伊斯·范·塔塞尔·巴斯卡(Joyce Van Tassel Baska)和桑德拉·卡普兰(Sandra Kaplan)，都曾指导教师学会如何区分天才学生的优势和局限性，如何讲授具有高级思维技能的知识(HOTS)，以及如何开发充满批判性推理和创造性思维的课程。针对才华横溢学生的教育常缩写为 GT。然而，经过与大量学生群体多年的合作后，我认为针对才华横溢学生的教育所得到的经验，同样适用于不同层次的学生。现在，不妨将 GT 理解为：伟大的教学！本书包含大量适用于每一位学习者的 GT 观点、策略和技能。

一、差异化教学入门：是什么、如何做、为什么

差异化教学不仅仅是为学习者提供多种选择或开展一些结构化的活动，它关注的是个别学习者，了解其起点和目标。如何进行差异化教学，并为学生实现目标提供适当的指导？我们需要清楚：若想在 21 世纪取得成功，

他们应该知道什么,能做什么,掌握什么。本章将探讨差异化教学的内容,如何进行差异化教学,尤其是为什么需要差异化教学。

(一) 差异化教学的内容

1. 环境的差异化:学习的地点和时间

几个世纪以来,学习意味着去学校,跟着教师学习教材知识。如今,大可不必如此,毕竟获取各种信息的渠道繁多,尤其是通过互联网。现在,学生在课外学到的知识可能比课内的还要多。随着科技的进步,以及对学习的理解不断更新,现在的学习环境已经发生了很大的改变。

学习环境的差异化不仅仅指课堂安排,还涉及其他方面。虽然课堂安排非常重要,但是我们在考虑问题时需要超越课堂的范围。翻转课堂可以作为实现学习环境差异化的一种方式。翻转课堂改变了既定的课堂教学和家庭作业模式。在传统课堂上,教师使用直接讲授或其他教学方法,学生回家做练习巩固新学的知识。在翻转课堂上,学生在家里观看短片(或者通过其他方法)学习新知识,教师和学生一起在课堂上练习巩固新知识。翻转课堂没有固定的课堂模式,它颠倒了学生在课堂内外的活动,增加了学生的参与度,减少了错误练习,使教师更直接地参与到学生的学习中。

翻转课堂的差异化理念

翻转课堂并不仅仅是让孩子们在家里观看短片,而是把课堂指导教学转移到课堂之外,在课堂上为学生提供更多面对面交流的时间。这需要考虑哪些信息可以在课外搜集(如事实和背景知识),以及如何在课堂上讲授这些知识。

翻转课堂可以运用于

- 预览话题;
- 预习词汇;
- 回顾课程;
- 提出问题;

- 获得必备知识；
- 在同一节课中讲授不同层次的知识(如世界语言和数学运算)；
- 适用于有不同学习需求的学生，或需要额外辅导的学生；
- 基于学生学习基础的教学活动；
- 基于学生兴趣，丰富和加深研究课题；
- 有自己的学习计划的学生；
- 独立或自我导向的学习；
- 学习站或学习中心；
- 测验或考试复习。

如何实施翻转

- 使用在线"魔灯"(Moodle)或者"黑板"(Blackboard)谈话的方式(使用内部服务器)；
- 根据课程内容、主题或单元使用视频编辑软件创建视频；
- 期末考试以创建主题视频的形式进行。每年的视频都保存起来，供其他学生预习、复习或自学；
- 使用指定的网站，如可汗学院(Khan Academy)；
- 让学生借助互联网对感兴趣的话题进行搜索；
- 制作课程视频，让学生在 DVD 或者闪存驱动器上观看，或者通过共享云存储文件夹传输给学生，让学生在家里观看；
- 为学生提供课堂指令的屏幕截图；
- 使用配音指令创建电子演示文稿；
- 指定有声读物。

翻转课堂的要求

- 做好详细的规划和课程所需的额外准备(至少第一次的时候需要提前准备)；
- 了解新技术和演示文稿格式；
- 有时间给教学指令录音；
- 学生在校外接触相关技术；

- 让学生在家里提前准备好上课所需的材料;
- 激励学生在家收集好上课所需的信息;
- 调整课堂时间,实现高度互动和动手学习;
- 提前做好应急措施,以防设备出现故障或学生没有做好上课准备。

翻转课堂的优点

- 促进以学生为中心的学习;
- 利用科技提高学生的参与度;
- 学生学会掌控自己的学习,对自己的学习负责;
- 使视觉学习者通过观察进行学习;
- 学生可以按照自己的进度学习材料;
- 需要复习或者重新学习时,学生可以随时查看记录资料;
- 在学生应用新知识时,教师可以提供实时的反馈;
- 形成更好的师生互动;
- 提高学生的成绩;
- 改善学生对学习的态度;
- 家长可以看到正在讲授的内容,从而加强学校和家长之间的互动。

2. 内容的差异化:想让学生学什么

内容或课程,是希望学生学习的知识。21 世纪差异化教学的重点在于想让学生学到什么,而不只是在课堂上讲授了哪些知识。教学内容,指学生需要知道的事实性知识,能够做的程序性知识和需要理解的概念性知识。本书将在后面的章节中分享更多有关如何增加课程内容深度和复杂性的方法。

3. 过程的差异化:如何让学生学会学习

有的学生喜欢小组学习,有的则喜欢独立学习。有的学生需要更多的辅助或练习以培养技能,有的则需要很少的学习时间和练习。学习过程包括学生获取学习技能和理解概念知识的课程和活动。本书为课程和活动的差异化提供了多种选择。

灵活分组,是保证学习过程差异化的有效方法之一。分组教学的方法由来已久,但向来备受争议。如果使用不当,譬如根据学生的能力进行分组,且对分组情况长期保持不变，则会对学生的学习产生负面影响。然而，如果巧妙使用分组教学，譬如依据学生的学习意愿、学习兴趣、学习偏好进行分组，则会增加学生的学习动力，对其学习产生积极影响。[①]谨记：仅靠分组教学并不能提高学生成绩。小组内部课程和教学的差异化才是根本保障。

分组教学的优势

分组教学有利于学生掌握21世纪的必备技能，如：

- 合作
- 协作
- 沟通
- 冒险
- 灵活性
- 积极性
- 参与度

小组高效合作的10个秘诀

(1) 学生了解小组合作的原因及优势；

(2) 全体小组成员都明白小组合作的规则、程序和规范；

(3) 小组的类型与小组的任务相匹配；

(4) 小组的大小与任务的功能相符(建议3～5个学生为一组)；

(5) 对小组每一位成员的表现予以反馈；

(6) 小组的工作效率低于预期时，可以更换小组成员(教师有权力和责任更换小组成员，保证小组的工作效率)；

(7) 所有的成员都是小组的一部分，需要履行责任；

(8) 成员之间相互平等，保证每个人都能发挥最大的作用；

(9) 小组长由小组成员民主选举产生；

(10) 保证学生在小组内外都能进行高效学习。

组建小组的方法

- 预测试/评估，测试

- 根据报名人数分组
- 调查/列清单
- 同伴结组
- 社交网站
- 自行结组/自我识别
- 教师选择

小组类型的示例

基于兴趣的分组

根据学习兴趣分组。小组可以根据学习内容或者时段调整。这有益于学生将注意力集中在自己的天赋和兴趣上,将新旧知识联系起来。基于兴趣的分组也可以将更复杂、更丰富的主题融入教学中。

基于学生基础的分组

在成绩评估之后,把水平相近的学生分到一组,让他们深入学习,提升水平。学习材料须与学习目标相适应,以帮助学生快速提升。这样的分组能够为高水平的学生提供独立学习的机会,也能为有需要的学生提供教学指导。

基于学习偏好的分组

依据学生的学习偏好进行分组,完成学习任务。譬如,制作一件产品时,将不同偏好的学生组合到一起,确保每个成员都担任关键角色(适合于他或她的偏好),促进成果的完成。可以让喜欢创造性学习的学生从事产品理念的开发,喜欢实践的学生确保产品的实用性和吸引力,具有分析能力的学生保证项目在预算范围内按时完成。

组合型分组

将内容分解成多个部分,分配给不同的学生或不同的小组,每一位学生都要对自己的学习材料负责。各组学生将聚集到一起,交流信息,相互学习。

按文本话题分组

小组成员阅读不同的文本，这些文本来源于相同或相似的话题。文本相似的小组成员一起讨论相关问题；文本差异较大的小组（类似组合型分组）成员探讨文本之间的相似性和差异性。这种分组类型的优势在于，可以带领学生探索各种文学类型，研究作者如何运用文学元素传达意义，并说明读者解读文学的不同方式。

行/列分组(按等级顺序)

依据成绩按以下形式对学生进行等级排序。学生可以按列（基于成绩分组）或按行（异质组）分组。按列分组可以激励学生向优秀的学生学习，提升自己的学习能力。不过，学生之间的能力差异越大，这种分组方式的实施难度越大。

<table>
<tr><td rowspan="11">基于成绩分组 ↓</td><td colspan="3">异质组 →</td></tr>
<tr><td>1</td><td>11</td><td>21</td></tr>
<tr><td>2</td><td>12</td><td>22</td></tr>
<tr><td>3</td><td>13</td><td>23</td></tr>
<tr><td>4</td><td>14</td><td>24</td></tr>
<tr><td>5</td><td>15</td><td>25</td></tr>
<tr><td>6</td><td>16</td><td>26</td></tr>
<tr><td>7</td><td>17</td><td>27</td></tr>
<tr><td>8</td><td>18</td><td>28</td></tr>
<tr><td>9</td><td>19</td><td>29</td></tr>
<tr><td>10</td><td>20</td><td>30</td></tr>
</table>

基于友谊或共事关系的分组

根据学生的社会关系进行分组可以成为增进友谊、增强学生包容性的有效方法。基于友谊或共事关系的分组能否取得成功取决于小组的工作效率。如果团队的运作出现故障,可以适当更换小组成员。

基于时间和地点的合作伙伴

使用钟表盘或者地图,让学生基于特定的时间和地点选择自己的合作伙伴。例如,学生可能会这样选择:3点钟与萨拉合作,6点钟与汤姆合作,9点钟与玛丽莲合作,12点钟与德里克合作,或者在美国与萨拉合作,在印度尼西亚与汤姆合作,在法国与玛丽莲合作,在加纳与德里克合作。当教师说:"与你3点钟(或美国)的合作伙伴合作"时,学生就知道和谁一起组队了。这样分组的好处在于伙伴关系已经预先安排好,从大群体到多个小群体的转变也更有效率。(注意:时钟时间并不与实际分组的时间相关,它们仅仅是为分组命名。)

基于合作的分组

在合作小组里,每一位成员都扮演特定的角色,譬如,领导者、计时员或记录员。这种分组形式的优势在于教会学生如何进行团队合作,使学生明白每一名成员的努力在促进任务的完成方面,都具有重要价值。

结成学习伙伴关系

学习伙伴是预先安排好的合作伙伴。不管是在课堂上还是在课后,他们互相帮助,共同完成作业或任务。学习伙伴之间既可以通过网络交流,也可以进行面对面交流。这种分组方法可以确保大家都有学习上的合作伙伴。学习伙伴既可以由学生自行选择,也可以由教师根据学生的个性、需要或其他特征酌情安排。

对照小组

对照小组是教师随机组建的学生小组。教师通过在小组内收集数据(形成性评估)了解教学工作的质量,评估课堂环境,或为调整教学内容、过程、产品和环境提供建议。

随机分组

当所有的学习者都对学习材料或此次学习充满信心的时候,可以采用随机分组的方式，将学生随机分配到不同的小组以完成学习任务。这种分组模式可以让学生在课堂上接触到不同的思维和学习方式，增强团队意识。

4. 成果的差异化：学生展示学习成果的方式

按照相同的标准或测试，如本地、州和国家的考试标准（大多数情况下以笔试或者网上测试的形式进行），对所有的学生进行评估。然而，这些评定形式不一定总能再现学生所学的东西。学生可以采用更多的方式再现自己所学的知识，譬如，他们知道了什么，能做什么，掌握了什么。有的学生喜欢通过制作演示文稿展示自己所学的知识，有的则喜欢通过写作的方式展示所学。教学结果呈现方式的差异在学习过程中如此重要，原因大抵如此。本书第四章介绍了如何利用评估激励和吸引学生，并在第六章中分享了建立学习自主性的评估模型。

（二）如何做到差异化教学

1. 基于学生基础的差异化：为现在做好准备

基础和能力是两个不同的概念。通常情况下，教师在设计课程或活动时，可能会考虑到学生的天赋，但多数情形下，教学是为了提升学生的技能，这与学生的学习基础有关。有的学生在入学之前便掌握了大量的技能和背景知识，有的则经验有限，在整个学习的过程中需要更多的选择和支持。基于学生基础的差异化教学，可以保证每一位学生能够接受有意义的挑战，以期达到甚至超过标准。

2. 基于兴趣的差异化：选择性参与

每一个孩子都有自己感兴趣的东西。找到学生的兴趣点，有利于吸引学生学习，从而有助于他们实现学业目标。兴趣是激发孩子学习的最好办法。挖掘孩子的兴趣，可以保证孩子对学习保持长期的关注度。当然，还需要考量如何激发学生对课文和话题的兴趣。第四章提供了许多发现和激发学生兴趣的方法。

3. 基于学习偏好的差异化：尊重不同的学习方法

每个人的学习方法不尽相同。有的喜欢通过阅读了解新话题，有的则更喜欢倾听。有的喜欢小组学习，有的喜欢独立思考。有的喜欢创造性的学习活动,有的更擅长完成实际任务。在教学设计时充分考虑到学生喜欢的学习形式和表现形式,是吸引和激励学生的有效途径。第四章介绍了如何基于孩子们喜欢的学习方法设计课程和相关活动。

(三)为什么要实施差异化教学

如前所述,与以往的课堂相比,现在的课堂更加丰富多样。当然,干扰因素也更多。对于人们不同的学习偏好,我们可以在神经学领域找到根据。如果仅从一个方面出发展开教学,很可能难以满足大多数学生的学习需求。教师通过提供不同的选项、结构及不同的做事和展示方式设计差异化课堂,可以显著增强学生的学习动力,提升学生的成绩。

然而,我们不可能随时随地开展差异化教学。在教学期间,譬如,在演示或者展示期间,教师以某种方式向全班提供信息。有时可能需要所有学生完成相同的任务,为标准评估或状态测试做好准备。在评估之后,倘若发现有些学生需要更多的帮助或辅助,可以借助差异化教学。

明确了差异的内容和方式后,还需要清楚采取这些差异化行为的原因,即源于评估数据。无论是预评估、形成性评估还是总结性评估,这些数据会指导调整教学指令和教学任务。时刻铭记实施差异化的原因,差异化教学方能成功。您可以在本书的其他章节找到有价值的评估意见,从而理解为什么有些差异是合情合理的。

二、消除差异化教学的谬论

通常情况下,由于缺乏基本了解,许多教师对差异化教学心存疑虑。有关差异化教学的各种谬论,可能会打消教师实施差异化教学的欲望。我们在下文解释差异化教学的一些谬论,鼓励教师走出误区,实施差异化教学。

谬论一:差异化教学是个性化教学的同义词。

实际情况:差异化教学并不是个性化教学的同义词。某种程度上,所有教师都会使用个性化教学的策略。教师与学生进行一对一交流,单独解决学生的问题或基于学生的个人需要修改教学要求,这既属于个性化教学,也属于差异化教学。20世纪70年代,个性化教学并未得到广泛认可,因为人们认为个性化教学就是教师为学生单独设置课程。这不是差异化教学。差异化教学是基于目标群体的学习基础、个人兴趣和学习方式，通过高质量的课程设置和高效的教学实践满足个人需求的教学方式，不是为每个单元设计若干不同的课程计划。

谬论二：在差异化课堂里，不同的学生做不同的事情。

实际情况：差异化教学为每一位学生提供相关的、有意义的、具有挑战性的学习机会。每一堂课和每一个活动都会兼顾课堂上的每一位学生，而不是不同的学生做不同的事情。有时一小部分学生或每一位学生都参与不同的项目，或者独立完成一个项目，或者进行自我导向学习；有时所有的或大部分学生参与同一项活动。在差异化课堂，教师负责掌控学习进度。犹如在其他工作环境中一样，不同的工人做不同的工作，优秀的管理者需要清楚每一位工人正在做什么以及他们的工作进度。同理，在差异化课堂上，教师犹如一位优秀的管理者，监督和协调每一位学生、小组成员，以及独立学习的学生的学习进程。

谬论三：差异化教学可以改变一切，解决教学过程中遇到的所有问题。

实际情况：差异化教学不能解决遇到的所有问题，对提高学生成绩也不是立竿见影。只有注重学生学业、社交和情感需求的教师，才能缩小学生的学习差距，增加学生的学习动力，提高学生的成绩。差异化课程设置和差异化教学通过实施干预策略和技巧，使每一位学生都能获得成功。差异化教学不能孤立实施，不能离开团队合作。如同多层支持系统（MTSS）或干预反应（RTI）模式一样，差异化教学要求教师基于数据做出相关决定，运用有效的实践方法，反思实践结果。只有这样，差异化教学才能确保每一位学生的表现都达到甚至超过预期标准。

谬论四：在差异化课堂，教师不授课。

实际情况：在差异化课堂，教师是学生取得成功的关键。此时，教师的角色从“舞台上的圣人”转变成“幕后引导者”。有时需要教师亲自指导学生，有时学生可以自我指导。第六章提出的教学与学习连续体的教学方法，使学生在学习中获得更多的自主权。差异化教学并不是什么新方法，不过教师必须积极主动地设计教学方案，优化学生的学习。教师必须对讲授的内容有全面的了解；对有效的实践进行深入研究，给出指导意见；在教学前、教学中和教学后实施有效的策略;持续监控学生的学习;传授下一个知识点之前,对学生掌握了哪些材料,要了如指掌。

谬论五:备考重要的考试时,无法实施差异化教学。

实际情况:“事实证明,对于大多数学生来说,对知识的掌握和理解发生在有效的思想互动过程中,而不是在此之后。”[②] 差异化教学的首要目标是让学生深入理解学习内容。之后,学生方可为考试做好充足准备。他们的知识不是孤立的,不仅仅包含应用在非真实情况下的离散信息。他们将新信息与先前的经验和知识相联系,把学习材料运用到真实的情境中,并且在解决问题、创造性思考和批判性推理的过程中操练所学技巧,加深对知识的理解。差异化课堂的第二个重要目标,是为学生讲授各种各样的知识,包括一些难以实现差异化的知识(如标准化测试)。所有的评估,包括标准化测试,既可以用于师培人员制订教学计划,也可以用于向学习者提供反馈。采用差异化教学的教师会将质量评估策略(譬如典型的标准化测试)运用到整个教学过程中。

谬论六:差异化教学主要适用于有天赋的学生。

实际情况:差异化教学适用于所有的学生。差异化课堂以学生的学习基础、兴趣以及学习偏好为中心,而不仅仅是能力。有的学生需要复杂、深入的学习材料,有的则需要与他们的学习经历相适应的基础性、辅助性材料。当依据学生的能力或者成绩进行差异化教学时,教师必须明白:才华横溢的学生需要做更多具有挑战性的工作。给学生布置的任务一定要有意义,不仅需要基于学生的能力,还需要考虑他们的时间。在差异化课堂中,教师可以将资优教育原则应用于所有学生中。

谬论七:差异化只是一种分组或追踪式的教学方法。

实际情况:追踪式教学是一种不加区分地将学生划归到特定教学水平,并长时间保持该划分结果不变的做法。在差异化课堂,教师经常采用灵活分组的方式,譬如根据兴趣、能力、学习偏好、学习优势、局限性或性别对学生进行分组。教师设计教学方案,把学生划分为不同的小组,在学习过程中与不同的学生互动。能力相当者之间可以展开合作,能力差异较大的学生之间同样可以合作。有的学生在与他人合作时学习效果最好,有的则是自学时效果最好。差异化教学充分考虑到学生的人际关系和个人优势。如何分组，取决于教师期望取得何种活动效果。

谬论八：差异化课堂的等级划分是不公平的。

实际情况：孩子的学习效率不尽相同。因此，差异化课堂的等级划分具有完全不同的含义。当教师清楚自己想让学生知道什么、做什么、理解什么、如何展示所学知识，并制定有效的等级划分标准时，等级划分就可以反映学生习得的知识以及对知识的掌握程度。

差异化课堂的等级划分必须公平，并通过学生成长“相册”的方式展示出来。在差异化课堂，有三种评估方式可以确保学生掌握所学的知识。预评估可以了解学生理解什么，不理解什么；能做什么，不能做什么；掌握什么，没掌握什么。形成性评估可以反映学生对所学知识的掌握情况，为教师提供有关教学策略和节奏的反馈。总结性评估可以评估学生对本单元学习目标的实现情况。可以利用这三种评估策略，根据学生搜集信息和掌握知识的能力，对学生进行所谓的“等级”划分。值得一提的是，这里并不是指给出一定的分数，而是指了解学生学到了什么。

谬论九：教师需要做的事情太多，没有精力实施差异化教学。

实际情况：课程与教学的差异化不应该与学校的其他举措相隔离。课程与教学的差异化是指在教学过程中实施多层支持系统（MTSS）或干预反应（RTI）、结构化教学、庇护指导观察协议（SIOP）、积极的行为干预和支持（PBIS）、凭借个人决定取得进步（AVID）、导读、综合数学、大学和职业准备等教学策略。学校为学生提供安全和优质的学习环境，以及为提高学生成绩而采取的所有举措都是实施差异化教学的途径。简而言之，确保每个孩子为下一阶段做好准备而采取的任何措施都属于差异化教学。差异化教学是教育系统的一部分，不是特立独行的。

谬论十：差异化教学太耗时。

实际情况：在初始阶段，实行差异化教学策略需要投入大量时间，但从长期来看，它的确可以节省时间，提高课堂的整体效率。首先，教师需要绞尽脑汁，尽一切可能使学生熟练掌握最重要的知识。从点滴做起，一次仅采用一个策略，讲授专业知识，使学生扎实地打好基础。教师在计划和实施差异化教学方面的付出，终将在教学过程中得到回报。此外，差异化教学还能帮助学生更快地取得进步和成功。

实施差异化课程和差异化教学,实属不易。教师需要花费很多时间确定学生必须知道什么,能够做什么和必须掌握什么;竭力调动学生获取信息的积极性;开展多种活动,使学生在实践中学习;创建有效的评估策略,评定学生的段位档次;采用真实的产出模式,让学生展示所学知识。差异化是一个需要花费时间和付出耐心的教学过程,但它是切实可行的。

前文描述的差异化课堂的10个要素仅供阅读参考,本书将对其逐一详尽阐释。此外,还要介绍差异化课堂调查的10个要素。利用该项调查可以评估教师对差异化教学了解多少,以及实施差异化教学的情况。学校可以用它来衡量全体教师的差异化教学的意识,逐步将差异化教学推向专业化。在接受调查时,请尽可能诚实地回答问题。只有清楚地知道自己对差异化的理解程度,才有可能提高自己的学生甚至全校学生的学习成绩。

三、可视的差异化:利用观察实践帮助教师教学

差异化是一个复杂的过程,需要实践、耐心和他人的帮助。学校领导和师培人员可以培养教师有效实施差异化课程和差异化教学的能力,但一般需要在指导下完成。许多学区和教育团体使用夏洛特·丹尼尔森(Charlotte Danielson)的教学评估指导框架(Framework for Teaching Evaluation Instrument)[③]和罗伯特·马尔扎诺的教师评估模型(Teacher Evaluation Model)[④],取得了成功。丹尼尔森和马尔扎诺基于实证研究和理论调查创建了一个综合框架,可以界定有效教学评价的各个方面。

评价某项正在进行的实践活动未必是帮助教师实施差异化教学的最佳方式。直接观察教师的授课可能会更好。使用丹尼尔森和马尔扎诺的模型,可以明确观察差异化课堂的四个关键维度。教学组长、任课教师、管理者等可以利用这些方法帮助教师为差异化教学做计划和准备,创建课堂环境,使用有效的管理策略,实施促进差异化教学的实践和评估,以增强差异化教学的专业化发展。

每个领域都有一定的指标,可以为任课教师的差异化课堂实践提供技术和策略的支持。观察这些指标可以帮助教师获得更大的成功。建议任课教师利用前文提及的差异化课堂教学指标开展下列观察活动。

（一）观察之一：师培人员在课前与教师见面

见面的目的是了解教师对差异化教学的理解程度，以及他们如何看待差异化教学的四个维度：教室环境、课程内容、学习活动（过程），以及学生展示学习成果的方式（产品）。在教师阐述自己的观点时，师培人员在“课堂指标表”的左列勾出教师引用的内容，随后依据自己所做的记录判断该教师处于差异化教学的哪一个阶段，以及在实施差异化教学过程中的成就与不足。

（二）观察之二：师培人员在教室观察师生

本项观察旨在亲身感受课堂的教学环境，以及教师在课堂经常使用的教学策略。在整个过程中，师培人员要观察教师如何组织课堂、如何保障课程进展、如何培养学生的自我调节和独立能力等。通过观察学生和教室的大体状况，师培人员可以评估教学环境是否愉悦。观察结束之后，师培人员还要回顾所观察的内容，将观察结果分享给教师，并为如何提高课堂的有效性提出建议。

（三）观察之三：师培人员回顾教师的课堂教学和课堂评估

与教师当面分享关于教学计划和教学环境的想法之后，师培人员直接观察教师实施差异化教学和评估的实践。一次观察并不能涵盖“课堂指标表”列出的所有内容，师培人员还需要观察并记录一些具有代表性的事项，如：明确的目标、“透视力”，以及学生在适当情况下对科技的使用，等等。师培人员把观察结果记录下来，分享给教师，并询问教师在其他课程或其他时间里是否还有其他教学内容，据此提出调整和补充建议。

（四）观察之四（可选）：师培人员和教师探讨专业的进一步发展

与教师交流三次之后，师培人员对教师掌握差异化的水平有了更深入的认识。师培人员综合考虑观察结果，为教师的进一步发展提出意见。差异化教学“课堂指标表”左栏中的条目为差异化教学的发展提供了广阔的空间。

差异化教学是指教师基于学生的学习基础、兴趣和学习偏好，采取积极的教学和课程计划,吸引学习者。

差异化课堂的特点

清晰明确的学习目标。 学习目标、评估和指导标准的一致性。 对学生进行灵活的分组。 灵活使用时间、空间和教学材料。 共同承担学习责任。 关注个人成长。 为所有学生分配有意义的任务。 关注所有人的成就。 对每个人都抱有较高的期望。 积极与家长、其他学校资源和集体成员建立伙伴关系。 积极采取措施满足学生个人的需求。

四、科技化的差异化课堂

如今,教师都喜欢在课堂上使用各种各样的科技产品,如平板电脑、学生电子反应系统、个人电脑,为自己的差异化课程和差异化教学服务。这些设备在为具有不同能力和偏好的学生制订课程计划、布置任务、开展活动和评估方面具有很大的作用。本书不能直接解决课堂上使用科技的过程中遇到的问题,也不能提供相关的电脑知识,这样的问题和知识需要另作说明(或许可以写好多册)。但是,整本书都涉及科技的使用。师生在实现目标的过程中所使用的工具和技能,越来越依赖计算机和其他具体的科技。我们的课堂目标应该超越当下全球经济中运用的技能和技巧,培养学生开发新技术、从事新兴职业的能力,使其能够应对知识和信息的增长。要让学生为即将面临的前所未有的挑战未雨绸缪,才有能力解决日益复杂的世界性问题。科技只是学生创建美好世界的工具之一。

毋庸置疑,科技使我们的生活更高效甚至更困难。诚然,科技促进了社会和学校的发展,然而,学生有时过于依赖科技,怠于思考,想象力减退。科技可能存在的其他利弊见表1.1。

有的学生认为:“如果计算器可以帮助我算数,我为什么还要学习等式计算?”还有学生认为:“通过互联网搜索就可以找到答案,我为什么还要研究这些信息？”这些想法可以表明学生的学习资源丰富，但是，慢慢地会造成学生思维上的懒惰。教师有责任坚持不懈地将差异化教学实践、严谨的任务和思维技能融入日常教学、课程和单元学习以及教师自身的实践中，从而预防和纠正这种懒惰思维。

总之，科技对它的创造者和使用者都有裨益。本书的关注点在于学生的学习习惯，以及计算机对这些观念的影响。教师的责任是促进和指导学生将思维视为提高科技使用效率的工具。

表 1.1　使用科技的利弊

利	弊
扩展思维的可能性	可能会限制想象力
可以随时接收多种见解和大量信息	引发了易于满足和信息超载的现象
根据用户个人需求定制内容	造成语言交流和经验共享的减少
需要进行深入检查和信息过滤	增加冲动，减少毅力
能够与全世界不同背景的人建立虚拟联系	单独工作，不与其他人接触
提供更高程度的全球信息媒体	媒体是一种公式化的被动的形式，所展示的世界观也是不准确的
鼓励在符合道德规范的基础上，以开放的心态对待多样性	鼓励以自我为中心的世界观
提高生产率	浪费时间
培养有技术、听指挥、训练有素的工人	自动化作业减少了劳动力
通过减少浪费和提高生产力增加利润	建造和维护的成本往往高昂
提供便利的沟通	网络欺凌和安全威胁增加

差异化课堂的 10 个要素

1. 内容目标明确
- 知道：事实性知识
- 理解：程序性知识
- 掌握：概念性知识

2. 正视学习能力的差异
■ 兴趣
■ 学习偏好
■ 学习基础
3. 利用三种评估方式，分析、调整学生学习的课程和教学指令
■ 预评估
■ 形成性评估
■ 总结性评估
4. 课程与教学促进脑兼容学习
5. 课堂环境促进主动学习
6. 培养学习者掌握21世纪的技能
■ 高阶思维技能(HOTS)
■ 创造性思维
■ 批判性推理
■ 自我调节
■ 交流与合作
7. 使用灵活分组实现学习的最佳化
8. 布置分层作业、平行作业，开展活动，满足学习需求和差异
9. 创建适用于所有学生的有趣的、愉快的、具有挑战性的、可选择的学习环境
10. 培养学生的学习自主性

差异化课堂调查的10个要素

要素	例子	(很少) (经常)
每节课伊始须明确学习目标，并在课程结束时进行回顾	学生将会知道的事实，学生将能够了解的策略和技能，学生将掌握的概念、原理和理论	1 2 3 4 5
整个教学过程中都能够正视学习能力的差异	基于学生的兴趣、学习偏好和学习基础设计教学、活动和评估	1 2 3 4 5
采用三种类型的评估，分析、调整学生学习的课程和教学	教师定期分析和使用预评估、形成性评估和总结性评估的数据来调整课程内容	1 2 3 4 5
促进脑兼容学习的课程与教学	教师创造安全、愉悦的学习环境，调动感官，进行实践，与学生先前的经验相联系，提供准确、高效、相关且及时的反馈	1 2 3 4 5

促进主动学习的课堂环境	学生经常参与有意义的积极的学习体验，与他人协作和交流	1　2　3　4　5
培养学习者掌握 21 世纪的技能	教师将高阶思维技能、创造性思维、批判性推理、自我调节和有效的交流与合作策略融入每一堂课的教学中，要求学生能够进行实际应用	1　2　3　4　5
灵活分组，实现最佳的学习效果	基于学生的兴趣、学习偏好和学习基础定期对学生进行分组和再分组；对课程和教学实施差异化，以满足不同类型小组的需求	1　2　3　4　5
布置分层作业、平行作业，开展活动，满足学习者的需求和差异	教师基于每个学生的学习基础，采用多种有效的、有意义的课程活动和任务，确保人人参与其中	1　2　3　4　5
创建适用于所有学生的有趣的、愉快的、具有挑战性的、可选择的学习环境	学生对教学活动真正感兴趣，能够沉浸在课堂中，充分感受到教学内容的挑战性，并对怎样学、学什么、何处学、何时学具有一定的选择权	1　2　3　4　5
培养学生的学习自主性	教师引导学生培养独立学习的能力，激发学生的学习动机	1　2　3　4　5

源自：《差异化学习——21 世纪的思与学》。作者：理查德 • M. 卡什，教育学博士。2017 年版。该表可复制以供学校和地区使用。所有的其他用途，请与自由精神出版社联系，网址：www.freespirit.com/permissions。

差异化教学的课堂指标

差异化教学的课堂指标	发展阶段	基础阶段	熟练阶段	专业阶段
教师计划和准备工作				
教师通过接受和回应学生的学习需求和差异来设计学习活动和教学指令，师培人员通过这些学习活动和教学指令掌握教师对差异化教学的理解程度； 教师的计划要体现所有学生必须具备的知识；	教师对于差异化教学缺乏理解或了解，也没有相关的教学计划	教师对差异化教学具有初步或一般的了解，有适当的教学计划	教师对差异化教学有深刻的认识和理解，有具有针对性的教学计划	教师对差异化教学有深刻的认识和理解，有连续的、具有针对性的教学计划

教师理解学生在文化、语言、经济和性别方面的差异,并为此做好准备; 教师制定目标并开展与基本标准、评估相关的学习活动; 教师知道如何将跨学科的知识连接起来,吸引学生参与真实的体验; 教师设计活动,激发探究、批判性推理、创造性思维、解决问题的能力,促进学生之间的合作; 教师准备并利用各种丰富的课程和课堂材料; 教师开展相关的、有意义的学习活动,提高对每一名学生的期望; 教师采用适当方法将科技融入每一堂课中; 教师准备格式或模板(例如,量规、清单),为学生提供描述性反馈				
课堂环境和课堂管理				
教师设计了灵活、有效的小组活动(从适用于所有小组到适用于单个小组,再到适用于个人的活动); 教师使用多层次的教学方法,譬如学习中心、分层活动和独立学习; 学生恰当地使用科技,提高和推进教学; 教师不断开展智力挑战活动,营造学习氛围; 允许学生发起和选择工作; 学生能够解释他们为什么要开展不同的项目; 教师的互动和教学创造了相互尊重的融洽的环境; 教师和学生都表现出对学习的热情; 教师表达了对所有人的高度期望和标准; 教师充分利用课堂时间,使学习效果最大化	在创造充满挑战性的、有意义的学习环境的过程中,教师很少使用策略或者不使用策略	在创造充满挑战性的、有意义的学习环境的过程中,教师使用一些基本的、常用的策略	教师能够一视同仁,对所有的学生都抱有较高的期望,并经常分配具有挑战性的、有意义的任务	教师和学生经常在充满挑战性的、有意义的环境中工作,对高质量的工作表现出非凡的热情

教学实践与评估				
教师可以向全班同学准确地表述课程目标和标准； 教师对学生的学习偏好、兴趣和学习基础进行预评估； 教学反映了基于实证的实践，利用学习偏好、兴趣和学习基础吸引和激励学习者； 教师具有灵活、多任务处理和随机应变的能力； 课程设置具有一定的梯度，提供多种方法帮助学生提高思维水平； 学生从事与学习目标、学习标准相关的活动和评估； 鼓励学生在适当的时候使用和应用科技； 教师和学生采用高质量的提问和讨论技巧； 教师经常对学生获取内容知识和技能的情况进行评估，并依据这些数据对教学做出调整，告知学生教学的进度； 教师给出描述性反馈，促进学生在学习方面不断改进，获得成功	在接受更高水平的挑战和学习时，教师很少使用策略或者不使用策略	在接受更高水平的挑战和学习时，使用一些基本的、常用的策略	教师展示了更高层次的挑战和学习	教师和学生不断地参与更高层次的挑战和学习
专业责任				
教师经常反思教学、学生的学习和专业实践； 教师记录学生的学习偏好、兴趣和学习基础，用于指导教学； 教师定期与学生、家长、监护人或看护人沟通和协作，提高学生的成绩、能力、参与度，促进学生的进一步发展，帮助学生取得成功； 尽管教师在学术能力、文化背景、社会和情感需要、经济机会等方面存在差异，但大家都要定位于更好地满足每位学生的全部需求； 教师引领学校营造差异化教学的氛围；	教师在差异化教学方面没有花费心思，也对此不感兴趣	教师逐渐意识到差异化教学需求的增加	教师寻求对差异化教学的其他支持	教师始终如一地倡导并参与个性化和全校范围内差异化教学的发展

教师在差异化教学中寻求专业化发展； 教师遵守道德操守，坚持专业的实践标准； 教师依据地区、州、国家标准，开展学习活动； 教师与同事、群体成员开展交流和合作，创造共同致力于促进学生成功的氛围； 教师利用有效的报表系统指导学习活动，衡量学生的成绩				
评论：				

[改编自夏洛特・丹尼尔森《加强专业实践：教学框架》(*Enhancing Professional Practice: A Framework for Teaching*)，弗吉尼亚州亚历山德里亚，ASCD，2007 年；戴安・赫克斯《使差异化成为习惯》(*Making Differentiation a Habit*)，明尼阿波利斯，自由精神出版社，2009 年；罗伯特・马尔扎诺，“马尔扎诺教师评估模型”，科罗拉多州恩格伍德，马尔扎诺实验室，2011 年 8 月；卡罗尔・安・汤姆林森《实现差异化课堂的承诺：响应式教学的策略和工具》(*Fulfilling the Promise of the Differentiated Classroom: Strategies and Tools for Responsive Teaching*)，弗吉尼亚州亚历山德里亚，ASCD，2003 年。]

① Ward, B. A. “Instructional Grouping in the Classroom.” Washington, DC: Office of Educational Research and Improvement (OERI), U. S. Department of Education, Novermber 1987; Hattie, J. *Visible Learning*. New York: Routledge, 2009.

② Tomlinson, C. A., and J. McTighe. *Integrating Differentiated Instruction & Understanding by Design: Connecting Content and Kids.* Alexandria, VA: ASCD, 2006:8.

③ Danielson, C. *The Framework for Teaching Evaluation Instrument, 2013 Edition.* Princeton, NJ: The Danielson Group, 2014.

④ Marzano, R. J. “The Marzano Teacher Evaluation Model.” Englewood, CO: Marzano Research Laboratory (August 2011).

第二章　差异化课程的核心要素

教育的主要目标是培养具有创新能力的人，而不是简单地重复他人的做法。

——让·皮亚杰(Jean Piaget)，认知心理学家

一、新世纪所需的技能

在过去的半个世纪中，世界发生了巨大的变化。科技的进步改变了教育和劳动力的格局。在过去的两个世纪里，学生高中毕业，即可谋得一份足以维持生计的工作，甚至能够在未来几十年维持全家人的生活。19 世纪和 20 世纪初的劳动力主要依赖于较低层次的应用技能，进行手工劳动。因此，学校仅注重传授记忆和应用的技巧。

如今，职业需求不仅仅是应用，还需要更为复杂的技能。“在发达国家的劳动力中，美国工人所占的比例最小。”[①] 21 世纪，美国及大多数发达国家对脑力劳动者的需求不断增加，它们需要能够在本学科或跨学科范围内进行分析、评估和创造新知识的人(见图 2.1)。现在的莘莘学子就是未来所需的脑力劳动者。因此，我们必须设计相关课程，为学生未来的发展打下坚实的基础。

在课程开发的过程中，对内容有清晰的了解(期望学生学习什么)、确保目标和标准的完整性，这些至关重要。此外，正如第一章所讨论的那样，要想有效实施差异化，需要明确差异化的内容是什么，如何实施差异化，尤为重要的是，为何实施差异化。本章将界定课程设计的重要组成部分。

根据“21 世纪学习伙伴关系”以及“未来研究所”的研究，[②] 21 世纪的十

项基本能力是：

(1) 能够深入理解；

(2) 具有灵活的、适应性思维；

(3) 具有主动性、自我导向和自我调节的能力；

(4) 具有社交和跨文化沟通的技巧；

(5) 具有跨学科理解的能力；

(6) 培养媒介素养；

(7) 具有利用数据和抽象概念进行推理的能力；

(8) 具有生产能力与责任意识；

(9) 具有领导能力与责任感；

(10) 具有虚拟协作能力。

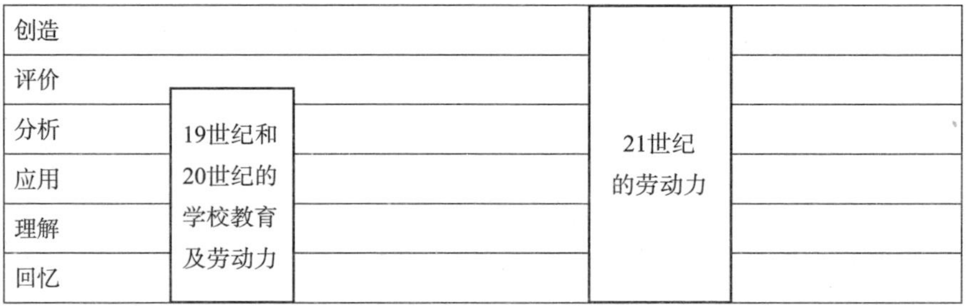

图 2.1　21 世纪的劳动力的技能[③]

课程设计和教学必须确保学生精通这些能力。此外，“未来研究所”提出了六种推动 2020 年劳动力市场变化的力量：

(1) 如今人们的寿命和工作年限不断延长，意味着学生未来的就业压力增大。

(2) 机器和系统“更智能”，取代了自动化，消除了低水平重复性工作。

(3) 计算机、传感器和信息处理的增加，改变了处理问题和管理信息的方式。

(4) 不断发展的媒体正在扩大沟通方式，尤其是通过视觉形式沟通的方式。

(5) “超结构”组织的体积和规模庞大，需要更强大的生产能力和创造力。

(6) 全球连通促进了运营中心的多元化,这种多元化已经从北美和欧洲发展到了世界其他地区。

"21 世纪学习伙伴关系"通过明确未来课程和教学的框架,强调了这些变化的驱动因素。框架包含下列内容:

- 培养学生的思维技能,掌握核心学科和 21 世纪跨学科主题。这些主题包括全球意识,金融、经济、商业和企业文化,公民素养,健康素养,环境素养;
- 要求学生在内容学习的过程中通过绩效活动锻炼思维技能;
- 运用多媒体进行广泛、准确的交流;
- 允许学生在课外使用科技和资源。

二、知识层级:事实、程序、概念

新课程理念的重点在于:21 世纪的学生应该知道、能够做到和掌握的基本要素。随着神经科学的不断进步,以下三个知识维度可以促进大脑开展有效的学习,即事实性(知道事实)知识、程序性(完成任务)知识和概念性(掌握概念)知识。鉴于此,我们应该开展课程活动强化这三个维度。本章内容有助于确定什么是学生必须知道、做到和掌握的关键因素。这种设计以脑科学为基础,反映了基于认知科学和动机理论的知识。

"如果一名学生参加的课程远远超出了该生的水平,压力就会产生,大脑会产生过量妨碍学习的关键神经递质。"[④] 相反,如果课程内容低于学生的水平,那么学生的大脑不会参与到学习中,不会产生反应,因此也不会释放多巴胺、去甲肾上腺素、5-羟色胺和取得最佳学习效果所需的其他神经化学物质,也就不会产生什么学习效果。[⑤] 了解这种知识建构,可以帮助教师设计出更精致的单元和课程。

好多课堂、课程和教学倾向于关注事实性知识和程序性知识。衡量学生成绩的课堂评估,多数是事实性知识和低级程序性知识的再生。然而,新标准下的评估已经逐渐超越事实性知识,转向对更为先进的程序性知识和概念性知识的评估。因此,教师迫切需要制定课程和教学策略,帮助学生应对更为复杂的评估工作。

许多课程、教学和评估方式缺乏21世纪必不可少的工具——概念性知识,尤其是基于概念层面的创造性观点生成和批判性推理的思维方面。专家从概念出发,进行思考,开展创造性和批判性分析,在解决问题时充分利用事实性知识和程序性知识。为了将学生培养成卓越的思想家,教师必须确保课程和教辅材料可以使他们学会从概念层面思考。

回顾21世纪以来的课程和教学实践,教师必须致力于实现以下目标:

(1) 明确如何反映标准,尤其是强调事实、程序和概念层面的学习;

(2) 在教学方面,适当将注意力集中在事实、程序和概念层面的思考和学习上;

(3) 保证所有的学生都能熟练掌握事实性知识,能够完成任务并深刻把握概念。

三、界定课程要素的四个步骤

(一) 第一步:明确课程的关键组成部分

图2.2阐明了如何构建21世纪的课程。课程材料包含大量基础的事实性知识、由一般到特定的程序能力,以及概念性思维水平。这种模式不仅建立在脑兼容学习的基础之上,而且在1956年本杰明·布鲁姆(Benjamin Bloom)的教育目标分类法中也有所体现,该理论于2001年更新。(第八章对布鲁姆的分类法进行了深入讨论)

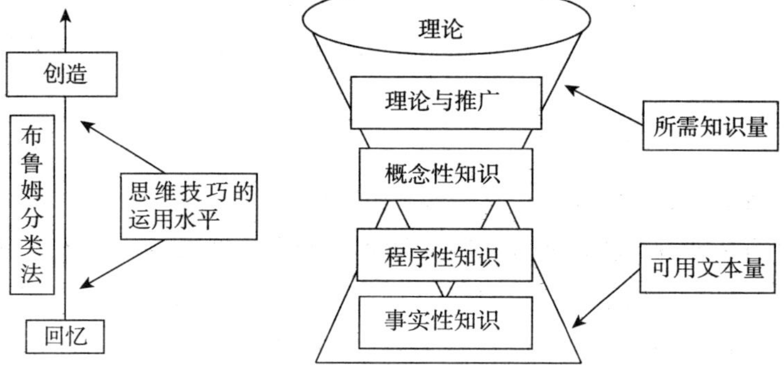

图2.2 21世纪的课程模式

1. 事实性知识

事实性知识是所有课程的基础，包含词汇的所有基本要素，学科内的语言、符号、资源以及学生必须掌握的其他无可争议的证据。事实性知识可以通过以信息回忆和记忆为主的测试或测验，轻松地表现和评估出来。

2. 程序性知识

掌握事实性知识的同时，学生逐渐开始学习程序性知识或学科的“技术诀窍”。程序性知识包括要学习和执行的行动或任务，例如思维技巧、写作过程、实验和规则。程序性知识还为学生介绍一些学科工具，譬如编辑、计算、研究、测量，等等。学习者可以利用这些工具解决该领域中遇到的问题，或者在该领域中进行创作和生产。程序性知识可以分为两类[6]：

策略

- 不连续的意识行为
- 经常开展循序渐进的指导

  例如：科学的方法

  第一步：提出问题；

  第二步：背景调查；

  第三步：创造假设；

  第四步：通过实验检验假设；

  第五步：分析数据，得出结论；

  第六步：得出结果。

技能

- 只有掌握足够多的策略，才能获得这些技能
- 一旦能够自动运用策略，就可以掌握技能

  例如：阅读理解

  学生采用多种策略理解渐趋复杂的文本。

换言之，策略的获取和自动使用促进了技能的提高。教师传授策略，学生获得技能。

3. 概念性知识

学生对事实性知识和程序性知识的逐渐精通，巩固了他们对概念性知识的理解。概念性知识指学科内部和跨学科中存在的广泛的、总体性思想、概述、原则和理论。概念性知识可以帮助学生理解一门学科以及整个课程的深层含义，了解一个概念在不同领域中的相似性和差异性，为跨学科研究提供途径。最终，概念性知识通过在内容区域之间建立联系，帮助学生更深入地了解主题。概念性知识可以激发学生的好奇心，引领学生入门，使学生学会以兴趣为导向的学习。

概念性知识可以分为两大类：

(1) 具体(可以被看到、触摸、听到、闻到或尝到)。如家庭、狗、音乐、酸味和甜味；

(2) 抽象(不可以被看到、触摸、听到、闻到或尝到，是一种公共理念而非个人信仰)。如自由、历史、变化和美丽。(更多例子见表 2.1)

以下是课程中可以包含的三种概念：

■ 通用概念。非常广泛，适用于任何科目(特别是数学)。例如：适应、变化、模型、系统。

■ 基于内容的概念。适用于特定学科领域，很难应用于其他学科。例如：

数学(数字意义、算术、几何、比率和比例)；

英语语言艺术(异化、勇气、幻想、声音)；

科学(分类、实验、形式或功能、状态)；

社会研究(权威、政府、统治、传统)。

■ 自我调节的概念。引导学生成为更好的学习者。例如：自主、个性、组织、责任。

在学习过程中，对概念的关注有利于明确概念的类型。为了帮助学生明确概念的类型，请注意表 2.1 中某些概念旁边的星号(*)，带有星号的概念属于通用概念，此项标注仅供参考。未被划归到通用概念的，则被视为基于内容的概念或自我调节的概念。概念类型不是绝对的，有些概念适用于多个类别。有些尽管不是通用概念，但可以很好地应用于某些内容区域。如果教师支持使用这一概念，学生也乐意更深入地学习，那么这个概念就可以发挥作用。

表 2.1　200 个抽象概念

1. 适应 *	29. 守恒	57. 永恒	85. 认同
2. 异化	30. 恒常性	58. 道德	86. 想象
3. 态度	31. 咨询	59. 进化	87. 独立
4. 真实性	32. 沉思	60. 存在	88. 个性
5. 权威	33. 控制	61. 经验	89. 教导
6. 自主性	34. 合作	62. 实验	90. 无限性
7. 意识	35. 勇气	63. 探索	91. 信息
8. 美 *	36. 创造力 *	64. 灭绝	92. 启蒙
9. 行为	37. 危机	65. 信仰	93. 视角
10. 存在和成为	38. 文化	66. 虚伪	94. 本能
11. 信仰 *	39. 周期 *	67. 家庭	95. 完整性
12. 关心	40. 决定	68. 幻想	96. 智力
13. 因果关系 *	41. 民主	69. 感情	97. 相互依存
14. 确定性	42. 破坏	70. 自由意志	98. 直觉
15. 变化 *	43. 分离	71. 自由	99. 发明
16. 童年	44. 发展 *	72. 全球性	100. 判断
17. 文明	45. 学科	73. 善恶	101. 正义
18. 分类 *	46. 发现	74. 善良	102. 正当理由 *
19. 承诺	47. 二元论	75. 小组	103. 知识 *
20. 沟通 *	48. 教育	76. 成长 *	104. 语言 *
21. 社区	49. 情感	77. 习惯	105. 学习
22. 同情	50. 同情	78. 和谐	106. 生死
23. 冲突 *	51. 能量	79. 拥有	107. 文学
24. 冲突解决	52. 参与	80. 整体性	108. 爱
25. 整合	53. 工程	81. 人类	109. 忠诚
26. 连通性	54. 环境	82. 人权	110. 男人
27. 意识	55. 平等	83. 想法	111. 管理
28. 良知	56. 本质	84. 理想	112. 唯物主义

续表

113. 意义 *	135. 和平	157. 拒绝	179. 生存
114. 冥想	136. 感知	158. 关系	180. 系统 *
115. 记忆	137. 人格	159. 宗教	181. 教师
116. 隐喻	138. 观点 *	160. 决议	182. 团队
117. 方法	139. 哲学	161. 责任	183. 时间 *
118. 迁移	140. 物理	162. 革命	184. 容忍
119. 思维	141. 计划	163. 仪式	185. 传统
120. 模型	142. 游戏	164. 规模 *	186. 训练
121. 道德	143. 诗集	165. 科学	187. 转换 *
122. 道德准则	144. 政治	166. 自我	188. 真相
123. 神秘	145. 实证主义	167. 自尊	189. 理解 *
124. 神话	146. 潜能	168. 自我形象	190. 功利性
125. 自然	147. 能力 *	169. 自我认识	191. 有效性
126. 沟通	148. 规则 *	170. 感性	192. 价值 *
127. 客观性	149. 解决问题	171. 服务	193. 暴力
128. 开放性	150. 定性	172. 社会化	194. 视觉
129. 起源 *	151. 质量	173. 社会	195. 声音
130. 自主权	152. 理性	174. 灵魂	196. 整体性
131. 范式	153. 现实	175. 精神	197. 意愿
132. 悖论	154. 理智 *	176. 状态 *	198. 聪慧
133. 参与	155. 还原论	177. 故事	199. 女人
134. 形式 *	156. 反思	178. 主体性	200. 工作

玩过拼图游戏的人，肯定会有这样的经历，在动手拼图之前，大抵会先看看包装上的图案，看看完成拼图后，拼图应该是什么样子。以包装上的图案为模型观察整个“大图”，然后考虑如何组合所有的碎片。课堂教学亦是如此。从概念入手，开始一个单元的学习，可以为学生提供“大局”，为他们指明方向，向他们展示如何将事实、策略和技能联系在一起，使他们将先前的知识与当前的单元知识联系起来。

概述

概念性知识指的是概述和原则。概述和原则都是某领域内的“大观点”或者是持久的信念。概述来源于我们的个人经验，一般会与概念相连。根据个人经验，我们认为概述是真实的，或者几乎是真实的。在课程中，概述有利于学生对内容的理解。概述性教学提供的情景有助于学生记住事实和程序。例如（注意限定词：“往往”“可能”“可以”）：

- 人们往往愿意改善生活。
- 动植物可能会受到环境的影响。
- 代数可以用来解决问题。
- 文学往往可以反映文化。

下面提供了概念开发课程示例，该示例可以帮助师生首先在概念之间建立联系，然后进行概述。学生将概念联系起来后，就会发现概念之间的相关性，这样的课程对他们的生活更有意义。利用这些概念进行概述，学生便可以与学习内容之间建立联系，掌握该内容。至此，学生与概念、内容建立了联系，之后便可以着手设计严谨的课程。换而言之，教师已经为学生提供了更深层次的理解（见图 2.3）。

概念开发课程示例包括了归纳和演绎的推理过程。在单元学习的第一堂课中，该示例侧重于从学生给出的概念和基本问题进行概述。完成该课程需要六步，每一步都需要学生的参与。学生从一个宽泛的概念入手，确定具体的例证和反例，进行适当的分类，并对这些类别进行归纳，然后找出个人或集体重点学习的基本问题。在实施初期，不妨先将全班分为若干小组，待各小组完成所有的工作之后，再要求全班开展讨论。

概念开发工作表的示例见表 2.2。在整个单元的学习过程中，学生应该随时记录所遇到的问题，并尽力寻求答案。或者教师可以选择某个基本问题，并将其展示在公告栏或电子文件中，在整个教学过程中，让全班同学尝试回答。教师应鼓励学生发表自己的观点，并带来有助于解决问题的新闻或网站链接。需要强调的是，所有的活动和课程都应该集中于为学生提供信息以解答他们遇到的问题。如果教师在课堂上提出了一个问题，应该即时告知学生期末考试会涉及该问题，然后，他们就会不断地寻求答案，为考试做准备。

概念开发课程示例⑦

概念:变化

材料:

■ 概念开发工作表;

■ 为每组学生提供的不同颜色的荧光笔;

■ 公告板或笔记本电脑

行为目标		聚焦问题
第一步	学生根据自己的理解和经历找到有关“变化”的例证	有关“变化”的例证,读过的或者经历过的有哪些,为什么会发生“变化” 随后列出没有发生“变化”的例证,阐明为什么这些事物没有发生“变化”
第二步	学生将类似的词组合在一起	想想列表中的单词有什么共同点。将类似的词组合在一起。注意:可能不会使用所有的单词,不过如果它们适合多个类别,有些单词可以使用两次
第三步	学生对类别进行标记	为每个类别创建一个标签
第四步	学生进行概述	回顾这些类别。至少写三个关于“变化”的要点,在小组内分享
第五步	学生找出基本问题	将概述的要点转变成一个很好的问题。切记:好的问题是开放式的,问题的答案不止一个
第六步	学生概述并提出基本问题	团队作为一个整体需要进行概述,提出基本问题,并尝试在整个单元的学习过程中予以回答。

注意:最后一步可以以班级为单位进行。不是让每个学生提出基本问题,而是以班级为单位回答问题。之后,将概述的要点及相应问题在公告板上展示出来。在整个单元的学习过程中,学生可以将有助于解决问题的笔记、想法、建议、网址、新闻和杂志文章贴在公告板上。最后,将这个问题放在本单元的总结性评估中。

支持性程序

把学生分成小组,并给出至少15个示例。将这些例子放置在概念开发工作表的“+”侧。

鼓励学生认真思考没有发生“变化”的例证,每组学生列出5~6个例子。将这些例子放在概念开发工作表的“-”侧。

让学生解释分类的原因,并在班里寻求其他同学的赞同。确保学生可以对他们的所有(或大部分)项目进行分类。

学生在概念开发工作表上用不同的颜色圈出或者标出不同类别的词。让学生寻找可以合并的类别,从而发现范围更大、更普遍的类别。

让学生以小组为单位进行概述。为了推进该项活动,请他们写下自己概括的要点。如果遇到困难,可以给他们提供一些有关“变化”的例证,如:

- 变化无处不在；
- 变化既可以由自然因素引起，也可以由人为因素引起；
- 变化既可以是有序的，也可以是任意的；
- 变化既可以是积极的，也可以是消极的；
- 变化与身份有关；
- 变化影响身份。

在他们的小组中，学生至少将其中一个概括性陈述句转变成基本问题。如：

- 变化与时间有什么关系？
- 为什么认为变化无处不在、非常重要？
- 变化是如何有序或任意发生的？
- 变化是自然抑或人为发生的？

在一个单元的学习过程中，学生需要确定一个需要概述的内容及与之相关的基本问题。他们既可以把概述的要点和问题张贴在公告板上，也可以记在笔记本上。在整个单元的学习过程中，学生须记下有助于回答该问题的信息。

提醒学生：这些基本问题将会是单元总结性评估的内容之一。允许学生参考笔记回答问题，这样可以鼓励他们在每一堂课以及每一次重要的活动之后做好笔记。

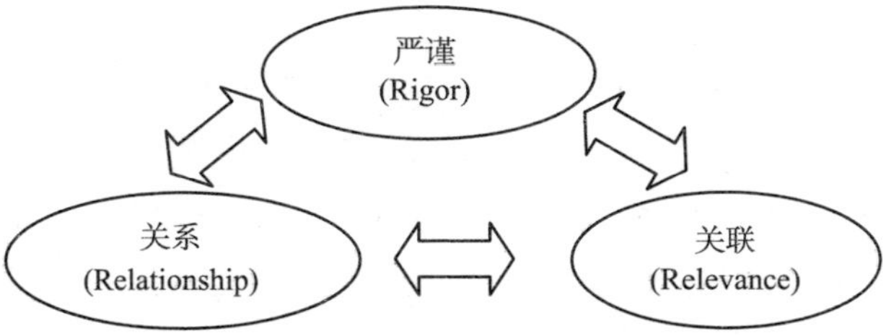

图 2.3　关系—严谨—关联：深层理解的 3Rs

表 2.2　概念开发工作表：示例

+	概念变化	−
人 时间 地球 风格 信仰 金钱		父母 上学期间的教师
∴		**?**
变化多于不变 变化可以是人为的，也可以是自然产生的 变化有好有坏		为何变化多于不变 人类以何种方式改变自然 大自然如何改变人类 何谓好的变化、坏的变化

原则

原则,如同概述,属于内容范畴。概述是广泛性的,而原则从本质上讲大多是特定的,通常指内容领域内的规则、法律、代码、真理或假设。例如(注意:没有“有时”“几乎”“总是”“经常”“大多”等限定词):

- 科学试图通过实验和观察了解自然界;
- 供应定律表明,供应量随着价格的上涨而增加,随着价格的下降而减少;
- 英语语言规则要求一个句子要有一个动词;
- 当有M种方法做一件事,N种方法做另外一件事情时,M和N之间彼此独立,那么就有M×N种办法做这两件事情(例如:M=2,N=3,2×3=6)。

理论

理论是在概述和原则的基础上形成的。理论是一种抽象概念,得到了该领域内专家的认定和支持。简而言之,理论可以解释该领域内产生的观点或抽象性思维。理论不会经常应用在基础教育环境中,而是用于指导更重要的课程。例如:相对理论、数字理论、直接相关理论、社会距离理论、音乐作曲理论、美学理论。

21世纪课程模式的每一个阶段,从事实性知识到理论,都需要学习者进行一定的思考。在最浅显的层面上,学习者投入的思考较少。随着学习程度的不断加深,从概念性知识推进到概述和原则,学习者就需要开动脑筋,进行更深层次的思考。

多数课程资料都没有提供这种高级的思维训练。因此,教师需要开展活动使学生参与更加复杂的思维训练。只要明确学生应该知道什么、做到什么以及掌握什么,教师就可以很容易地提高他们的思维水平。

(二)第二步:明确学生需要知道、做到以及理解的目标

1. 知道

知道某个事物就是能够直接认出它,记住它,或以具体的语言向别人描

述它。在课堂上，学生需要了解的是研究领域内的事实、术语（该学科的语言）、符号、具体事实细节。这些是"学生将知道……"的目标。例如：

- 学生将知道乘法表的 0～9 部分；
- 学生将知道美国各州的首府城市；
- 学生将知道元素周期表里面的所有元素；
- 学生将知道艺术的元素（形式、形状、线条、颜色）。

2. 做到

这个目标涉及使用该主题的程序、过程、工具或技术。程序策略指学生为解决问题而采取的一系列行动。过程指学生解决和思考问题的思维技能，譬如解决问题的具体策略。程序技能是学生在参与活动的过程中形成的。下面是"学生将能够做到……"的目标，例如（注意每个陈述句中的动词）：

- 学生将能够撰写一篇五段式的文章；
- 学生将能够做一个实验；
- 学生将能够进行分数乘法运算；
- 学生将能够使用图表解决问题，指明趋势；
- 学生将能够使用指南针、线索和符号设计图谱；
- 学生将能够分析信息，指明趋势。

3. 理解

如前所述，概念指学生在学习过程中理解的宏观想法。理解概念，便掌握了该内容的意义和重要性，以及该领域内各学科之间的相互关系。理解是建立在事实性知识和程序能力基础上的抽象智力过程。下面是"学生将理解……"的目标，例如：

- 学生将会理解"变化"的概念；
- 学生将理解相对论；
- 学生将理解为什么在当今世界上，数学是一个重要的工具；
- 学生将理解语言对文化的影响。

图 2.4 阐明了知识金字塔的三个层次。图 2.5 显示了如何将数学标准分解成概念、程序和事实。标准需要逐步完善。新一代标准已经将注意力集中

于知识的概念和程序层面上，很少强调事实的再生。突破标准，需要寻求成功达到该标准可能需要的事实性知识。例如(图 2.5)，学生必须知道该标准中使用的术语：10 的幂，小数点的位置，到千分位的小数，等等。在真正开始运算之前，掌握这些关键的事实性知识可以确保学生取得成功。

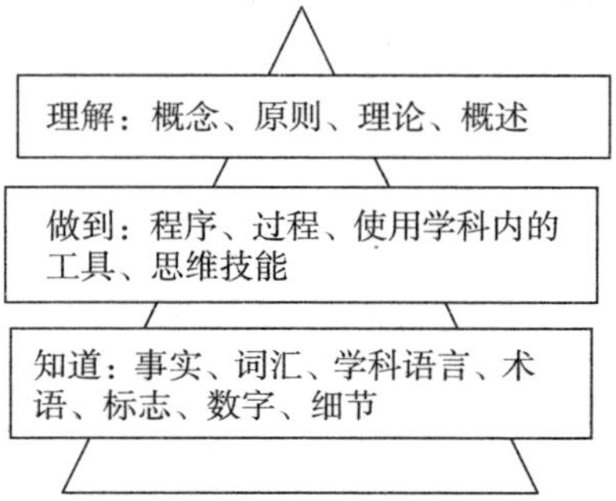

图 2.4　知识金字塔

关键词：
概念
程序
事实

内容标准

了解十进制。[8]

基准

1. 知道在一个多位数字中，一个数字代表其右边数字的10倍，左边数字的1/10。

2. 当用10的幂乘一个数时，解释得数中零的格式，以及当一个小数乘或除以10的幂时小数点的位置。使用整数指数表示10的幂。

3. 读、写和比较到千分位的小数。

4. 使用十进制数字、数字名称和展开式来读取和书写到千分位的小数。譬如，347.392=3×100+4×10+7×1+3×(1/10)+9×(1/100)+2×(1/1000)。

5. 根据每个数位上的数字的含义比较两个到千分位的小数，使用符号>、=和<记录比较结果。

6. 使用十进制可以将小数四舍五入到任何一个数位。

图 2.5　分解要点：数学标准

（三）第三步：形成基本问题

从这一步开始，可以提出相关的基本问题。基本问题的创建要基于学习内容中的概念。这些问题与本单元的内容和主题的相关度最高。问题的答案需要在课程学习过程中寻找。学生可能永远也不会得出问题的结论，但他们可以通过探索各种答案构建内容知识。回答基本问题是一个过程而不是最终结果。如前所述，学生可以自己提出基本问题，教师也可以为学生提供基本问题。

基本问题帮助学生超越学科的界限，与其他学科建立联系，为学生提供相关的参考框架。最终，基本问题应该可以引导学生提出更多的问题而不是得到更多的答案。提出高质量基本问题的技巧在于问题的结构是否良好。编写一个有效的问题可以将学生思考、解决问题和决策的能力提高到更高的层次。此外，设计良好的问题可能会引发关于内容的更深层次的讨论，增加问题与学习者之间的联系。

问题一般包括谁、是什么、时间、地点、为什么、哪一个、如何，但不幸的是，在多数情况下，我们并没有将问题设计好，因此只能得到单一的回应。例如：

- 美国的总统是谁?
- 光合作用是什么?
- 工业革命什么时候发生?
- 非洲大陆在哪里?
- 一小时为什么有 60 分钟?
- 哪一种口味的冰激凌最受欢迎?
- 动物们如何适应各种各样的气候环境?

精心设计的基本问题一般具有开放性、挑战性，整洁，简单明了，只包含一个问题。要想设计高质量的基本问题，请牢记以下规则：

- “谁”的问题，应该让学生做出选择。
- “是什么”的问题，应该让学生进行假设。
- “时间”的问题，应该让学生做出预测。
- “地点”的问题，应该让学生做出计划。
- “为什么”的问题，应该能够锻炼学生的分析能力。
- “哪一个”的问题，应该引导学生根据标准和证据做出决定，给出理由。
- “如何”的问题，应该通过收集关于解决问题的方式或方法的信息，要求学生对意义进行综合分析。

借助图 2.5 的例子,该单元完整的基本问题是:

■ 为什么使用数字(十进制)系统?
■ 十进制如何具体体现?
■ 现在,为什么会采用四舍五入的方法?

下表示范了如何将低质量问题改写为高质量问题。

低质量问题	高质量问题
美国的总统是谁?	我们依靠谁来领导美国,为什么?
光合作用是什么?	如果光合作用过程中的一个环节发生改变,会产生什么现象?
工业革命什么时候发生?	什么时候会再一次爆发工业革命?
非洲大陆在哪里?	非洲的中心在哪里?
一小时为什么有 60 分钟?	我们为什么以分和小时为单位标记一天?
哪一种口味的冰激凌最受欢迎?	在未来十年里,哪一种口味的冰激凌会继续受欢迎?
动物们如何适应各种各样的气候环境?	动物如何适应自然或人为灾难?

如前所述,基本问题是学习的核心,它能使课程学习更有意义。在课堂上,提问题是激发课堂讨论、鼓励深入思考以及让学生掌握丰富内容的重要工具。我们可以通过提出各种问题吸引学生参与课堂。以下是关于学习内容的两类基本问题:

常见的基本问题

■ 提问形式多样化;
■ 没有特指(她/我们/人);
■ 在本质上是跨学科的,不针对特定内容;
■ 大多数情况下以"为什么……"开始。

例如:为什么系统可以起作用或出现故障?

基于内容的基本问题

■ 聚焦一个内容;

■ 将多个主题或单元连接在一起；
■ 大多数情况下以“如何……”开始。

例如：政府体系如何相互依赖并发挥作用或出现故障？

最后，基本问题应该能够引起学生的好奇心，他们需要运用跨学科的知识回答。此外，还要运用推理和解释的技巧。例如：

■ 为什么冲突可能是积极的也可能是消极的？
■ 为什么会产生这种模式？
■ 为什么理解产生变化的原因和效果很重要？
■ 为什么存在偏见？
■ 为什么会形成团体？
■ 如何分解系统？
■ 如何产生多种影响？

（四）第四步：提出问题

单元问题附属于基本问题，是基本问题的一部分。单元问题的提出有利于学生理解单元内容，找到解决基本问题的方法。单元问题常用于展示对内容和概念的理解的活动框架。

单元问题具体到课程或学习的单元，往往会使用该学科的专业词汇。

单元问题经常为课程或单元学习的特定活动或预期结果提出引导性问题。根据图 2.5 的例子以及图 2.6 中有关基本问题的例子，给出一些单元问题的示例。值得关注的是，这些问题以“以何种方式……”开始，还有一些问题以“怎么可能……”“哪里可能……”“谁可能……”“什么可能……”等开始。

■ 你可以以何种方式明确一个多位数的数值？
■ 当乘 10 的幂时，你可以用什么方法解释所有的零？
■ 你能用什么方式表示到千分位的小数？

<table>
<tr><td colspan="2">内容标准
了解十进制。知道在一个多位数字中,一个数字代表其右边数字的 10 倍,左边数字的 1/10。⑨</td></tr>
<tr><td>基本问题</td><td>事实性知识</td></tr>
<tr><td>■ 为什么使用十进制?
■ 十进制如何具体体现?
■ 现在,为什么会采用四舍五入的方法?

概念性知识

学生将会理解:
■ 十进制

程序性知识

学生将能够:
■ 解释十进制;
■ 使用整数指数表示 10 的幂;
■ 读、写和比较到千分位的小数;
■ 使用适当的记号和符号进行比较;
■ 小数点可以移动到任何一个数位。</td><td>学生将知道:
■ 十进制;
■ 多位数;
■ 整数指数;
■ 到千分位的小数,表示为:
整十数字;
数字名;
展开式
■ ＞、＝和＜的意义;
■ 整数</td></tr>
</table>

⇩ ⇩

单元问题
■ 444,444,444.444 最后一位数字的值是多少?
■ 453.567 的展开式是什么?
■ 将分数 2/10,15/100 和 3/1000 写成小数。
■ 如果将数字(0.57)写成 0.57000,它的值会发生改变吗?
■ 明确符号＞、＝、＜、≠的意义。

图 2.6 分解要点:以数学为例(低级)

在明确课程要点的四个步骤中,设计了有意义的课程和活动。课程利用跨学科的方法,为技能、过程和概念教学提供了路线图。该课程融入了真实的经验和评估,鼓励学生创新地、批判地、深入地思考。从本质上讲,21 世纪的课程设计将思维技能与内容知识融为一体,为学生未来的成功做好了充分准备。

打破基本模式(图 2.6 和图 2.7 给出了例子)可以作为师生的课程指南

或单元指南。如果学生年龄较小，可让学生回家与家人分享这个单元学习的内容。对于中等水平的学生来说，该表格可以让学生关注学习单元的每一部分，突出知识层。对于年龄较大的学生，该表格可以用作单元教学大纲，并作为形成性和总结性评估的一种方式。

<table>
<tr><td colspan="2">内容标准
有关奴隶制和美国南北战争[10]文学的读、写、说、听标准。</td></tr>
<tr><td>基本问题</td><td>事实性知识</td></tr>
<tr><td>■ 复兴能力如何影响成功？
■ 如何将亲情和复兴能力联系到一起？</td><td rowspan="5">学生将知道：
与种族主义、奴隶制、南北战争有关的事实和词汇，如：
■ 中间的通道
■ 五分之三妥协案
■ 奴隶贸易
■ 奴隶的种植园生活
■ 奴隶抵抗（破坏、关闭、逃亡、叛乱）
■ 地下铁路
■ 逃亡奴隶法</td></tr>
<tr><td>概念性知识</td></tr>
<tr><td>学生将会理解：
■ 种族主义
■ 小说与回忆录
■ 不可靠的叙述者
■ 为读者写作</td></tr>
<tr><td>程序性知识</td></tr>
<tr><td>学生将能够：
■ 分析“奴隶女孩的生活”和“我们之间的河流”事件的内容和结构
■ 明确情节、角色、冲突、背景、主题和作者的目的
■ 借助原始材料阐述自己的理解
■ 以苏格拉底式研讨的形式进行讨论
■ 从新颖的角度回应或批评小说中的一个或多个问题</td></tr>
</table>

⇩　　　　⇩

单元问题
■ 为什么种族主义在历史上是一个复杂且具有分裂性的问题？ ■ 亲情如何鼓励人们渡过难关？ ■ 不可靠的叙述者是什么？ ■ 读者如何评价作家的目的和说服策略？

图 2.7　分解要点：以英语语言艺术为例（高级）

设计路线图意味着教师可以明确学生必须知道什么,做到什么,理解什么。在差异化教学的过程中,教师必须充分了解课程的这些要素。通常,教师已经接受过授课培训,但并未接受如何设计课程的培训。理解这些课程的基本组成部分,将使差异化教学更加可行。

四、基于概念的课程计划

教师对课程的各个部分有了更深入的了解后,就可能把课程提升到一个更高的水平。提高课堂效果的最佳方法之一就是设计基于概念的学习体验。基于概念的学习,就是学习宏观观点,连接事实性知识和程序能力,以期解决问题。H. 林恩·埃里克森(H. Lynn Erickson)是基于概念的课程和教学领域的专家,他认为,基于概念的课程和教学需要学生学会在学科间转换知识,借助优秀的思维水平,形成新的知识[11]——这些都是当今社会解决复杂问题的必备技能。

基于概念的课程框架要求教师非常清楚每堂课期望学生知道什么,能够做什么以及理解什么。在把握课程要领的过程中,教师逐渐掌握了构建基于概念的模型的能力。回顾一学年的学习内容后,教师要清晰把握贯穿整个课程的主要概念。减少概念的数量,便于管理(建议每学年不超过五个),也便于学生有时间深入理解概念。概念过多,则可能给学生带来太大的压力,没有时间进行宏观思考,导致调查过"浅"。

教师要明确整个学年需要学习的概念,并选择其一作为主题概念。将这个概念统一并集中于整个学年的课程中。最好选择跨学科或者通用的概念作为主题概念,这个概念可以包含所有的内容,在应用方面的限制也很少。对于初中教师,则可能需要全年级的教师共同商议并确定主题概念。

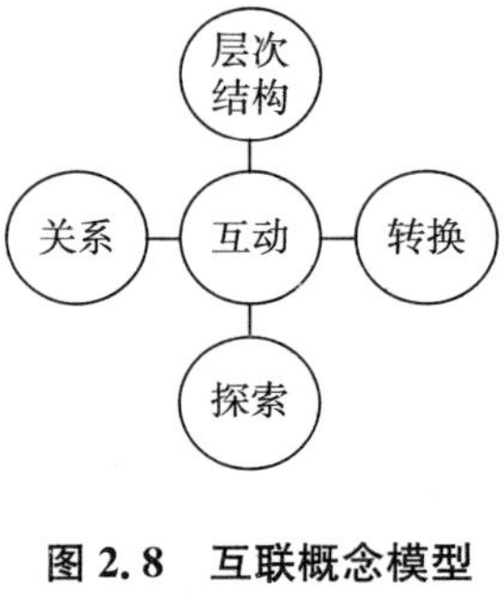

图 2.8　互联概念模型

教师所明确的其他概念属于支撑概念,既可以在整个学年中使用,也可以在短时间内使用。图 2.8 展示了一个由内华达州沃肖县学区七年级教师团队构建的四个术语的互联概念模型。主题概念为互动,支撑概念为层次结构、转换、探索和关系。

一旦确定了相互关联的概念，就可以构建聚焦连接教学和学习的基本问题。下面的例子选自图 2.9。

常见的基本问题：

■ 为什么理解互动很重要？

基于内容的基本问题：

■ 层次结构如何影响互动？

■ 互动如何转换？

■ 探索如何影响互动？

■ 互动如何影响关系？

年级：7	学年：2017～2018
主题概念：互动 常见的基本问题：为什么理解互动很重要？	

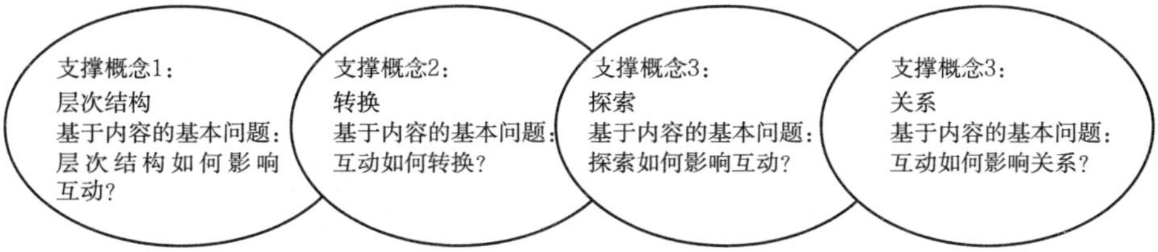

英语语言艺术： 阿尔杰农的花	英语语言艺术： 链	英语语言艺术： 勇敢船长的狗	英语语言艺术： 红色的小马 珍珠
社会研究： 群落	社会研究： 革命	社会研究： 向西扩张	社会研究： 战前美国和南北战争
科学： 能量+力量和运动	科学： 能量+力量和运动	科学： 事物及相互作用	科学： 波浪及其在信息技术中的应用
数学： 整数和有理数	数学： 比例和百分比	数学： 指数和原子团	数学： 计数和概率

图 2.9　基于概念的课程图谱(四个术语的范例)

(与加利福尼亚州雷德伍德城北极星学院的教师合作创建。)

现在可以围绕相互关联的概念组织学习单元了。运用基于概念的课程图谱，可以设计整个学习周期内有关该概念的学习。可以对图中内容进行调整,以适应学校和教学的需求。图 2.9 和图 2.10 分别是四个术语和三个术语的范例。图 2.11 显示了四个术语的课程图谱的模板。

年级:3　　学年:2017~2018

主题概念:连通
普遍的基本问题:为什么连通性有影响力?

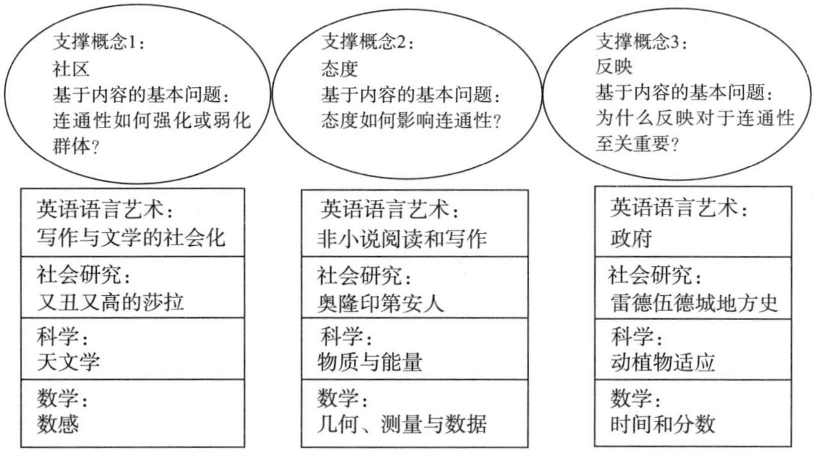

图 2.10　基于概念的课程图谱(三个术语的范例)
(与加利福尼亚州雷德伍德城北极星学院的教师合作创建。)

图 2.11　基于概念的课程图谱(四个术语的范例)

构建基于概念的单元计划

一旦制作了基于概念的课程图谱，就可以在此基础上构建单元计划模型。单元计划将注意力聚焦于期望学生知道、能够做到和理解的内容，以及基础的和基于内容的问题。表 2.3、表 2.4 将所有的教学信息集中到一起。使用单元计划的关键如下：

1. 概念

在整个单元的学习期间，单元计划涵盖了主题概念和支撑概念。

2. 基本问题

单元计划关注常见的基本问题以及基于内容的基本问题。

3. 概述

概述，又称为普遍理解，是学生在本单元的学习任务、活动、信息和经验中获得的广泛说明或想法。通常情况下，这些说明是正确的，不过有时候某些概述并不适用于本单元的学习。学生需要花费时间搜集事实依据，譬如找几个例证、从先前的经历中汲取经验、用逻辑和推理的方法去理解一个有效的概述。知道如何概述至关重要，它可以帮助学生识别情境中的共性内容。概述将思维和推理延伸到主题领域之外。概述既可以是通用的（适用于所有的内容），也可以基于特定内容。在上课之前概述，可以使学生专注于期望他们学习的内容。例如：

(1) 通用的概述

- 系统由子系统组成；
- 能力影响系统；
- 变化可以是积极的，也可以是消极的；
- 武力可能导致冲突；
- 冲突可能促进和平，也可能造成混乱。

(2) 基于特定内容的概述

数学：

- 以 5 为单位计数，其他数的个位上的数字均为两个数字交替出现。十位上的数字有两次是相同的（如：5，10，15，20，25，30，35 或 9，14，

19,24,29,34,39,44,49 等);

- 给出一组连续的数字,第二个数字减去第一个数字的得数总是 1;
- 在一组连续的数字中,第一个数字和最后一个数字之和总是奇数。

科学:

- 磁铁彼此靠得愈近,吸引力愈强;
- 固体体积愈小,溶液温度愈高,固体溶解得更快;
- 随着液体的表面积增大,空气流动加快,温度升高,蒸发量增加。

社会研究:

- 人们扩充知识,获取资源或寻找新产品;
- 如果不了解历史,我们注定要重蹈覆辙;
- 文化和语言之间相互影响。

4. 标准

良好的教学实践必须有标准的支撑。在表单中,可以简单地列出标准数字。记录教师在何时何地强调标准,确保学习内容聚焦于学生未来的大学阶段学习和职业准备。

5. 效果

效果是指学生在整个单元中学到了知识。首先列出学习效果,然后将学生知道、能够做到和理解的具体内容列在后面。表 2.3 列举的基于概念的单元计划,将学习活动与学生需要了解的内容联系起来。学习效果是在理解的过程中产生的。

6. 描述

尽可能简洁地描述本单元的知识。简洁非常重要,应该从中概括出期望学生学习的内容。在多数情况下,单元描述强调知识和学习的概念性。

7. 知识水平

在本部分详细列出期望学生知道、能够做到、理解的内容。表 2.3 列举了学习成果需要达到的知识水平(概念性知识、程序性知识和事实性知识)。要尽可能详细地描述这三个方面,清楚地说明每个知识水平和目标,确保所有学生事先掌握事实和程序。如果学生没有完全掌握所有的事实性知识或程序性知识,可以带领他们预习或向他们介绍背景知识。如果在事实和程序层面看到很多重复的知识，可以压缩这些项目，缩短课程，提高学生的学习速度。

对于概念性知识，一定要确保在开课之前学生已经对相关概念和背景信息有了一定的了解。表 2.3 给出的许多概念条目都比较抽象，程序和事实条目则比较具体。

对各个层次的知识可以利用形成性评估和总结性评估。在表 2.3 中，形成性评估是通过活动，而不是具体措施完成的。这是因为，教师需要在课程中灵活地纳入非结构化的形成性评估，如观察、调换小组成员、以个人或小组为单位提出质疑，等等。此外，教师还需要在表单上列出更加结构化的形成性评估以指导教学，了解学生对知识的掌握情况。

总结性评估在本质上应该是比较具体的，因为它是对本单元的结束性总结。表 2.3 列出了概念性、程序性和事实性知识水平的各个部分，可以运用在特定的总结性评估中。总结性评估需要对知识水平的所有组成部分进行具体明确的评价。

8. 自我调节策略

许多学校和学区都将社交和情感学习融入课堂中。社交和情感学习具有过程性，在这个过程中，学生具备了管理情绪反应的技能、设置和完成目标的能力、向他人展示同情心的能力、与他人建立积极的关系并做出正确决定的能力。在某些情况下，社交和情感学习课程独立于单元课程内容。社交和情感学习也可以视为自我调节的进一步发展。

帮助学生在学习过程中养成自我调节能力的有效方法，就是将活动和策略融入课程和单元学习中。基于概念的单元计划将自我调节划分为三个维度：影响（如何管理情绪反应）、行为（在学习期间如何实现自我管理）以及认知（如何在学习的同时管理自己的思维）。将各个维度融合起来，有助于学生平衡调节能力的培养。表 2.3 明确了学生在学习过程中培养的各种能力。更多关于自我调节[12]的信息见第五章。

9. 资源和材料

本部分列出了本单元所用的文本、资源、材料和用品。

表 2.3　基于概念的单元计划:示例

<table>
<tr><td colspan="6">标题:能量、力量和运动
年级:7　　主题:物理科学　　年和学期:2017 年第一、第二学期</td></tr>
<tr><td colspan="2">主题概念:
互动</td><td colspan="4">常见的基本问题:
知道互动为什么重要?</td></tr>
<tr><td colspan="2">支撑概念:
层次结构
转换</td><td colspan="4">基于内容的基本问题:
层次结构如何影响互动?
互动如何转换?</td></tr>
<tr><td colspan="6">概述:
能量就在我们身边,生存需要能量,没有能量就没有生命。
力量是力的不平衡,吸引、排斥或保持。
运动是一个具体的动作;运动是恒定的,除非受到外力的作用。</td></tr>
<tr><td colspan="6">标准:
■ MS-PS3:1,2,4(过山车)
■ MS-PS2:1,2,4(动作活动,牛顿运动定律)
■ MS-PS3:3,4,5(热能转移)
■ MS-PS2:3,5(电力和磁力)[13]</td></tr>
<tr><td colspan="6">效果:
■ 描述动能与物体质量、速度的关系
■ 制作一个小火箭,提供论据和证明,论述牛顿三定律对火箭飞行的影响
■ 研究、识别、论证或提供证据,指出内华达州最佳的能源来源
■ 识别电磁相互作用以及力量如何对其产生影响</td></tr>
<tr><td colspan="6">描述:
本单元重点关注两类能源,潜力和动力,以及如何节能和转换能源。</td></tr>
<tr><td colspan="2">概念性知识
学生将理解:
■ 与能量相关的比例关系(速度、距离、时间、规模和数量)
■ 动力和潜力之间的因果关系
■ 为什么物体的运动是由作用在其上的力的总和决定的
■ 为什么能源要在系统内保存</td><td colspan="2">程序性知识
学生将能够做到:
■ 实施安全程序
■ 使用相关图表转换测量结果
■ 用不同的实验室设备进行测量
■ 构建模型并观察势能和动能之间的关系
■ 测量物体的运动(速度、速率和加速度)</td><td colspan="2">事实性知识
学生将知道:
■ 实验室安全程序
■ 公制转换表
■ 体积、质量、距离和温度的国际标准单位
■ 科学的探究方法
■ 与运动、力量和能量相关的词汇
■ 用于计算运动、力量和能量的数学公式</td></tr>
</table>

续表

<table>
<tr>
<td>■ 各种能源对社会环境和经济的影响
■ 电力和磁力之间的相互作用
■ 吸引力和排斥力的强度取决于电流的大小、磁性强度和相互作用的物体之间的距离</td>
<td>■ 使用数学计算表明物体运动的关系
■ 依据一系列与运动相关的实验来收集、分析数据,绘制图表
■ 进行与物体合力有关的各种调查
■ 设计火箭并应用牛顿运动定律以使火箭飞行效果最佳化
■ 获取、评估和交流信息
■ 研究内华达州的各种能源并提出满足该州未来能源需求的解决方案
■ 制作一个电磁铁</td>
<td>■ 如何收集、记录和分析数据
■ 磁和电的词汇</td>
</tr>
<tr>
<td>概念形成性评估:
■ 过山车挑战赛
■ 速度挑战
■ 加速实验
■ 摩擦实验
■ 体积实验
■ 密度实验
■ 磁性活动、实验或笔记
■ 与电有关的活动、实验或笔记
■ 电磁挑战</td>
<td>程序形成性评估:
■ 过山车挑战赛
■ 速度挑战
■ 加速实验
■ 摩擦实验
■ 体积实验
■ 密度实验
■ 磁性活动、实验或笔记
■ 与电有关的活动、实验或笔记
■ 电磁挑战</td>
<td>事实形成性评估:
■ 过山车挑战赛
■ 速度挑战
■ 加速实验
■ 摩擦实验
■ 体积实验
■ 密度实验
■ 度量转换
■ 磁性活动、实验或笔记
■ 与电有关的活动、实验或笔记
■ 电磁挑战</td>
</tr>
<tr>
<td colspan="3">注意:上述专栏中的评估几乎完全相同,因为在科学上很难将概念性、程序性和事实性要素区分开来,进行单独评估。</td>
</tr>
<tr>
<td>概念总结性评估:
■ 火箭:在飞行方面应用牛顿三定律</td>
<td>程序总结性评估:
■ 火箭:收集和解释有关火箭飞行的数据</td>
<td>事实总结性评估:
■ 能源海报:解释各种能源的效率</td>
</tr>
</table>

续表

■ 热能:进行能量守恒实验 ■ 设计电磁铁并记录下来	■ 热能:收集和解释数据以支持能源保护法 ■ 能源海报:从源头出发解释能源转化的过程(例如电池或化学能源),从再生资源出发解释能源转化的过程(例如手电筒、光能) ■ 设计电磁铁:设计一个电磁铁、讨论并记录设计程序和发现	■ 运动、力量、能量和电磁的单元考试
情感自我调节策略: ■ 通过合作建立信心	行为自我调节策略: ■ 遵循科学安全程序 ■ 使用科学的方法	认知自我调节策略: ■ 反思日常合作
资源或材料: ■ 探针和软件 ■ 过山车用品:PVC 绝缘管、不同密度的各种弹珠、秒表、胶带、计量棒 ■ 摩擦块 ■ 弹簧秤 ■ 水瓶火箭挑战套件和发射器 ■ 热水和冷水 ■ 泡沫塑料杯 ■ 计算器 ■ 纸、计算机 ■ 公制换算表 ■ 用于测量的实验室设备 ■ 电路(快件) ■ 磁铁、铁屑 ■ 电磁电源		

10. 概念开发工作表

说明

(1) 在“概念”框中写出概念;

(2) 在“+”框中,列出代表或定义概念的单词或简单语句;

(3) 在“—”框中,列出与代表或定义概念的单词或简单语句相关的反例;

(4) 查看列表并将两个框中的单词或语句分类；

(5) 在“∴”框中解释分类(这些解释又称为概述：这些语句描述的内容总是或几乎是真实的)；

(6) 在“?”框中，将每个概述设计成一个开放的问题。这些问题就是基本问题。

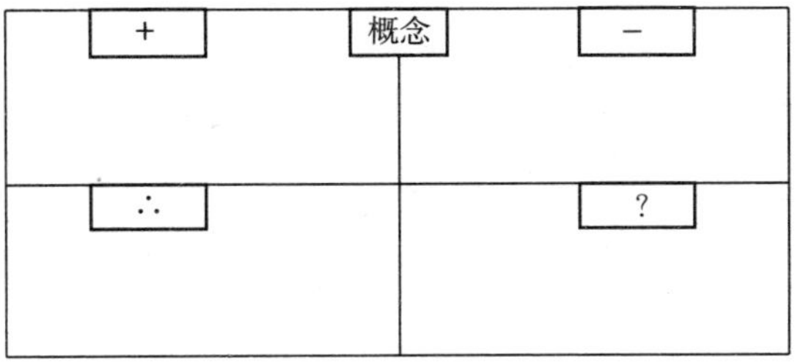

基于《课程开发：理论与实践》，希尔达·塔巴(Hilda Taba)著。纽约，哈考特布雷斯世界出版社，1962 年。

分解要点

<table>
<tr><td colspan="2">内容标准</td></tr>
<tr><td>基本问题</td><td>事实性知识</td></tr>
<tr><td></td><td rowspan="5"></td></tr>
<tr><td>概念性知识</td></tr>
<tr><td></td></tr>
<tr><td>程序性知识</td></tr>
<tr><td></td></tr>
</table>

单元问题

<table>
<tr><td>年级：</td><td>学年：</td></tr>
<tr><td colspan="2">主题概念：
常见的基本问题：</td></tr>
</table>

表 2.4　基于概念的单元计划

<table>
<tr><td colspan="6">标题：
年级：　　　　主题：　　　　年和学期：</td></tr>
<tr><td colspan="2">主题概念：</td><td colspan="4">常见的基本问题：</td></tr>
<tr><td colspan="2">支撑概念：</td><td colspan="4">基于内容的基本问题：</td></tr>
<tr><td colspan="6">概述：</td></tr>
<tr><td colspan="6">标准：</td></tr>
<tr><td colspan="6">效果：</td></tr>
<tr><td colspan="6">描述：</td></tr>
<tr><td colspan="2">概念性知识
学生将理解：</td><td colspan="2">程序性知识
学生将能够做到：</td><td colspan="2">事实性知识
学生将掌握：</td></tr>
<tr><td colspan="2">概念形成性评估：</td><td colspan="2">程序形成性评估：</td><td colspan="2">事实形成性评估：</td></tr>
<tr><td colspan="2">概念总结性评估：</td><td colspan="2">程序总结性评估：</td><td colspan="2">事实总结性评估：</td></tr>
</table>

续表

情感自我调节策略：	行为自我调节策略：	认知自我调节策略：
资源或材料：		

源自：《差异化学习——21世纪的思与学》。作者：理查德 • M. 卡什，教育学博士。2017年版。该页可复制以供学校和地区使用。所有的其他用途，请与自由精神出版社联系，网址：www. freespirit. com/permissions。

① Drucker, P. F. "The Next Workforce: Knowledge workers Are the New Capitalists". *The Economist* (November 2001).

② The Partnership for 21st Century Learning (p21. org); The Institute for the Future (iftf. org).

③ Based on Anderson, L. W., and D. R. Krathwohl (Eds.). *A Taxonomy for Learning, Teaching and Assessing: A Revision of Bloom's Taxonomy of Educational Objectives*. New York: Longman, 2001.

④ Koob, G. F., et al. "Stress, Perfoemance, and Arousal: Focus on CRF." *National Institute on Drug Abuse Research Monograph*, 97(1990): 163—176.

⑤ Schultz, W., P. Dayan, and P. R. Montague. "A Neural Substrate of Prediction and Reward". *Science*, 275 (1997): 1593—1599.

⑥ Afflerbach, P., P. Pearson, and S. G. Paris. "Clarrifying Differences Between Reading Skills and Reading Strategies." *The Reading Teacher*, 61(5)(2008): 364—373.

⑦ Based on the curriculum model in Taba, H. *Curriculum Development: Theory and Practice*. New York: Harcourt Brace and World, 1962.

⑧ Adapted from Common Core State Standards for Mathematics, Grade 5: Number & Operations in Base Ten, corestandards. org/Math/Content/5/NBT.

⑨ Adapt from Common Core State Standards for Mathematics, Grade 5: Number & Operations in Base Ten, corestandards. org/Math/Content/5/NBT.

⑩ Adapted from Common Core State Standards for Mathematics, Grade 8: Reading : Literature, corestandards. org/ELA - Literacy/RL/8; Writing, corestandards. org/ELA - iteracy/W/8; Speaking &Listening, corestandards. org/ELA/- Literacy/SL/8.

⑪ Erickson, H. L. *Concept-Based Curriculum and Instruction for the Thinking Classroom*. Thousand Oaks, CA: Corwin Press, 2007.

⑫ See also Cash, R. M. *Self-Regulation in the Classroom: Helping Students Learn How to Learn*. Minneapolis: Free Spirit Publishing, 2016.

⑬ Adapt from the Next Generation Science Standards, MS - PS3 Energy, nextgenscience. org/dci-arrangement/ms-ps3-energy; and MS - PS2 Motion and Stability: Forces and Interactions, nextgenscience. org/dci-arrangement/ms-ps2-motion-and-stability-forces-and-interactions.

第三章　通过严谨的课程推进差异化教学的优化升级

我们想要看到孩子追求知识，而不是向孩子灌输知识。

——乔治·萧伯纳(George Bernard Shaw)，剧作家

随着科技的发展、全球化程度的提高以及对高素质员工的争夺，未来工人的就业前景将持续变化。学生在为未来读大学和工作做准备时，需要掌握更为复杂的知识，具备更强的能力。为了让学生能够适应严酷而复杂的新世界，教师必须仔细斟酌教学内容及选择这些内容的缘由。首先，教师须了解课程要点并告知学生，在学生能够做到和真正掌握的知识之间建立联系。继而，为了实现更有意义的差异化教学，教师必须确保所有的学生都能接受挑战，积极参与并主动达到较高的期望。为此，教师需要制定严谨的课程，帮助学生在当今社会取得成功。

差异化教学方面的专家卡罗尔·安·汤姆林森经常说，垃圾是无法区分的。如果一门课程没有明确的目标、标准、期望和结果，那么教师提供信息的方式就不重要了，因为它不能产生有效的学习效果。教师只有清楚想要学生知道、做到和掌握什么知识，并制定以成就学生美好未来为核心的课程，才能实现高质量的差异化教学。这就是为什么要求教师只有了解严谨课程的要点，才能够开展引导学生深入学习的活动。

一、何谓严谨的课程

究竟什么是严谨的课程？答案是：严谨的课程可以使每一名学习者通过参与具有挑战性的活动，提高智力，实现自我指导，具有学习的自主性，并

可以对社会做出贡献。

（一）严谨的课程

- 以调查为基础；
- 很少依靠事实，更多的是依靠概念；
- 涉及批判性推理；
- 融入创意观点生成；
- 需要具备发现问题和解决问题的能力；
- 借助于真实的任务和产品；
- 注重知识的应用；
- 鼓励反思；
- 将学习性评估和学习评估融合到一起。

（二）设计严谨的课程要求教师能够做到

- 深入透彻地掌握知识；
- 对与内容相关的概念有全面的了解；
- 很好地掌握教学技巧；
- 能够自动对所教的内容和教学方式做出判断；
- 进行质量评估，以确定学习者在何处、何时需要帮助和提高；
- 全面了解学生的学习情况。

二、严谨课程的特点：务实有效、引人入胜、激动人心、丰富充实

俄罗斯心理学家莱夫·维果茨基将智力成长定义为一个可以使学习者从观察、模仿到最终能够独立思考的过程。维果茨基的“最近发展区”理论指出，学习行为发生在学习者受到挑战、需要跳出“舒适区”、迎接挑战时。对于即将迎接挑战的学生必须加以指导，使其具备自主学习的能力，同时，要增加课程辅助信息的复杂度。辅助信息具有四大特征：复杂、表述模糊、有刺激性、个人或情感上具有挑战性。[①]课程的严谨程度取决于这四个特征，

这四个特征或者其中任意一个特征发生变化都可以改变课程的严谨程度。严谨课程的特点是务实有效(复杂)、引人入胜(个人或情感上具有挑战性)、激动人心(有刺激性和表述模糊),以及丰富充实(真实)。

(一) 务实有效——通过基于概念的学习增加复杂性

有效课程必须为学生提供各种复杂的活动。复杂的活动是指能够吸引学生深入探索,根据自己的偏好进行学习,并可以接触新的思维和行为方式的活动。因此,课程组织最好围绕着复杂的、相互关联的概念。概念是那些超越学科界限,促进学科融合的普遍的思想或观点。它们可能基于特定学科,也可能是基于内容产生的(比如数学中的乘法和算术、社会研究中的交通和政府、科学中的温度和重力、语言艺术中的元音和民间故事),具有跨学科的通用性或普遍性(如变化、系统、模型或忠诚度),甚至包含自我调节的能力(如责任、组织、移情或承诺)。概念帮助学生组织思维并顺利地对信息进行分类。教师可以通过使用多层面的概念提高课程的严谨性,这需要对内容原则有更深入的理解。

简单到复杂概念的示例

自我
家庭
朋友
社区
城市
国家
民族

第二章对概念开发和设计进行了详细的探讨。

(二) 引人入胜——个人或情感上的挑战

情感的参与能够激发学生的注意力,促进学生学习。研究表明,参与是一个多层面的构想。[②]为了刺激和吸引学生学习,教师必须考虑学生情感、行为和认知上的需求。学生只有意识到这些因素之间的相关性,发现学习活动对他们未来取得成功的意义,并在认知上受到挑战时,才会投入学习中。关注学生的兴趣和激情,有助于引导学生全身心地投入学习中。利用这些兴趣激发学习者探索新信息与旧信息之间的联系，从而建立信息与个人之间的联系并产生价值。这种情感参与激发了学生深入研究该主题和领域的欲望。学生对一个话题的情感投入愈多，或者感觉自己与该话题的联系愈紧密，这个话题就变得愈严谨、引人入胜。

吸引学生的策略

在一个重要单元的学习之前，开展有关兴趣的调查；
同学生一起预习，让学生浏览，选出可以激发学习兴趣的文本和图片；
为学生提供与学习内容相关的选择和选项；
鼓励学生树立自信；
对学生表现出色的方面以及需要继续努力的方面，给出详细的描述性反馈；
给出明确的方向，帮助学生取得成功；
关心学生；
允许学生与他人合作；
师生分享对某话题感兴趣的地方；
让学生从个人生活中获取与主题相关的经历；
创造一个鼓励智力冒险的、快乐的学习环境。

（三）激动人心——选择表述模糊且具有挑战性的话题

了解一语多义是一种绝佳的学习方式。当素材、问题或解决方案不清晰时，学习者必须投入更多的精力来探索知识。表述模糊的课程会迫使学生寻找多重含义，从而学会如何处理不确定性，养成坚持不懈的性格，树立个人的信息意识，进行合理化辩论，形成牢固的独立意见。课程包含的模糊内容愈多，譬如有可以进行多种阐释的符号和图像，则严谨度愈高。处理模糊内容的过程，可以帮助学生理解周围世界的丰富性和复杂性。

表述模糊的话题往往具有挑战性。具有挑战性且包含该学科和跨学科问题的课程，可以挑战学生的信念、理解和知识积累，引起学生的反应，激发学生的情感，鼓励学生寻找解决办法或坚定学生的决心。

（四）丰富充实——创造真实的任务和实质性对话

确保课程严谨的另一种方式是：让学生在真实环境中练习以提高技能，并参与有意义的讨论。

1. 创造真实的任务

真实的任务是指学生在教室外的真实环境(譬如家庭或工作场所)中应用技能和知识。真实的任务,其建构方式多种多样,解决方式也不唯一。这些任务要求学生在整体和跨学科的背景下使用内容技能和知识。学生有坚持做的动力,并付出更大的努力。

高质量的真实任务需要学生的合作。学生在合作时齐心协力建立共同的目标。不同学习者(他们的差异可能来自于学术、社会或文化)之间的互动促进了新思维的形成与发展。真实任务中的合作,要求学生使用高阶思维技巧、批判性推理和解决问题的策略。

真实任务中出现的实际问题,需要学生更加细心地寻找解决方案,从而迫使学生采用有效的研究策略,譬如实施计划、组织材料、探求新思路、评估学习和评估成果。在学习过程中,学生逐渐培养了自主意识、合作精神和企业家精神。在真实任务中,学生有机会学到更多的课外知识。

21世纪的实践学习任务(即边做边学)通常被认为是最有效的学习方式。真实任务必须考虑使用技术、开展实验、探究和解决问题。培养学生掌握灵活运用所学内容的"便携式技能",包括:

■ 判断信息的可信度;

■ 耐心、恒心和毅力;

■ 创造性和批判性思维。

真实的任务也需要使用专业资源。在解决真实问题的过程中,学生一定要运用反映问题因果的材料。譬如,为了让学生理解如何表达数据,他们必须借助报纸或者互联网上的图表进行说明。

有争议的话题示例

■ 堕胎权	■ 生物伦理学
■ 校园广告	■ 生物武器
■ 平权行动	■ 欺凌(包括网络欺凌)
■ 补贴	■ 死刑
■ 替代医学	■ 校园内使用手机
■ 动物权	■ 审查
■ 人工智能	■ 做家务

- 儿童权利
- 公民身份
- 克隆
- 冲突与合作
- 消费主义
- 整容手术
- 宵禁
- 死刑
- 毒品合法化
- 毒品检测
- 饮食失调
- 环境
- 安乐死
- 进化
- 家庭
- 学校快餐
- 外交政策
- 友谊
- 赌博
- 基因工程
- 种族灭绝
- 性别认同
- 全球变暖
- 悲伤和失落
- 枪支控制
- 发型和衣服
- 仇恨犯罪
- 卫生保健
- 头盔法律
- 艾滋病
- 无家可归
- 家庭学校
- 家庭作业
- 移民
- 互联网在学校的使用
- 驾驶、饮酒、投票的法定年龄
- 婚姻平等
- 核能
- 核武器
- 肥胖
- 父母同意或监督
- 兴奋剂
- 穿孔或文身
- 音乐和其他媒体的盗版
- 学校里的祈祷
- 囚犯的权利
- 家庭或学校的惩罚
- 种族主义
- 电影、电视节目、游戏的收视率
- 真人秀
- 课堂或学校的规则
- 校服
- 校园暴力
- 单一性别课堂或学校
- 性教育
- 性骚扰
- 禁烟令
- 家庭教育
- 干细胞研究
- 类固醇的使用
- 自杀
- 团队合作与独自工作
- 青少年怀孕
- 恐怖袭击
- 视频游戏
- 福利
- 妇女权利

真实任务示例

基于研究的学习或基于问题的学习 学生设计的实验、问题或习题 服务性学习计划 科学实验 网络探究 机器人技术 模拟 辩论 探究式学习

真实学习任务的10个设计元素

在设计真实的学习体验时,将这些要素结合起来,任何学习都将变得更务实有效,更引人入胜,更激动人心,更丰富充实。[③]

(1) 真实的问题:开展的活动指专业人员能够解决的实际问题。

(2) 不明确的问题:任务包含多层次的问题和复杂的争论,不容易找到解决方案。

(3) 长期调查:问题不能在几分钟甚至几小时内解决。学生需要花时间进行调查,收集数据,提出猜想,给出结论。

(4) 多种资料与视角:解决一个真实的问题需要学生运用各种各样的资料,鼓励学生接受他人的视角。

(5) 合作:复杂的问题需要多人合作,想出好的解决办法。

(6) 反思:真实的任务鼓励学习者思考和设计高质量的解决方案。

(7) 跨学科视角:现实世界的问题不局限于一个主题或学科领域,往往需要使用跨学科知识。

(8) 综合评估:评估贯穿于解决真实问题的过程中。

(9) 实物产品:真实的问题需要创造具有其他价值的真实产品。

(10) 多重结果:真实问题的正确答案不止一个,会有不同类型的解释和结果。

2. 开展实质性对话

学生渴望有机会讨论、辩论和挑战彼此的想法。在严谨的课程中,学生将新信息投入任务中，并在已有的知识基础上进行思想交流。与同龄人以及该领域的专家开展实质性对话，根据事实或经验提出意见，加深对问题的理解，将问题与真实的世界联系起来。严谨课程的核心是指那些能够激发学生进行思考的问题，这些问题可以挑战学生的思想、信念和先前的知识。

为吸引学生进行实质性对话，话题的内容要生动，能够吸引学生参与信息互动。要想内容生动就必须使用、讲授与内容相关的资料或者现实性问题。当学生意识到自己是本次讨论的主角时，他们就会参与交谈。因此，与学生有关的话题会促使学生参与讨论。从新闻故事、学生日常生活或一般社会问题中取材，将这些故事与交谈内容相融合，可以吸引学生全身心地参与讨论。

实质性对话的策略

- 辩论：学科内有争议的问题。对于低年级的学生，可要求他们讨论故事中角色的行为。
- 讨论：角色或个人可能会考虑的替代方案或有风险的解决方案。对于低年级学生，可通过询问“还可以怎样解释这个实验的结果”，引导其讨论在科学实验期间提出的其他观察研究。
- 提问：名人做事的方法及目的。对于低年级学生，可通过角色扮演或写信的方式，询问“历史上一位有名的人物当年为何这么做”。
- 调解：政治决策的利弊。对于低年级学生，可利用角色扮演调解故事中两个角色之间的争论。

可以引起讨论的关键词

辩论	质问
思考	仲裁
争论	斡旋
争议	调解
争辩	演绎
故意	理由
授予	解释
讨论	推断
问题	构造
询问	

三、将严谨融入课堂

很多教师坦言他们的课程就是依据教科书来设置的。教科书是课程设置的一个主要来源,但却不是唯一的来源。教科书对课程内容进行整体的介绍,但课程不仅包括教科书上的内容,还包括学科标准、学科内和跨学科的知识,以及学科内的技能和实践。课程应该融入教师的专业知识,激发学生更深层次的理解。本部分列出的所有策略和想法都可以作为教师激发学生学习的方式。一旦学生意识到课程与该主题的相关性,并且开始认真学习时,课程的严谨性便可以实现。

为了创造严谨的校园文化,需要创造促进学习的课程、教学原则和课堂实践。网站团队可以借助列表的内容学会如何讲授课外知识,教师也可以使用列表实践严谨的课堂。建议在学校或课堂上公开该列表,让学生和家长认识到严谨学校文化的原则和习惯。

下一页给出了推进差异化学习的演练清单,供学校管理者、师培人员或内容设计专家在进行简短的课堂操练时使用。操练是教育领导者、师培人员用来协助和实施严谨课程和进行教学实践的强大工具。

设计严谨课程的策略

- 激发学生对该主题的兴趣,吸引学生学习。在此过程中可以发现人才,发现学生感兴趣的领域。
- 通过概念性或过程性学习,将丰富的活动融入课程中。
- 通过跨学科话题或单一主题将内容统一起来。
- 允许学生就有歧义的案例或真实的问题展开探讨,这就要求他们运用更高的思维技巧和创造力。
- 通过评估学生的学习偏好,鼓励他们更好地认识自己。
- 在课堂上营造一个开放的环境,鼓励学生冒险,发表意见,讨论想法,解决有争议的问题。
- 在课堂上灵活地组建教学小组,让学生与同龄人一起工作。
- 尽力为那些需要额外辅助或挑战的学生单独布置有意义的任务。
- 在教学过程中使用多种学习方法,鼓励学生走出自己的“舒适区”,寻找信息来源。
- 在课堂上保持幽默,创造一个比较愉快的学习环境,减轻学生的学习压力。

促进学习的课程和教学原则

- 呈现与广泛的问题、主题或疑问相关的内容。
- 将多个学科整合到一起。
- 将全面的、相关的、相辅相成的经验整合到一起。
- 允许学生在学习领域内自选主题进行深入研究。
- 培养独立或自我导向的学习技巧。
- 培养有效的、复杂的、抽象的或更高阶的思维技能。
- 关注开放式任务。
- 培养研究技巧和方法。
- 将基本技能和高阶思维技能融合到课程中。
- 鼓励设计挑战现有想法并产生“新”想法的课程。
- 鼓励设计使用新技能、材料和形式的课程。
- 鼓励培养自我理解能力（认识和运用自己的能力，学会自我指导，欣赏自己和他人的相似和不同之处）。
- 通过自我评价、参照标准或标准化工具，使用适当的、具体的标准来评价学生的成果。

促进学习的课堂实践

- 创建开放的环境。
- 灵活地组建指导小组。
- 运用多种方法获取信息。
- 运用多种学习模式。
- 注意学生的优点。
- 保持幽默（而非讽刺）。
- 利用多种多样的资源。
- 营造勤学好问的氛围。
- 鼓励学生接纳多样性（无论对待他人还是对待观点）。
- 提供独立指导和小组指导。
- 传授和使用研究技巧。

推进差异化学习的演练清单

内容	过程	结果
■ 内容与广泛的问题、主题或疑问相联系； ■ 内容加强了跨学科研究； ■ 内容与广泛的学习领域或学科研究联系在一起；	■ 教师掌握并且使用布鲁姆的高级分类法； ■ 为学生提供深入学习的机会； ■ 开放式的学习可以将学	■ 鼓励学生创造新成果和思维； ■ 学生的成果包含在整个单元中学到的技巧、材料和形式；

■ 在学习领域内，为学生提供相关的选择； ■ 学生有机会选择独立学习或自我导向的学习； ■ 学习内容与学生的经验、生活直接相关； ■ 课程基于概念性知识、程序性知识、事实性知识； ■ 教师将学生的注意力集中到概念性知识、程序性知识和事实性知识； ■ 课程与州、国家的标准直接相关； ■ 形成性评估可以指导学生取得成功； ■ 总结性评估可以看到学生取得的成就。	生的思维提升到更高层次； ■ 学生发现并解决有价值的问题； ■ 学生掌握并运用研究技巧； ■ 学生掌握并运用批判性推理工具； ■ 学生将自己投入课程学习中； ■ 教室环境受到所有学生的欢迎； ■ 使用灵活的教学分组实践； ■ 运用多种教学策略培养学生的理解能力； ■ 学生可以接触并使用各种资源； ■ 教师引导学生学习和探索。	■ 根据要求，学生可以选择合作或独立开展项目； ■ 根据学生的学习基础、兴趣和偏好布置任务； ■ 让学生自己选择表达获取知识的方式； ■ 学生在项目的创建和展示中使用技术； ■ 学生成果体现了知识的积累，而不是事实的再生。 ■ 鼓励学生将自己定位为学者； ■ 学生的成果是真实的，对他人有价值，并呈现给真实的观众。

如何布置分层作业和分层活动

对什么分层？

分层作业或活动应该：

- ■ 指分配不同的工作，而不仅仅指工作量；
- ■ 兴趣和参与度相同；
- ■ 给每个人安排适当的工作；
- ■ 完成任务花费的时间大致相同；
- ■ 学习概念性、程序性和事实性知识；

如何分层？

分层作业或活动可以由以下成分组成：

- ■ 挑战级别（内容深度）——从浅层到深层。例如：

  社会研究

  浅层：定义引发战争的行为。

  深层：明确谁是美国的革命者，以及他们如何影响人、经济、政治或社会结构。

  科学

  浅层：给细胞的各部分命名。

深层：分析细胞各部分之间的关系，找出它们包含的共同元素。

数学

浅层：写出 100 的因数。

深层：运用图形法将小数转换为分数。

文学

浅层：总结整章的内容。

深层：解释主要章节中主角的行为，并预测他或她的行为如何影响未来的章节。

- 复杂程度（思考程度或过程）——从基础到复杂的思维水平。例如：

社会研究

基础：在时间表上列出战争的重要日期。

复杂：分析每个党派反抗压迫者的各种论点，并解释哪个论点最有效。

科学

基础：分析细胞各个部分在整个系统中如何运作。

复杂：指明细胞系统如何像工厂一样运作。

数学

基础：列出完成一个等式所需要的步骤。

复杂：创造解决等式的新方法。

文学

基础：画出人物关系表，将所有的人物整合到一起。

复杂：创造一个新角色，推动情节向不同的方向发展，但不超出故事的范畴。

- 兴趣、偏好和基础——考虑到兴趣、学习偏好和学习基础。例如：

社会研究

兴趣（体育）：研究在美国革命时期，与你年龄相仿的人喜欢的体育运动。这项研究透露出那个时代年轻人生活的哪些信息？

学习偏好（音乐）：谱写一首总结美国革命成就的歌曲。

学习基础（较低的阅读水平）：用荧光笔标出总结殖民者主要观点的文字。

科学

兴趣（音乐）：描述细胞系统在哪些方面像一个管弦乐队。

学习偏好（视觉学习）：做一张海报，展示细胞系统内各个元素之间相互依赖的关系。

学习基础（先进的科学知识）：研究细胞系统如何破坏细胞功能，以及自身的发展是如何被阻止的。

数学

兴趣（戏剧）：用图展示各种舞台灯光形成的角度。

学习偏好（人际交往）：小组讨论某观点，并就解决问题的最有效方法达成共识。

学习基础（基本的数学技能）：使用玩具，展示列出的每个角度。

文学

兴趣（冒险）：选择一篇与叛逆主题相关的冒险小说。

学习偏好（听觉学习）：读完每一章之后，再听一遍音频以加深印象。

学习基础（提前阅读指定的小说）：有的学生阅读《摩尔·弗兰德斯》，有的学生阅读《紫色》。在课堂讨论中，援引两本书上的内容。

注意:上面列出的任何一个选项,都可能产生不同结果。
为何分层?
在下列情况下实施分层任务和分层活动会产生很好的效果:
- 学生学习新信息所花费的时间不同。
- 学生的学习动机和参与度不同。
- 学生对该学习内容的前期准备情况不同。

其他需要考虑的问题:
采取有效的指导方法。
- 制作卡片并对活动详细描述。
- 建立工作站,提供所有必备的材料。

采取有效的方法对学生进行分组。
- 工作站。
- 就近分组。
- 同桌结组。

使用一致的评分格式。
- 无论成果如何,用同一个标准评估相同的内容。
- 标准是明确的,所有学生都很清楚。
- 成绩反映学习状况。

① Strong, R. W., H. F. Silver, and M. J. Perini. *Teaching What Matters Most: Standards and Strategies for Raising Student Achievement*. Alexandria, VA: ASCD, 2001.

② Fredricks, J. A., P. C. Blumenfeld, and A. H. Paris "School Engagement: Potential of the Concept, State of the Evidence." *Review of Educational Research, 74 (I)* (Spring 2004): 59—109.

第四章　激发和吸引学习者

每个学生都是聪明的孩子。

——玛瓦·柯林斯(Marva Collins),教育家

现在的学生情况较为复杂,他们有着不同的经历、兴趣和学习能力。教师必须时刻做好准备,利用各种策略和技巧满足每一位学习者的需求,实施差异化课程和差异化教学活动,使所有的学生都能获得成功。本章研究学生的学习偏好,并提出有价值的差异化策略来激发和吸引学习者。

设想你曾经被要求参加工作坊或员工会议。列出不乐意和乐意参加的原因。不乐意的原因或许包括:

- 被迫去那里。
- 知道有更重要的地方要去。
- 宁愿做其他事情。
- 觉得自己已经知道了要讲述的信息。
- 当时非常累、饿、生气或者沮丧。

乐意的原因或许包括:

- 觉得可能会获得新的知识或技能。
- 想结识新朋友或者增进与同事之间的联系。
- 希望发言者非常吸引人,非常有趣。
- 希望得到一些启发和鼓励。

这些同样是学生喜欢或者排斥课堂的原因。"谁今天不想来上课?为什么?""谁今天想来上课?为什么?"如果教师经常这样问学生,就会发现师生的反应惊人的相似。如果要求学生如实地回答为什么不想来上课,教师就可以发现学生的需求,从而引导他们把更多的精力投入学习中,不再抵触学习。

情感 ➡ 注意力 ➡ 学习

脑兼容学习模式的基础在于情感驱动注意力,注意力驱动学习。学生因种种原因成绩不佳或表现不佳。或许是因为:

- 感觉内容缺乏挑战。
- 对内容不感兴趣。
- 缺乏自我效能。
- 缺乏重要技能。
- 没有坚持不懈的实践或控制的能力。
- 不能或不愿看到学习内容的目的。
- 缺乏自信或者过于自负。
- 过度参与其他活动。
- 很难看到成果。
- 缺乏任务跟踪。
- 担心失败。
- 倾向于拖延。
- 过度关注个人的困难。
- 过于依赖别人。
- 易于分心。
- 在个人或家庭生活中遇到困难。

这一切都归结为学生缺乏明确的激励驱动。我在与世界各地教师的合作中,多次听他们说:"我无法让学生主动学习!"许多教师、管理者和家长对一些学生缺乏学习和工作的动力感到失望。人们通常被这样或者那样的方式激励着,有的来自内部,有的来自外部。在不同情况下,不同的激励方式有不同的好处。那么,如何才能利用正确的方式激励学生学习知识?如何激励学生在作品、表演和日常测试中表现出色?如何充分发掘学生的潜力,激发学生学习和表演的动力,多年来一直令研究者苦思冥想。了解如何激励和吸引一个人以及其中的原因,向来是一件非常复杂的事情。

一、何谓动机

如果将英文单词 motivation 拆分开，会得到 motive 和 action 两个词。motive 指"使某人以某种方式行动或做某件事的事物"。这是一种激励行为。action 指"做"。motivation 指"想要做的事或完成的愿望"，即动机。在课堂上，希望学生有完成目标的动力，即成就动机。成就动机就是对能力的渴望。要想拥有成就动机，学生必须对自己的能力有一个清楚的认识。

安德鲁·艾略特（Andrew Elliott）和卡罗尔·德韦克（Carol Dweck）是动机研究领域的权威专家，他们认为能力是"有取得成功的充足的条件或技能。"① 所有人都想胜任有意义的任务，这是人性的一部分。我们天生就渴望能够胜任有意义的任务，因为它定义了我们是谁，提升了我们的自尊，使我们对他人有价值。只有当学生掌握了学习的自主权，技能得到提高，受到激励，并因为完成任务感到高兴时，才会产生成就动机。了解这一事实，就会清楚学生为何喜欢或者排斥教师想要他们学习的知识。

激励驱动：外在和内在

一般来说，动机分为两种：外在动机和内在动机。

外在动机指一些外在的东西，如标签、金钱、成绩、奖品和文凭等。这些外在动机可以帮助学习者学会自我调节，促进内在动机的形成。尽管外在动机可能有利于改变行为，然而研究表明，长期保持学习动力的人，很少受外在动机的影响。②

内在动机是指行为表现的内在驱动力，它不以外在奖励为前提条件。所有人都自然而然地出于内部动机（或"自我激励"）做自己感兴趣、有兴趣，认为有意义或相关性的事情。内在动机可以帮助人们克服困难，提供完成任务所需的额外努力。研究还表明，只有当学习者产生了学习的内在欲望时，他们才有可能长时间保持学习的动力。③ 尽管激励驱动可以分为外在型和内在型，但两者相互依赖。在没有某种形式的外在动机的情况下，一个人通常不会有内在动机。譬如，即便喜欢教学，但是如果不给工资的话，谁乐意每天上班呢？认识到这两种激励的循环，有助于理解如何将学生的外在动机(只是为了成绩而去做)转移为内在动机(之所以学习,是因为想在这方面做得更好)。见图4.1。

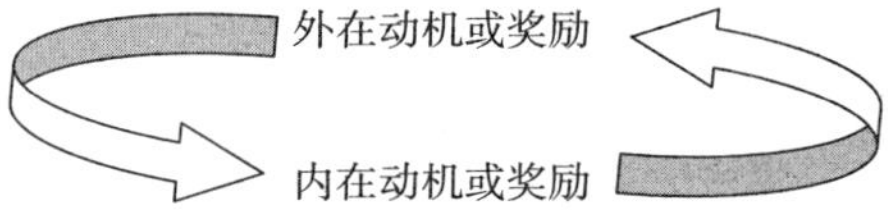

图4.1 动机的循环

二、大脑如何学习

教师可以为学生提供一个既能满足其内在需求,又具有吸引力的、与学生相关的、有意义的课堂环境,帮助他们形成内在成就动机。为了充分了解人们的基本需求,须对大脑的工作模式有一个基本的了解。一般说来,人类大脑的组成都是一样的,但是大脑的学习方式却存在很大差异。事实上,一个人所处的环境可以改变其大脑。[4]因此,教师的工作就是要给学生一定的学习体验和机会,培养其能力,帮助其成功。简而言之,必须让他们学会脑兼容学习。

注意:以下部分是对人脑的总体概述,既不全面,也不完整。其目的是指出大脑组织的几个重要部分,以及这些部分协同工作的意义。

(一)大脑的三大区域

大脑通常分为三大区域:大脑皮层、中脑和后脑(见图4.2)。各个区域协同工作,对学习过程具有重要意义。以下是对大脑组织的概括。掌握这些知识有助于调整学习环境和教学实践。了解大脑的工作,学生就会更有动力,更积极地投入课堂,能够在未来取得更大的成功。

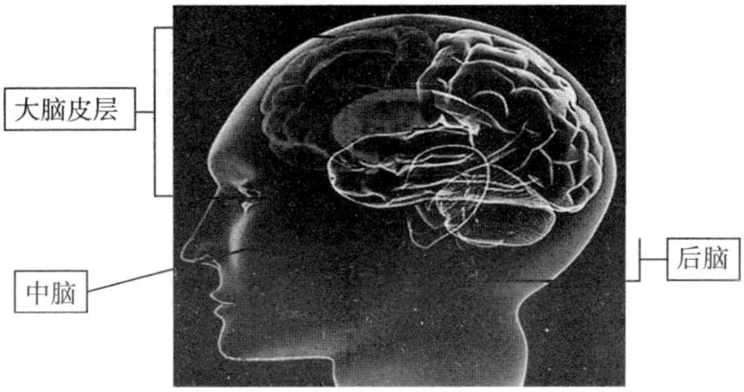

图4.2 大脑结构

1. 后脑

在大脑后部，从脑脊液中突出来的部分就是脑干（见图 4.3）。脑干是器官中最古老、最原始的部分，控制并组织身体的自主系统（循环系统、消化系统、呼吸系统、神经系统等）。尽管脑干是大脑中最小的一部分，却发挥着极其重要的功能，譬如，让人的身体保持活力，使大脑的其余部分可以继续工作。运动和感觉信息就是通过这个区域正式进入和离开大脑的。为了生存，该区域还要审查与注意力、激励、意识有关的信息。如果信息对身体有害，脑干将汇集大脑其他部分的能量，保护其自身以及整个身体。如果班里学生的基本生存需求（如食物、住所、水等）没有得到满足，其大脑就不会将注意力集中在名词、小数以及化学成分等课程上。

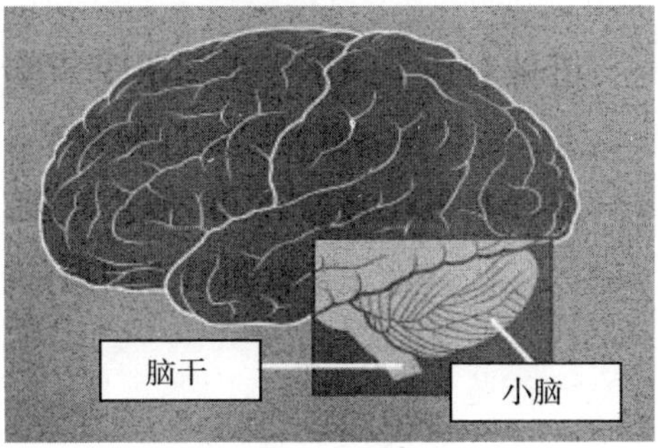

图 4.3　后脑

小脑是大脑后部两个拳头状的大脑物质，控制身体的运动、平衡和合作。我们在不断重复练习并完成某项活动的过程中记住了活动步骤，这些记忆活动都在此区域完成。以开车为例，你有没有说过“我的车知道如何工作”？事实上是人的小脑知道如何工作。它知道在油门或制动踏板上施加多大的压力，何时打开信号灯，如何移动手臂转动方向盘，等等。这样的大脑自动处理功能可以让大脑中其他的高级区域进行思考和采取行动，譬如，用收音机听歌曲，思考当天的计划，或者处理与朋友的争吵。

因此，小脑是思考和学习环节一个非常重要的组成部分。小脑控制过程和动作的机械记忆部分，同时将能量分配给大脑的上部区域来处理高层次的思想和行为。对于学生而言，这意味着他们需要足够的练习才能熟练运用这些技能和策略，这样他们就可以为更高级的思维水平储备脑能量。

如果学生在基础知识方面有缺陷,他们会花费宝贵的脑能量处理低级技能,如乘法运算。

2. 中脑

中脑又称为边缘系统,在学习、记忆和情感方面起关键作用。这个非常复杂而又相互关联的系统会影响人的感觉系统和运动系统。边缘系统也对前额叶皮层的执行功能产生影响。边缘系统中与学习、记忆、情感关系最密切的两个区域是海马和杏仁核(见图 4.4)。

海马对长时间记忆和空间定位具有重要影响。事实上,它是首先受到阿尔茨海默病影响的大脑区域之一。它有密集的神经元层,以及学习和记忆的基本细胞结构。据说女性大脑海马体积较大,这意味着女生在学习方面有更大的优势,特别是在语言艺术方面。[5]

杏仁核为人的经历赋予情感色彩。信息通过中脑时,杏仁核引起大脑中的化学反应,使人产生情感。杏仁核通过情感记忆的相互作用,在调节注意力、形成感知,以及唤起特定记忆方面发挥作用。当一个人对某次经历感觉良好时,他才更有可能重复或尝试改变这次经历。在青春期,情绪反应可能被认为是不合理的或冲动的。这可能是因为青少年大脑中的前额叶皮层(能对情绪产生合理的反应)还没有发育好,因此暂且由杏仁核起作用。

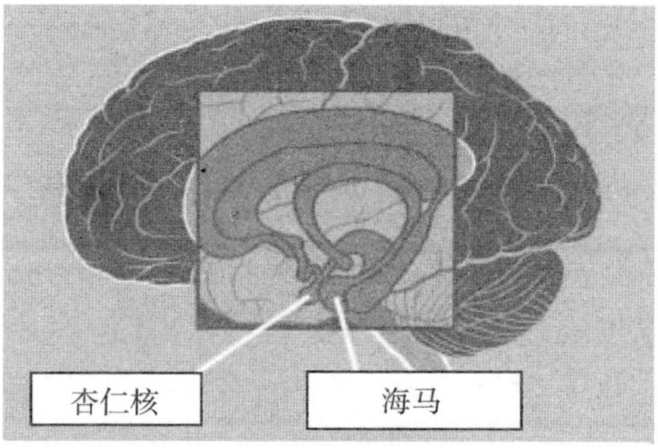

图 4.4　中脑

安全与生存:爬行动物的大脑

一般意义来说,大脑的低级部分(脑干、小脑和边缘系统)相当于爬行动物的大脑(见图 4.5)。这些最古老、最小的区域是大脑发育最迟缓的部分,类似于现在爬行动物的大脑。在这些区域中进行的思维过程缺乏语言,或因为冲动,或基于本能,或源于惯例。爬行动物的大脑关注基本需求,如生存、自我保护和交配。当爬行动物大脑内的需求没有得到满足或受到挑战时,自然会进入所谓的"降档"状态。将能量从大脑中最有意识或有思想的部分转移到大脑的下部,使其处于"战斗或逃跑"状态。譬如,你曾经遇到某个人,可能对他说了某些不合时宜的话,直到后来你才想到一个更恰当的回答。这就是一个"降档"的过程。用大脑中未进化完好的部分给出反应,当大脑有时间将能量重新传输到大脑中用于思考的区域时,一个人才能够更清晰地思考,变得"更聪明"。

为了避免在有争论或在困境下产生"降档"的反应,需要:

- 深呼吸(这会让大脑充满富氧血液以便更好地工作)。
- 数到 10(这使大脑有时间升级,将能量传递给大脑皮层,并给边缘系统一定的时间以处理情绪的化学反应)。
- 然后,做出应答。

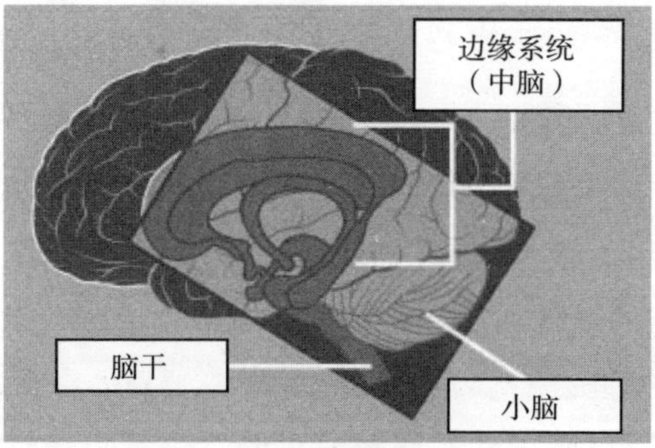

图 4.5　爬行动物的大脑

3. 大脑皮层

大脑皮层指包裹脑的两个半球的细胞(见图 4.6)。皮层的厚度在 1 毫米到 4 毫米之间。皮质的细化是人类大脑最显著的特征。大脑皮层各个区域的特定功能使人类能够使用语言,产生有意识的想法和动作,在困境中思考,理解情绪,记住过去的经验,学习新想法,进行其他更高级的认知操作。这些能力是人类与其他动物的大脑差异所在。

大脑皮层主要分为四个相互关联的叶(见图 4.7)。了解各个叶的功能可以帮助教师更好地满足学生的需求。

额叶是主要的运动皮层。该区域负责计划、发起和追踪活动,并负责更高层次的认知功能。高层次的认知功能,又叫“执行功能”,来自额叶中的前额叶皮层。前额叶皮层相当于大脑的首席执行官,因为它:

- 控制人的计划和组织能力。
- 是工作记忆区。
- 调节人的情绪。
- 抑制人的行为(冲动控制)。
- 控制同理心、洞察力、理性和内省。

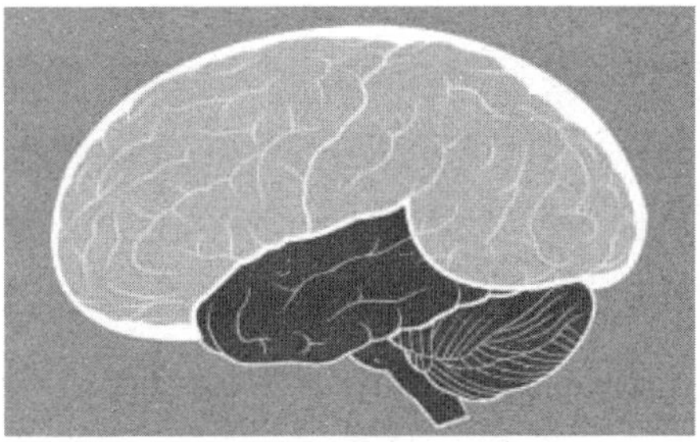

图 4.6　大脑皮层

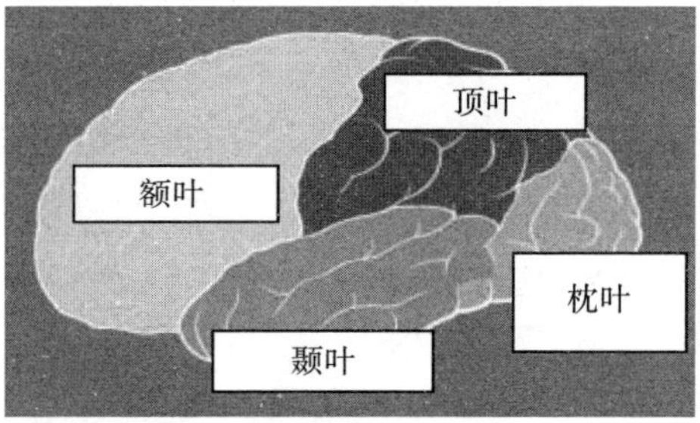

图 4.7　大脑皮层的四个叶

青少年时期正值大脑快速发展阶段。因此,教师必须在课堂上提供机会,培养学生的这些技能。

顶叶位于大脑的顶部。该区域负责控制以下方面:

- 来自身体的感觉信息(触摸、疼痛、类似于身体在太空中的感觉)。
- 书面语言(这对阅读和写作至关重要)。

枕叶的主要功能是视觉功能,控制人的视觉神经。

颞叶主要负责处理听觉信息。此外,它还负责语言理解及面部识别。由于颞叶和海马直接相连,学习和记忆能力得到很大的提高。

大脑是一个神奇而复杂的组织结构,是开展一切学习活动的场所。大脑首先关心的是安全和生存问题。因此,教师必须首先关注学生对食物、水、住所和安全感等方面的基本需求,才能确保他们可以继续在课堂上学习。那些衣食无忧、生活在幸福家庭或者可以在课堂上找到家的感觉,并且在学校里有安全感的学生,最能投入学习中。此外,要保证学生不排斥正在学习的内容。譬如，一个对数学恐惧的女孩，或者一个被反复告知缺乏阅读能力的男孩，这些孩子不愿意学习新的信息，因为他们害怕自己在学习上失败。当学生感到安全、有归属感时，他们开始乐于承担学习的任务。

（二）学习中的性别差异

人类是典型的社会动物。学生能够在校园里建立社交关系，就能够获得更多学习和理解的机会。与学习内容和学习群体建立个人联系，有助于学生学会为自己的学习负责，并参与中脑记忆和情感联系的过程。然而，与学习群体和学习内容建立联系对男生和女生会产生不同的影响。

近期，有关大脑的研究发现，女生和男生的大脑发育存在差别。[⑥]这些在发育方面的差别对教师在教学过程中如何对待男生和女生具有重要影响。下面介绍有关大脑发育研究的重要发现，但须注意：研究结果尚未在教学实践中得到验证。此外，关于性别差异的归纳，仅仅是归纳，总会存在一些不符合规律的特例。

一般来说，受大脑组织方式的影响，女孩在学习方面具有很大的优势。据悉，女孩颞叶中的神经连接更强，这可能是为什么她们的听力技能更强，写作更加生动，并且经常能够更为全面、感性地记录信息的原因。女孩的前额叶皮层更加发达，可以帮助她们少做一些冲动的决定。她们使用更多的大脑皮层区域实践语言和情感功能，这似乎可以解释为何女孩通常更善于交际，或使用词语和情感伤害他人。此外，女孩的学习受到竞争压力的抑制，而男孩的学习则受到竞争压力的促进。这也许可以解释为什么随着年级的升高，有些女生的成绩会下降，而有些男生的成绩则会上升，因为年级愈高，竞争压力愈大。

通常，男孩的枕叶较为复杂。枕叶主要负责视觉处理。这是有道理的，正如史前时期，男性负责打猎和收集食物。男性的视觉功能不仅可以保护自己的身体，还可以保证生存。男性更容易受到视觉刺激，这就是为什么封面绚丽的杂志、内容直白的网站和电子游戏对男孩的吸引力要远远大于女孩。由于男孩对视觉刺激的需求更大，因此建议教师在针对男生的教学中使用视觉图片，并让他们担任图形组织者从而使其想法形象化。

在大脑活动过程中，男孩补充至整个大脑的血流量较少，这意味着他们往往不擅长处理多任务,专注的时间较短,并且很难从一种活动快速过渡到另一种活动。男孩可以使用较多的皮质区域进行空间理解,这意味着他们可以在头脑中多维度理解一个事物。此外,男孩大脑中的血清素和催产素(人类合成的化学物质)含量较低,这就是为什么他们更容易冲动,不容易通过语言和情感与他人建立联系。

受大脑组织方式的影响,男孩可能会因为教师的教学方式而在学校中处于不利地位。使用高水平的听觉信息与有限的视觉刺激可能会在无意中激活男孩的大脑兴奋点。

(三) 种族、民族和文化对学习的影响

大脑的生物系统受社会、文化、家庭的影响而发展和变化。所有的孩子在开始上学前都接受了不同程度、不同类型的学习。这些差异可能是经济地位或文化背景的差异造成的。经历丰富与否,可能会影响学生大脑处理信息的方式,影响学生的学习偏好、兴趣,甚至影响他们如何与课程内容以及与其他学习者建立联系、进行互动。

那些长期以来认为自己受他人歧视和被他人虐待的学生,往往会对自己失去信心。语言和文化背景异于其他同学的学生,在学校中会被孤立。他们对学校丧失了信心,因此会辍学或者犯一些其他错误。事实上,这些学生的大脑可能在他们上学期间的大部分时间内一直处于低落状态,这使他们无法在更高的水平上进行思考或者行动。

具有积极种族认同感的学生,与具有消极种族认同感的学生相比,更有可能获得较高的学业成就。他们自己或许有办法缓解这种低落的状态。[⑦]一所具有语言和文化多样性的学校,要想在办学方面取得成功,必须培养学生掌握双语文化或增强双语能力,或者在保留主要民族身份的同时,发挥主流文化的作用。须知,提高成就动机的首要因素是要有一位有爱心的成年人,无论学习者的性别、民族、种族或文化背景如何,他都能给予指导、辅导和鼓励。

(四) 贫穷对学习的影响

据国家教育统计中心的数据显示,2014 年,美国有 1500 万 18 岁以下的

儿童生活在贫困家庭中，大约占学龄儿童总数的 20%。美国公立学校的大部分学生都来自那些生活在贫困线以下或者刚刚达到贫困线的低收入家庭。[8]这些数字令人吃惊，预计还会攀升。在其他国家，这个数字更高。

在贫困中长大是对儿童福祉的最大的威胁。生活在贫困中的儿童没有接受足够的学前教育，发展较迟缓或有更多的学习障碍，更有可能在学习上落后于其他同学。他们的缺勤率更高，辍学率高，考入大学并顺利毕业的可能性小。[9]贫困给教育以及其他社会系统带来巨大的压力。

脑兼容学习领域的专家埃里克·詹森(Eric Jensen)指出，贫困学生表现出的行为、学习态度和社会技能可能会低于或异于中上层家庭的孩子。他还表示，生活在贫困家庭的孩子会面临情感和社会上的挑战，严重的、长期的压力，以及更多健康和安全问题。[10]

因此，教师应采取适当的措施区分和解决贫困儿童的需求，这一点相当重要(见图 4.8)。

学生需要在课堂中建立可靠的关系，包括：
- 一个安全、稳定、有意义的学习环境；
- 可预测的课堂程序和过程；
- 与成年人建立长期关系，比如有连续教自己一年以上的教师；
- 一个紧密联系的社区；
- 建立适当的行为和互动模式；
- 通过自主、责任和联系获得赋予感。

学生渴望与每个人都建立牢固的同伴关系：
- 被接受、允许、尊重和支持；
- 理解清晰的界限和规范；
- 期待并尊重多样性；
- 感觉被接纳；
- 使用包容性语言(如“我们的教室”而不是“我的教室”)。

学生要求通过下列机会使自己成为一个重要的个体，如：
- 鼓励学生发展个性品质；
- 理解学生的个体差异；
- 发掘学生的才能；
- 建立在学生的兴趣上；
- 擅长某件事情；
- 为学生的成功庆祝。

图 4.8　学生的需要、渴望和要求

(五)创建激发性、吸引性课堂的方式

在探讨了大脑如何学习、男生和女生在学习上的差异、民族和种族对学习的影响,以及贫困对成功的影响之后,我们拟提出创建激发性、吸引性课堂的方式(见图 4.9)。

图 4.9 创建激发性、吸引性课堂的方式

首先,学生必须认为自己有能力学习这些内容,并且知道教师有能力指导和引导他们的学习。有时候教师可能不知道问题的答案,但必须能够帮助学习者找到答案。

最能体现能力的是,学习者能够与学习内容建立联系,并发现学习内容之间的关联。如果学生不能与所学知识建立联系,或者教师不能帮助他们建立联系,那么他们很可能难以融入未来的学习中。

在学习的过程中,教师应该允许并鼓励学生犯错误。应该把智力风险

视为学习过程的一部分。在学习过程的所有阶段,学习者必须得到教师或者学习群体中其他人的支持。

当学生感觉有能力学习、能够与学习内容建立联系和取得他人的支持时,他们便开始对自己的学习负责,如自愿学习,以及为自己所学的东西负责。负责任的学习者每天都会与所学技能之间建立联系,在课堂中懂得分享,养成独立性和成功所需的组织技巧。

其次,学习者可以掌控自己的学习。掌控学习是指设定目标,管理学习过程从而达到目标,监测和评估目标达成情况。作为"幕后指导者",教师应该允许学生自行选择学什么,在哪里学,如何学。当学生从事挑战性活动时,他们产生自我效能感、自尊心和自信心。教师扮演着提升学习者自主学习能力的角色。(有关开发学习者自主权的更多信息,请参见第六章)

最后,学习应该是快乐的。学生在建立自己的学习能力和自信心的过程中,可以体验到更多的内在动机。学生只有从事自己感兴趣的研究时,学习才变得有趣。

三、激发和吸引学生的策略

如前所述,只有调动学生的情感,他们才更有可能关注学习任务。而且,所有的学生都希望胜任有意义的工作。因此,要想让学生的大脑达到最佳状态,教师应该:

- 在学习过程中,结合学生的兴趣开展教学;
- 利用学生的学习偏好讲授新信息,巩固已有知识;
- 经常评估,促使学生达到最高水平。

(一)利用学生的兴趣激发学生参与教学

教学过程的重点是让学生对课堂感兴趣。找出吸引学生的话题和相关概念。将学生的兴趣融入课堂是一种吸引学生融入学习过程的方式。此外,还可以帮助学生建立新旧知识之间的联系。

1. 调查

找到学生的兴趣点,想办法建立学生兴趣点与课程内容之间的联系。

途径之一就是开展兴趣调查或列出清单,帮助教师调整课程和教学,迎合学生的兴趣。如果选择使用调查表或清单,请依据学生的兴趣调整课堂教学,或者将学生的兴趣融入课堂中,在设计课堂时参考调查结果,并允许学生随时调整他们的反应。尝试每年至少开展两次调查或总结。

2. 主题预览

另一种激励和吸引学习者的方式是使其对该话题感兴趣。这可以通过预览教科书或其他材料来完成。

3. KIQ 图表

还有一种方式就是利用 KIQ 图表,列出自己所知道的、有兴趣的、有疑问的事物。KIQ 图表与 KWI(自己知道的、想知道的、有兴趣的)图表或 KWL(自己知道的、想知道的、已知道的)图表相似,但是将最后一栏改为征求学生对该话题的问题。这个策略可以帮助学生意识到自己不可能彻底了解所有话题,也没有人可以对任何事情都能了如指掌。即使是学医的学生也要参加“我不了解的医学”的课程。此表格还可以为独立研究或小组活动提供话题。

4. 排列兴趣表单

在某些情况下,教师或许希望学生成为某一单元特定知识的“专家”。兴趣表单会帮助完成该部分的练习。这个表单的使用步骤如下:

(1) 围绕特定的概念、主题或类别组织单元。

(2) 提供有关该单元内容的微课(短短两分钟的展示)。

(3) 让学生把喜欢的话题依据喜欢的程度排序。

(4) 按照上述排序对学生进行分组。(告诉学生:教师会尽量满足他们的第一选择。如果选择某组的人数太多,或者觉得有些学生不适合一起工作,教师应该考虑他们的第二选择。告诉学生尽可能不让他们做第三次选择,更不会有第四次)

(5) 学生参加小组合作,开展一个与该单元的知识和研究相关的项目。该项目必须包含与其他内容或课程的联系,并充分利用学生的创造才能。

(6) 作为单元总结,让学生在整个学习单元或学期结束时,展示他们的项目。

例子见图 4.10。

主题 对下列主题进行排序：1(最不喜欢的)到 5(喜欢的)。 ____主题：大脑 ____主题：自主神经系统 ____主题：外周神经系统 ____主题：脑桥、延髓和脊髓 ____主题：中脑和间脑 作业 与有相似兴趣的人合作。集体决定某一主题，开展活动加以展示，将该活动与艺术、文学、数学、体育、家庭生活，或与自己相似的人的生活联系起来。可以将下列目标融合到活动中： ■ 知道：系统的各部分如何协同工作，维持稳态。 ■ 做到：解释结构的解剖与生理学之间的关系。 ■ 理解：人体系统。 发挥创造力，展开想象力。

图 4.10　对兴趣排序：以神经系统为例

教师可能会发现，自己的课堂上早已经有了该知识点的"专家"。识别这些"专家"的策略之一是开展爱好项目。爱好项目可用来鼓励学生之间分享爱好工具，抑或帮助学生分享其已经掌握的有价值的工具。让学生参与爱好项目，能够：

- ■ 允许有天赋的学生分享他们自己花时间学习的感兴趣的事物。
- ■ 让学生了解更多的学习领域和课外知识。
- ■ 给没有机会分享自己才能的学生一个展示自己的机会。

爱好项目可以让班级里的每一位学生都参与其中，任务时间可以设定为一年，或者自由设定。这个项目既可以作为独立作业，也可以作为额外的评分项。在学生展示自己的爱好时，教师要鼓励他们把所有的知识都讲出来，从而鼓励其他人就此开展研究。学生应该提供足够的信息以激发听众的兴趣，帮助其他学生开展调查。

下文给出了依据学生的兴趣激发和吸引学生学习的其他策略。

（二）掌握学生的学习偏好，激发和吸引学生

罗伯特·斯腾伯格(Robert Sternberg)是世界著名的认知心理学家，他将智力能力的平衡称为"成功智力"。斯腾伯格认为，当人们意识到自己的优点和能力时，他们更愿意利用自己的优点弥补或改变自己的缺点。[11] 此外，

如果可以充分利用这些优点,他们将会更加成功。成功的人士都知道如何适应、调整和选择环境以充分发挥自己的优点和才能。

斯腾伯格的"成功智力"包含三个能力维度:创造能力维度、分析能力维度和实践能力维度。尽管每个人都具备这三种能力,但是水平却存在差异。由于教师倾向于符合自己能力的学习偏好,所以对这三个维度的学习偏好也有所不同。受自身能力的影响,大部分人在学习过程中都偏爱一个或两个维度。那些对三个维度都了解的人可以更加有效地将它们组合起来以便获得更大的成功。

1. 创造能力

具有创造能力的个体经常:

- 想象力丰富。
- 产生新的、有趣的想法。
- 在表面不连贯的信息之间建立联系。
- 在标准化考试或者听从指示方面表现不佳。
- 提出表达信息的新方法。

创造性个体喜爱的学习活动:

- 创造。
- 发明。
- 发现。
- 探索。
- 想象。
- 伪装。
- 假设。
- 假定。
- 理论化。
- 设计。

适用于创造性个体的评价和提问技巧:

- 开放性。
- 活跃。
- 概念性。

■ 新奇。
■ 详细阐述事实以外的信息的技术。

2. 分析能力

具有分析能力的个体经常：

■ 在学校里表现好，尤其是在标准化考试或听从指导方面。
■ 思维敏捷。
■ 可能认识到思路或推理中的缺陷。
■ 宁愿听从指示而不愿思考自己做事的方式。

分析性个体喜爱的学习活动：

■ 分析。
■ 评估。
■ 判断。
■ 批判。
■ 比较或对照。
■ 测试。
■ 检查。
■ 研究。
■ 调查。
■ 质疑。

适用于分析性个体的评价和提问技巧：

■ 结构化的。
■ 独立的。
■ 真实的或信息丰富的。
■ 有逻辑的。
■ 有组织的。

3. 实践能力

具有实践能力的个体经常：

■ 在学校里做得很好。
■ 具有丰富的常识。

- 适应力强，能适应社会环境。
- 被认为是社会领袖。

实践性个体喜爱的学习活动：

- 应用。
- 使用。
- 实施。
- 合作。
- 用手或工具工作。
- 操作。
- 操纵。
- 管理。
- 实践。
- 认证。

适用于实践性个体的评价和提问技巧：

- 小组历程。
- 真实应用。
- 以过程为导向。
- 展示产品的可行性。
- 以“日常”有用的方式显示信息。

某种程度上，每个人都有这三种能力。决定一个人成功的因素是他能够认识到自己需要哪一种能力，然后在一个既定的环境中使用该能力。教师应该让学生有机会安全地探索每一种能力维度，不仅仅局限于那些他们擅长和喜欢的能力维度。通过学习活动，教师可培养学生更好地利用相关技能。

98～99页的活动是帮助学生理解“成功智力”的三个维度的方法之一。在活动过程中，与学生分享在三个维度方面著名的和非著名人士的名单。然后让学生列出他们认为在三个维度上有优势的人的名单。让学生认识到何时依赖何种维度，何时使用维度组合最为有效。根据情况灵活转变思维的学生将获得更大的成功。

99～100页列出了其他基于学生学习偏好的激励策略。

四、利用评估激发和吸引学生

过去，教师经常根据评估和评价对学生进行排名或者让一些学生进入、退出某些项目，特别是需要天赋的项目。如今，评估具有三个主要的用途：收集学生如何学习的信息；确定学生处于学习过程中的哪一个阶段；向教师提供关于方法论和成功实践的反馈，然后将之用于指导教学，并做出必要的改变。评估的第四个用途，也是经常被忽略的一个用途，即激发和激励学生学习。当学生知晓自己在学习过程中的所作所为以及所获得的新知识时，他们更有可能参与学习，掌握学习的主动性，能够体验到学习的其他好处。见图 4.11。

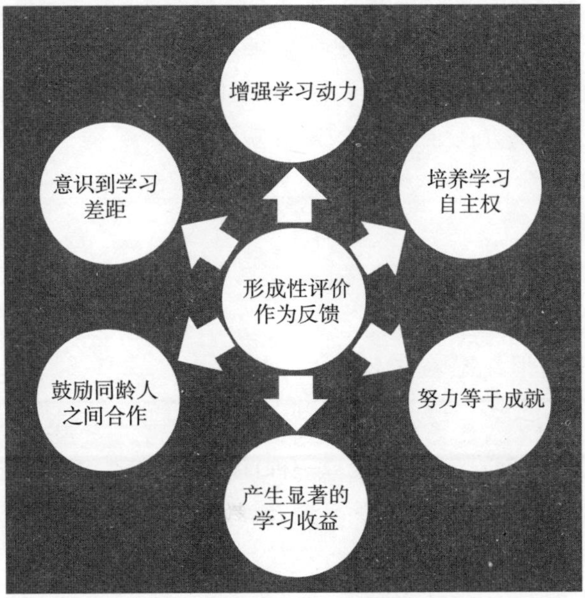

图 4.11 将评估作为对学生的反馈

评估可用来告诉学生他们距离学习目标的远近，还能用来衡量学生对新知识的应用、示范和理解情况。总之，评估应该是灵活的（对不同的学生采取不同的评估方式）、有意义的（学生和教师都可以利用这些信息做出改变）、量身定制的（有些学生需要更多的评估，有些则不需要）。

三种评估形式

课堂上经常使用三种主要的评估形式:预评估(也称为诊断)、形成性评估和总结性评估。顾名思义,预评估是在学习之前进行的,形成性评估是在学习过程中进行的,总结性评估是在学习过程结束时进行的。

只有当教师充分认识到学生正处于学习过程中的某一阶段,学生如何学习,哪些策略和技巧对学生有用时,教师才能更好地满足学生的需求。当前,评估学生学习策略的方法种类繁多。下面的方法可以帮助教师了解学生是否已经做好了上课的准备,激励学生参与新的学习。

1. 预评估

预评估可以帮助教师了解学生已知和未知的知识,了解他们的长处和局限性,发现他们学习中的错误或漏洞,从而查漏补缺、丰富和扩展学生的知识。预评估有利于激发学生对某个话题的兴趣。

预评估通常不会给出成绩。当学生在评估过程中没有成绩负担时,他们更乐意向教师展示自己已知和未知的知识。

预评估的例子

- 预测试;
- 开放式讨论;
- KIQ 图表;
- 四方概念图(见图 4.12)。

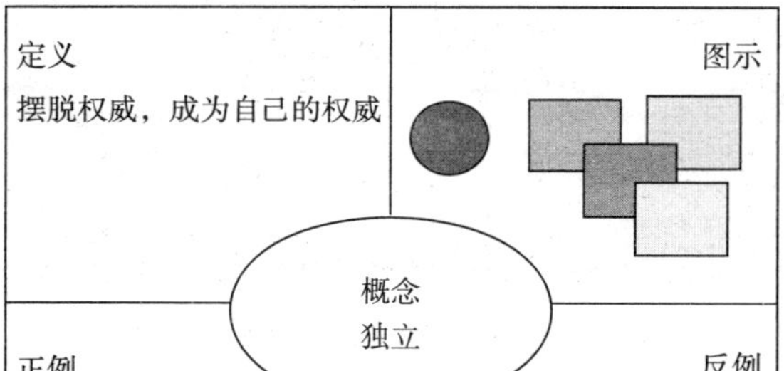

图 4.12　四方概念图:示例

四方概念图使用多种表现形式，教师可以借此评估学生对概念知识的理解。学生应该在学习过程中坚持做预评估，并在学习结束时再次评估，通过对比见证自己的成长和进步。

2. 形成性评估

形成性评估是为了学习而进行的评估，包括了解学生正处于学习过程的某个阶段以及学生如何接近目标。它有利于学生了解自己的学习水平，并以此作为制定学习目标的基准。教师可以通过持续的评估来调整或修改教学指令，使学生更为接近基准和目标。

形成性评估的成绩通常可以表明学生个人的进步。有时教师可以使用这些评估告诉学生和家长应该如何努力以及注意事项。形成性评估的成绩不应与总结性评估的成绩联系起来——练习只是练习，不应该影响到最终成绩。如果有必要的话，将形成性评估的成绩单独列出来，用来告知家长和学生在实践过程中所付出的努力和在学习过程中的成长。

形成性评估在本质上应该是描述性的，它告知学生何处做得好，何处需要提高。在杰出著作《可见的学习》(*Visible Learning*)中，约翰·哈蒂(John Hattie)指出：形成性评估，尤其是描述性的形成性评估，对学生学习和取得成就的影响最大。[12]描述性反馈也可以将学生的学习动机从外部驱动转变为内在动机，从而提高学习质量。

形成性评估的例子

- 学生反思日志
- 测验
- 家庭作业
- 教师、同伴、父母的观察
- 教师、同伴或父母对学生工作的记录
- 日常工作
- 讨论
- 读写分享和思考分享
- 3—2—1 退出或入场机制
- 1～3 分钟的辅导或咨询
- 分层评审或实践

■ 圆桌会议审查

小组读写分享和小组思考分享

小组读写分享
说明：
1. 让学生独立阅读一篇文章。全班同学可以选读相同或不同的文章。
2. 让学生写文章，回答指导性问题或总结阅读内容。
3. 让学生分享自己的书面作业并讨论指导性问题。
4. 让每一组学生或选定几组学生在班级里分享讨论的话题和结果。将所有成果都张贴在班级里，以供查看。

小组思考分享
说明：
1. 向学生提出一个有争议的问题，给出需要讨论的信息，或者提出一个值得深思的方案。
2. 借助指导性的思考问题(见第七章)设定学生的思考时间。
3. 让学生在两分钟内构思出如何解答指导性问题。
4. 让两名学生组成小组，讨论并比较他们对指导性问题的答案。在该过程中，学生应该选出最可信、最完整的答案，抑或基于讨论，重新形成一个新的答案。
5. 让每一组学生或选定几组学生在班级里分享讨论的话题和结果。将所有成果都张贴在班级里，以供查看。

1～3分钟的辅导或咨询

说明：
- 每天与一小部分学生单独面谈。保证在一两周内完成与全班学生的单独面谈。
- 在课程临近结束时或者在学习过程中，用几分钟的时间与学生单独交流学习情况。
- 指导学生改善学习策略、提高学习技巧，或者在学习过程中表扬学生的具体成就。
- 邀请学生就自己的学习问题与教师展开讨论，如扩展项目、丰富学习内容、需要补充的知识或与师生关系相关的其他问题。

分层评审或实践

说明：
确保学生达到三个学习目标的方法之一是建立一个分层审查系统。基于学生对每个领域的了解情况，将学生分为三组(事实性、程序性和概念性)，或者将能力不同的学生混合分组。每个小组最多花费10分钟的时间完成一个表格。然后，各个小组可以继续完成另一个表格，或者将自己在表中创建的内容呈现出来。如果学生只完成表格而不向课堂汇报，请确保每个表格都包含上述三种知识的活动。每个小组都将自己的成果保留下来，以供后面的小组回顾、评估或解释。
表一：事实性知识
学生列出(回忆)学习单元中涉及的时间、元素、词汇。教师使用镜像* 问题或帮助学生复习事实性知识。

表二：程序性知识
学生将展示（应用）在单元学习过程中使用的技能或策略。提供单元考试中使用的镜像处理技巧。
表三：概念性知识
学生将讨论、辩论、检查、论证、解释、提出新思路，（分析、归纳和评估）有关本单元的主要概念或主题。提供单元考试中出现的类似问题。
*镜像：类似于那些将会在考试中出现的问题、示例或过程。为学生提供相似的例证以帮助其适应考试，并允许学生在没有失败风险的情况下，测试自己的答题能力。

3. 总结性评估

总结性评估，又叫学习评估，在单元学习完成后进行，目的是为了确定学习者在完成目标的过程中达到了某一阶段。总结性评估收集有关学生掌握事实性知识的信息，给学生展示技能熟练程度和对概念的理解程度的机会，是整个学习过程的终点。

总结性评估的成绩通常可以表明学习者对知识掌握的熟练程度以及目标实现的情况，也可以让教师知道以哪一个知识点为切入点以及如何开始下一个单元的学习。因此，总结性评估也可以视为下一个单元的预评估，譬如评估上一单元的学习为下一单元的学习做了哪些准备。总结性评估还可以视为程序性评估，譬如为了让学生为下一个单元的学习做好准备，教师需要丰富或者反复练习哪些内容？

总结性评估的例子

- 期末考试
- 真实活动
- 自我或同伴之间的评估
- 标准考试

建立男生友好型课堂的 25 个策略*

1. 为每个男孩创建一个“成功团队”，将其视为支持系统，在出现问题时支持系统可以进行干预。这个团队可以由家庭、朋友、亲戚、宗教领袖、教师、顾问和同伴组成。
2. 找一位成功的、理智的男性作为榜样，让他在学习和生活中指导男生。

3. 通过体育活动、游戏和竞赛培养男生的灵活性,让他们有机会与他人建立联系。参加有组织的体育活动或其他团队活动的男孩能够更加健康地适应逆境和抵抗犯罪行为(如拉帮结派、在公共场所涂鸦或有其他非法行为)。
4. 使用"边走路边说话边开车"的咨询方法。不要指望男孩在处理有压力的问题或担忧时保持眼神交流。
5. 把仪式作为激励男孩和帮助其树立自尊心的一种方式。这些仪式可以是小学毕业典礼,也可以是拿到驾照后的庆祝活动,等等。
6. 使用"大脑休息"的方法和小工具(如挤压球)。男孩在学习或完成一项需要长时间集中注意力的任务时可以使用这些方法和工具。
7. 复杂的活动,如串珠子,有利于培养良好的运动技能。
8. 提供郊游体验和运动知识。户外活动应该以小组的形式进行,它有助于男孩参与社会互动、建立自尊心和产生归属感。
9. 减少口头指令,或多次重复口头指令,让男孩重复。还可以为男孩提供口头指令的清单。
10. 降低声调和音调,这样男孩就能够更好地听到教师的言语。
11. 增加依恋感,让男孩规划自己的学习。
12. 鼓励健康的饮食习惯。均衡、低糖、低咖啡因饮食对许多男孩至关重要。
13. 请父母"辅导家庭作业"。面对家庭作业,男孩可能感到乏味、费力。告知男孩的父母如何与儿子共度时光,鼓励孩子,让孩子在学习中保持专注。
14. 考虑面临学习障碍时的脑损伤。在幼年粗暴玩耍时期,一些男孩可能经历了脑损伤,当时没有诊断出来,这些损伤可能对后期的学习有影响。
15. 在教室周围放置书籍,鼓励男孩阅读。
16. 设立"男生专享"书籍俱乐部,在学习上弥合语言习得的差距,打破阅读这一女性化活动的烙印。将文学作为塑造身份和形成社会团体的一种方式。
17. 提供男孩喜欢的读物,内容可以包括打斗、血腥、有趣和有意义的冒险活动。这些内容往往可以在漫画书、绘画小说、杂志、卡通文集或工具书中找到。
18. 提供大量的技术激发创造力。计算机图画和屏幕动画是让男孩参与研究和调查的绝佳方式。
19. 限制使用时间。虽然计算机对男孩非常有益,但必须对其进行监管,适度使用。同时鼓励家长限制孩子们观看电视或其他媒体设备的时间。
20. 关注有关自我的课程和指导。在男孩的青春期,尤其是自我发展的时期,把内容集中在如何使男孩融入话题讨论中,可以鼓励他们更全面地参与进来。
21. 使学习体验有意义、严谨、更加活跃。男孩往往比女孩更活跃。因此,更加真实和活跃的学习,能够让男孩更好地参与任务。
22. 提供安全冒险的机会。男孩的竞争性可能会阻碍他们的智力冒险。不能在课堂上恐吓学生。学生出现错误时,应为其提供正确引导。
23. 允许选择。男孩(特别是处于青春期的男孩)在某种情况下缺乏是非观,经常叛逆,不愿意参与学习活动。
24. 在明亮的自然光下阅读。男孩通常比女孩更容易受到视觉刺激。
25. 利用故事鼓励社会凝聚力,培养同情心,传递知识,增强说服力和挑战力。

*迈克尔·古里安、凯西·史蒂文斯,《男孩的思想:从学校和生活中拯救我们的儿子》(*The Minds of Boys: Saving Our Sons from Falling Behind in School and Life*),加利福尼亚州圣弗朗西斯科,巴斯出版社,2005年;丽丝·艾略特,《关于男孩和女孩的真相》(*The Truth About Boys and Girls*),《科学美国人的思维》(*Scientific American Mind*),2010年5～6月;特里·纽伊、里奇·温菲尔德,《帮助男孩在学校取得成功:家长和老师的实用指南》(*Helping Boys Succeed in School: A Practical Guide for Parents and Teachers*),得克萨斯州韦科,普鲁弗洛克出版社,2007年。

形成脑兼容学习环境的策略

1. 营造一个安全、无威胁的氛围。
   - 把每一个学生视为独立的个体，进行逐一了解。
   - 确保学习环境中没有恐吓、威胁、欺凌、讽刺和偏见。
   - 让学生知道人具有多样性，譬如聪明、爱运动、有魅力、古怪、时尚、内向、有趣。
   - 避免“突击测验”，让学生知道评估的内容及时间。
   - 使用“一到五”等级排列法对学生的理解程度进行评估。（例如，“如果你不明白，伸出你的拳头；如果你完全明白，伸出手掌。”）
2. 调动五种感官，允许各种学习偏好共存。
   - 利用不同的学习偏好和技巧进行教学。
   - 提供真实的学习体验，树立榜样，进行实地考察。
   - 为学生提供三种获取信息的方式：看到、说出、做到。
   - 引入鼓励讨论、辩论以及挑战信仰的内容。
   - 让学生创造性地完成项目，思考问题。
   - 强调学生的独立性，而不只是依赖教师的指导。
3. 开展活动，与学习者先前的经验相联系。
   - 让学生积极参与活动，开展“四角”等活动。
   - 利用“基本问题”将学习与学生的兴趣联系起来。
   - 把学习材料与学习者联系起来。
   - 利用图形帮助学习者将新信息附加到旧知识上。
   - 使用服务学习法、角色扮演法和案例研究法。
4. 提供准确、高效、中肯、及时的反馈。
   - 使用真实的评估。
   - 指导学生掌握自我调节的策略，如设定目标、监管目标，以及评估个人成长。
   - 提供特定的、关注积极成长的描述性反馈。
   - 经常召开“辅导会议”进行定期反馈。
   - 让学生相信，努力是取得成就的主要因素。

大脑休息

大脑活动时，如果有时间处理信息和换挡，则工作和学习的效果最好。下面的策略可以帮助大脑在活动过程中思考和转换。

- 在教学期间使用“我”的图表帮助学生处理信息。
- 使用文字拼图、漫画、笑话和谜语缓解压力，在主题之间转换，或营造愉快的学习氛围。
- 使用 10∶2/20∶2 规则，确保学生有时间思考。
- 运用创造性思维帮助学生拓展思维。
- 通过身体活动刺激血液流动，比如做一组快速的跳跃运动、伸展运动，弯腰触摸脚趾，深呼吸三次，在房间里走来走去，或唱一首歌：“头、肩膀、膝盖和脚趾。”
- 让学生进行面部伸展和放松运动，减轻头部和颈部的压力。
- 利用横向思维活动刺激大脑。让学生做以下活动：
  左、右臂交叉，将手指缠绕在一起。把紧握的双手放在身体上，摆动右手食指。

举起右手食指和左手拇指。然后，快速地来回切换(右拇指、左食指，右食指、左拇指)。

用右手触摸左膝，用左手触摸右膝。唱歌时重复几次。

举起右手，绕过头部触摸左肩。用左手和右肩做同样的运动。从52开始倒数3秒，重复该动作。

大脑休息的好处：
- ■ 缓解压力；
- ■ 为体力活动做准备；
- ■ 促进血液流动；
- ■ 激励学生；
- ■ 唤醒学生的大脑，让学生学习；
- ■ 使学生在课堂上不拘谨；
- ■ 为学生的“展示”做好准备；
- ■ 帮助学生集中注意力；
- ■ 帮助学生记忆信息；
- ■ 给学生思考时间。

“我”的图表

我想知道	我发现
我想	我问
我相信	我的计划
我连接	我了解到

令“我”感兴趣的:主题预览

1. 在这里写下书名和其他资料:____________________
2. 这个标题是什么意思，或者对标题有何想法？

3. 浏览内容。列出至少三个在头脑中闪现的标题。
   - ■ ____________________
   - ■ ____________________
   - ■ ____________________
4. 提前浏览整本书或者其他资料。找出感兴趣的三章或者三部分。
   - ■ 感兴趣的章节或部分的标题:____________________
   - ■ 为何感兴趣:____________________
   - ■ 对于该章节或部分的问题:____________________

   - ■ 感兴趣的章节或部分的标题:____________________

■ 为何感兴趣：____________________
■ 对于该章节或部分的问题：____________________

■ 感兴趣的章节或部分的标题：____________________
■ 为何感兴趣：____________________
■ 对于该章节或部分的问题：____________________

5. 找到一本教科书、一个网站，或者其他类似有关同一主题的资源。若有可能，将这些资源与全班同学分享。在下面列出资料：

KIQ 图表

对该话题的了解	对该话题感兴趣的地方	对该话题有何疑问或不知道的地方

按兴趣排序

主题
对下列主题排序：1(最不喜欢的)到 5(喜欢的)。
____主题：____________________
____主题：____________________
____主题：____________________
____主题：____________________
____主题：____________________
作业
与其他有相似兴趣的人合作。集体决定一个主题，并通过项目加以展示，将该项目与艺术、文学、数学、体育、家庭生活，或与有相似兴趣的人的生活联系起来。将下列目标融合到项目中：
■ 知道：____________________
■ 做到：____________________
■ 理解：____________________
发挥创造力，展开想象。

创建爱好项目的指导方针

1. 爱好是一个人喜欢的东西,或非常喜欢做的事情,并且对此具有一定的了解。清楚地解释自己的爱好,以及为什么其他人想了解这个话题。
2. 与教师交谈,找到一个自己爱好的项目取代单元项目。
   与教师见面的日期:__________________
   被自己的爱好项目取代的单元项目:__________________
   项目的截止日期:__________________
   教师签字:__________________
   学生签字:__________________
3. 培养自己的爱好项目,在课堂上展示。
   ■ 设计一个有趣的方式(幻灯片演示、陈述、角色扮演、图表或海报等)呈现自己的爱好项目。
   ■ 在陈述中,告知大家:
   自己是如何参与该话题的;
   是如何知道该话题的;
   为何喜欢这个话题;
   如何使该话题有趣。
   ■ 提供信息,激发同学对该话题的探究。
   ■ 提供一张列表,给出该课程所需的资源、网站、书籍或其他材料,便于其他学生讨论该话题。
4. 根据所附标题,给自己的爱好项目打分。爱好项目的成绩将取代单元项目的成绩。

爱好项目专栏

类别	4	3	2	1
准备	学生已经做好充分准备,显然已经练习过了	学生已经做好一定的准备,可能还需要一些练习	学生已经做了一些准备,但明显缺乏练习	学生似乎并没有做好准备
热情	学生的面部表情和肢体语言使在场观众对该话题产生了极大的兴趣和热情	学生的面部表情和肢体语言有时会使在场观众对该话题产生极大的兴趣和热情	学生试图利用面部表情和肢体语言引起在场观众对该话题的兴趣和热情,但似乎并不成功	学生没有任何面部表情和肢体语言,也没有引起在场观众对该话题的兴趣和热情
内容	学生对该话题有充分的理解	学生对该话题有较好的理解	学生对该话题的部分内容有较好的理解	学生好像对该话题并不是特别理解

续表

类别	4	3	2	1
资源	学生提供了大量的资料(至少10条),包括网址、文本和工艺品	学生提供了一系列的资料(至少8条),包括网址、文本和工艺品	学生提供了一些资料(至少5条),包括网址和文本	学生提供了很少的资料(少于5条),包括网址和文本
与内容的联系	学生与数学、科学、社会研究、艺术、体育及其他学习领域建立特殊联系	学生与数学、科学、社会研究、艺术、体育及其他学习领域建立一些联系	学生很少与数学、科学、社会研究、艺术、体育及其他学习领域建立联系	学生和学习内容之间没有建立联系

基于学生兴趣的激励策略

下列活动可以激发学生的好奇心,提高学生的积极性,促进合作。

1. 按兴趣对学生进行分组,把持有相似材料的学生编成一组。对内容领域有浓厚兴趣的学生可以与其他志同道合的学生分成一组,让他们有机会学习高级知识。学生之间彼此分享学习兴趣。
2. 允许学生通过爱好项目选择指定的项目,该项目专注于与学习过程有关的复杂问题。学生根据个人兴趣或喜好开展爱好项目。通过该项目,学生可以根据自己的兴趣或爱好培养职业可能需要的技能。
3. 开展兴趣调查,从而开展包括多个兴趣爱好的课程和项目,以及包括艺术、体育、家庭生活、社会和公民问题的跨学科课程。兴趣调查可以帮助学生明确他们在某一话题中的参与程度,明确他们在学习中喜欢的东西,以及他们在学习环境中的身份认同。
4. 允许学生根据有意义的问题设计单元、课程或项目。这需要以明确的基准进行半结构化的调查,产生面向真实听众的实际成果,并引发学生对学习的反思。学生根据教师和家长一起制定的兴趣点完成项目。
5. 允许选择独立项目,要求学生通过探究活动扩展课堂知识。
6. 将数量可观的导师和师培人员融入教学中。让学生与成年人一起探索感兴趣的领域。
7. 根据学生的兴趣开展群体或服务项目。让学生接触感兴趣的社会和公民问题。鼓励学生通过社区服务或志愿服务解决真正的问题。
8. 让学生创建一个在线的"维基"网站,分享关于某个学习主题的信息,或者帮助其他学习者获得必要的课程知识。
9. 建立"特殊兴趣小组"(SIGs),该小组在整个学年都能发挥作用。讨论主题、任务、网络、产品创造,找到解决问题的方案。学生学会合作,找出更多公共问题,懂得共享资源,懂得规划和解决问题,在团体内提高领导技能。

斯腾伯格能力模型:学习偏好活动

活动:学习偏好

目的:

- 学生了解分析、实践和创新能力的特点。
- 学生能够明确自己偏好的思维方式和行为方式。
- 学生了解每一种情况的差异,以及这些差异对学习环境的好处。

概念:

- 学习差异、优势、局限性。

程序:

1. 学生认为“成功”是什么。
   列出想法。
2. 学生认为成功需要什么条件。
   列出想法。
3. 与学生讨论如何让大家都融入有益于成功的学习环境之中。将这些能力为自己所用,才能取得成功。请参考学生列出的列表——成功所需的条件。
4. 解释罗伯特·斯腾伯格的“成功智力”模型,包括:
   - 获得成功需要的三种能力;
   - 发现和充分利用自己优势的能力(每个人都有自己的优势);
   - 一个人认识并突破自身局限性的能力(没有人是全能的);
   - 利用个人的优势和局限性,成功的人能够适应、塑造或选择最适合自己学习偏好的环境。
5. 在斯腾伯格的模型图上,对三种能力分别进行描述。
6. 在斯腾伯格的模型图上,让学生在三角形上画一个X,表示他们的优势区域。提醒学生:字母之间的线代表不同能力之间的联系。譬如,如果学生觉得自己的创造能力强于分析能力,他就会把X放在更靠近C角的地方,而不是A角。如果学生觉得自己的实践能力强于分析能力,他就会把X放在更靠近P角的地方,而不是A角。如果学生觉得自己的创造能力和实践能力相当,他就把X放在连接P角和C角的线的中间。
7. 将课堂中的三个区域分别定义为A组(分析)、C组(创造)和P组(实践)。让学生站在代表自己优势的区域内。如果学生的三种能力比较平均,他应该选择一个区域,而不是所有的区域。

讨论:

让学生讨论三组之间的异同之处。问他们:哪一组的学生最多?为什么?哪一组的学生较多?为什么?为什么有的学生三种能力比较均衡,而有的则不均衡?在课堂上,如何利用(A、C、P)组的优势?如何设计课堂背景,使之更好地满足每一组的学习需求?已经确定了这些能力后,应该如何开展小组工作?一个有不同(或相似)学习偏好的人如何帮助你完成某一项目?

结束:

让学生反思:使用不同学习方法的学生的需要。或者请学生为课堂安排、小组工作或项目任务提出建议。

具有分析能力的人能够：

具有实践能力的人能够：

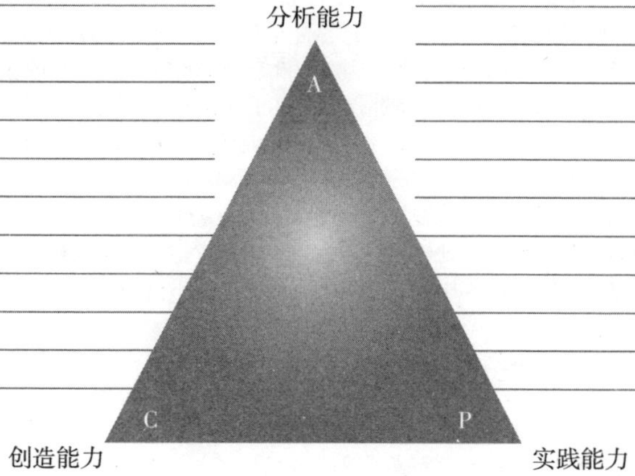

具有创造能力的人能够：

基于学生学习偏好的激励策略

以下活动可以吸引学生投入学习。

- 采用多种方式呈现信息，如利用动觉，鼓励学习者跳出自己的学习偏好。许多学习者只擅长特定的领域，譬如，女孩在语言领域比较擅长，男孩在视觉或空间领域比较擅长。
- 在介绍新任务时，采用学生实例模式。观看相似同学的工作，能够鼓励学生跳出自己的“舒适区”，掌握新的主题和材料。
- 让学生利用等待时间处理、连接和反思信息。一些学习者是深刻的内省思考者，因此在课堂提问中需要更长的思考时间。
- 在日志中记录对内容的反思与拓展。让学生每天记录自己学到的新知识或自己擅长的东西，帮助他们认识到自己在学习中的成长。对于一些只具有初级学习能力的学习者来说，元认知可能比较困难。

- 为学生提供完成学习任务的多种选择,从艺术表现到三维构造再到物理性能。一些学生擅长发散思维,喜欢用自己的方式完成任务。
- 确保学习者在小组和个人工作中有充足的展示机会。有些学生具有很强的独立学习能力,需要培养协作技能。将他们从个人主义者(仅处理在完成任务时需要的一些技能)培养成具有集体意识的人(个人技能的集合可以产生更好的效果)的过程,有助于学生获得积极的社交技能。也可以让学生建立社交网络账户,与其他具有类似技能或偏好的学习者充分交流。
- 利用各种各样的学习偏好工具,帮助学生了解自己独特的能力和思维方式。许多学生基于霍华德·加德纳(Howard Gardner)的多元智能理论对自己的能力和学习偏好有很好的理解,但是可能还不熟悉其他人的理论,如安东尼·格雷格克(Anthony Gregorc)的模型(具体、抽象、随机、顺序),半球优势理论,VARK(视觉、听觉、读写、动力学)和斯腾伯格的成功智力理论(分析、创造、实践)等等。在互联网上随意搜索"学习偏好",会出现大量的相关网站。明确自己的目标和学习偏好。
- 精细练习(ER)。精细练习是将新材料与学习者已知的内容联系起来的行为过程。精细练习在实践中关注信息的含义,模糊内容区域之间的界限。使用精细练习时,学生需要积极运用自己所有的感官,将信息编码成长期记忆。精细练习包括:

(1) 将一系列数字排列成类似电话号码的顺序(1.8422384943=1-842-238-4943);

(2) 使用缩略词或助记符来记忆顺序或序列信息(红色、橙色、黄色、绿色、蓝色、靛蓝、紫色=ROY G BIV);

(3) 通过类比、隐喻或明喻总结信息;

(4) 使用思维导图、表格或其他图示表示信息;

(5) 参与事件、角色扮演或模拟再现。

四方概念图

用法说明:

1. 在中间的圆圈中写出概念。
2. 在左上方的格子中写出概念的定义。
3. 在右上方的格子中画一幅该概念的图像。
4. 在左下方的格子中为该概念列举一个示例。
5. 在右下方的格子中列举一个反例。

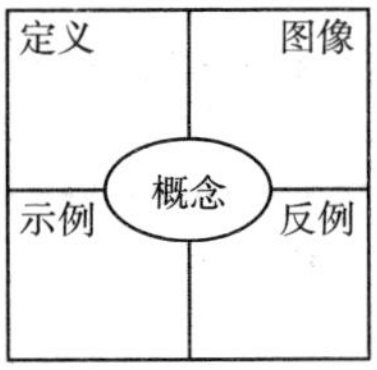

3—2—1 退出或入场机制

用法说明：
在方格中写下：
3：自己从课堂中了解或记住的 3 个想法或事情。
2：与自己了解的其他领域或话题建立连接的 2 种方式。
1：自己仍然有或希望在下一次课程中提问的 1 个问题。

3 自己了解的有关该话题的内容			
2 本话题连接到其他话题的方式			
1 有关该话题的问题			

圆桌会议审查

使用说明：
1. 在学习过程中或结束时，重新对课堂进行分组。每个学习单元应该有很多重要的话题。
2. 在每一张桌子上，放置一个标题牌，列出话题。选择学生比较熟悉或者需要复习的话题进行讨论，并醒目地标出或者列出学生必须知道、能够做到、需要理解的重要信息。
3. 在整节课中，学生至少参与 4 个话题的练习。
4. 在每张桌子面前至少停留 5 分钟，分享有关该话题的信息。
5. 每一轮结束，学生都要花 2 分钟的时间进行总结，写笔记，寻找答案(使用提供的圆桌反思表格)。
6. 四个周期结束后，与学生一起复习所有的话题。

本单元的话题：

____

反思

话题	记住的知识	学到的知识

其他想法：

____

____

____

____

基于评估的激励策略

以下活动既尊重学生已知的知识，也有助于学生了解更多信息。

- 提前开设“迷你”课程，讲解学生可能会遇到的事实性和程序性知识。对于只需较少时间学习事实性知识和程序性知识的学习者，他们可以进行高级活动。对于其他学习者而言，“迷你”课程可以起到热身作用。
- 提供不同层次的阅读材料，如从小学到大学的教材，有关贸易的书籍以及特定研究领域的专业期刊。这些材料使学习者接触到所在学科领域的专业语言，促进学科多样性。学生据此可以建立专业词汇表。
- 基于学生的能力和对内容的理解程度对学生进行灵活分组。在较小的群体中，学生可以合作处理与内容有关的真实问题，提出自己想要探索的问题，讨论道德问题，调查、采访或联系研究领域的专家。
- 除课本外，还要利用其他学习资料。并非所有的学习者都喜欢从课本中获取知识，因此可以使用录音、录像、DVD、CD、网站或其他材料，以便学生消化所需信息。
- 突出课本中的关键点。一些学习者阅读教材，认为所有的材料都是高度相关的。突出强调的办法有助于学生掌握相关的重要信息。

■ 使用创造性活动帮助学习者掌握数学和科学的基础知识。这些实践必须新颖、有创意。
■ 使用图形帮助学习者组织知识,并将其与旧知识联系起来。
■ 对不同的学习者采用不同的提问方式。这些问题应该鼓励学习者详细阐述所讨论的要点。所有的学习者都能在更高层次上进行思考,但出众的学习者需要具备更为复杂的分析、综合和证明能力。
■ 鼓励互惠教学。当一个学生已经掌握了所学的知识,并愿意分享以帮助其他学生更好地掌握知识时,互动学习就会发生。教学需要教师对材料有深入的理解,因此可以让学生成为互惠教学的教师,帮助其他学生学习掌握新知识。互惠教学有利于增强学生的学习信心,帮助学生更好地掌握学科知识。
■ 建立培养学生探索能力的课堂。让学生通过网络随时查找各种信息。在此过程中,必须教会学习者如何辨别和批判地分析信息。

① Elliot, A. J., and C. S. Dweck (Eds.). *Handbook of Competence and Motivation*. New York: Guilford Press, 2005.
② National Research Council. *How People Learn: Brain, Mind, Experience, and School (Expanded Edition)*. Washington, DC: National Academy Press, 2000.
③ Ibid.
④ Nussbaum, P. D., and W. R. Daggett. *What Brain Research Teaches About Rigor, Relevance, and Relationships: And What It Teaches About Keeping Your Own Brain Healthy*. Rexford, NY: International Center for Leadership in Education, 2008.
⑤ Gurian, M., and K. Stevens. *The Minds of Boys: Saving Our Sons from Falling Behind in School and Life*. San Francisco, CA: Jossey-Bass, 2005.
⑥ Eliot, L. "The Truth About Boys and Girls." *Scientific American Mind* (May/June 2010).
⑦ Graham, S., and C. Hudley. "Race and Ethnicity in the Study of Motivation and Competence." In *Handbook of Competence and Motivation*. A. J. Elliot and C. S. Dweck (Eds.). New York: Guilford Press, 2005.
⑧ National Center for Education Statistics. "Family Characteristics of School-Age Children." *The Condition of Education* 2016 (nces. ed. gov/programs. coe/pdf/coe_cce. pdf).
⑨ Dosomething. org. "11 Facts About Education and Poverty in America" (dosomething. org/us/facts/11-facts-about-education-and-poverty-america).
⑩ Jensen, E. *Teaching with Poverty in Mind: What Being Poor Does to Kids' Brains and What Schools Can Do About It*. Alexandria, VA: ASCD, 2009.
⑪ Sternberg, R. J., and E. L. Grigorenko. *Teaching for Successful Intelligence: To Increase Student Learning and Achievement*. Thousand Oaks, CA: Corwin Press, 2007.
⑫ Hattie, J. *Visible Learning*. New York: Routledge, 2009.

第五章　培养学生的自我调节能力

增强心智功能，使儿童能够从“环境的奴隶”转变为“自己行为的主人”。①

——黛博拉·J. 梁（Deborah J. Leong）博士、埃琳娜·博德罗瓦（Elena Bodrova）博士，心理学家

学校教育要让学生了解一定的社会常识。教师要利用恰当的方式为学生提供信息，帮助他们在未来取得成功。在学校，学生要学会自我调节，掌握新知识，迎接新时代的到来。自我调节，是指在情感、行为、认知相互作用和平衡的基础上，形成新的知识、想法和产品。教师可以在鼓励学生进行思考或者参与实践时，培养学生的自我调节能力。

一、自我调节理论

四十多年来，自我调节的理念一直是教育学和心理学研究的重点。无论是在学术界还是在社会上，关于如何学习，人们普遍认为有能力的成功人士都具有如下特点：努力，有目标，知道如何处理冲突，避免分心和冲动，专注于手头任务，坦然面对成功与失败。此外，一个人如何管理自己的情绪反应，如何反思学习，对自己能否取得成就有着深远的影响。在课堂中，这种能力叫作学习的自我调节能力。

学习的自我调节是学习者在整个学习过程中激活、维持、管理和反思自己的情感、行为和认知的过程。在保持情感、行为和认知维度之间的联系和平衡时，学习者可以体验成功（见图 5.1）。为了达到这种平衡，学生必须采取一系列策略关注和提高自己的学习。

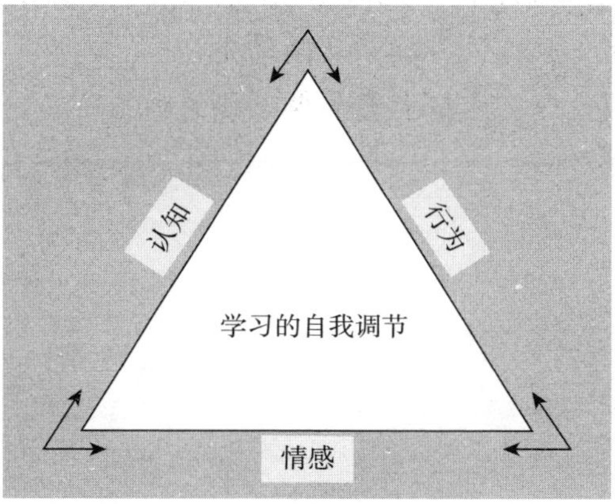

图 5.1　学习的自我调节模式[②]

情感、行为、认知(ABC)

情感(Affect)是我们对情绪的自觉意识和回应。我们经常把这些回应视为感受,它既可以阻碍也可以促进我们的学习。学习者对情境的感受决定了他们的关注点,因此,了解如何帮助学生适应情境,适当调整情绪反应,对教师至关重要。

行为(Behavior)就是我们所做的事情,无论成功还是失败。在学术研究中,行为不仅包括我们的肢体动作(譬如,如何坐、如何行走等),还包括我们解决问题的能力(譬如,回顾或者做实验)。知道如何在不同背景和学习经历中灵活变通,是实现有效学习的一个重要组成部分。

认知(Cognition)是指我们的思维过程,从元认知(反思性思维)到隐性认知(用于学校的先进思维过程)再到形而上学认知(超越自我的思维)等等。在不断变化的世界里,拥有重要的思维工具是成功的关键。

基于动机和能力领域的研究,著名科学家巴里·齐默尔曼(Barry Zimmerman)和阿纳斯塔西娅·基塔桑塔斯(Anastasia Kitsantas)指出:"有证据表明,达到学术和运动的最高水平,需要的不仅仅是基本的天赋和高质量的指导,还包括自信、勤奋和自律。"[③]该成长通过自我调节的四个阶段完成(见图 5.2)。

当学习形成模式化后,学生就有能力学会如何自我调节。他们可以与他人一起模仿或实践这种学习模式，在独立学习中自觉使用这种学习模式，还可以将该学习模式转移到其他学习活动中。

以下措施有助于学习者培养自我调节能力：

- 设定目标；
- 制定任务；
- 视觉想象；
- 自我指导；
- 时间管理；
- 自我监控；
- 自我评价；
- 选择与创造学习环境；
- 向他人求助。

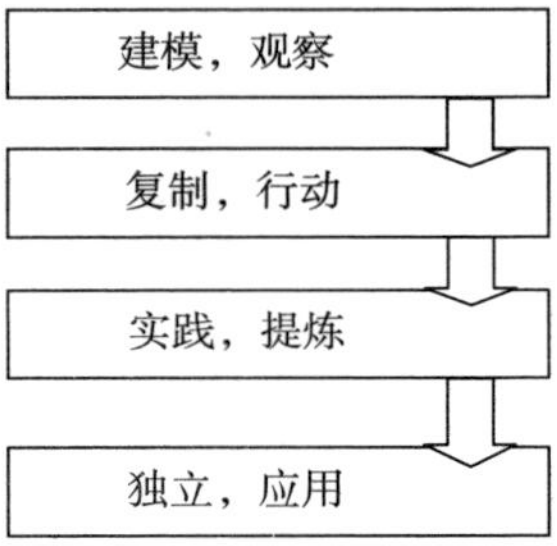

图 5.2　自我调节的四个阶段④

齐默尔曼还指出，就本质而言，人们掌握获得成功技能的过程具有周期性。正如图 5.3 所示，具备自我调节的技能需要经历三个阶段。

第一个阶段为预学习阶段。面对将要进行的学习活动，学生首先要创造条件，了解任务，提出行动计划。为此学生要评估任务的意义以及完成任务的信心。学生可以使用学生感知问卷(见第七章)，制订工作计划(见第七章)。

在实践阶段，学生集中自己的注意力完成任务。回顾工作计划之后，学生可能会发现自己需要额外的支持和指导，或者发现自己正在逐步实现目标。

实践完成之后，进入自我反思阶段。学生反思早期的计划和实践阶段，回顾工作计划、目标设定的有效性、资源的可用性，看自己是否具备完成任务所需的技能，以及自己在多大程度上实现了目标。在这个模型的每个阶段，学生能否取得成功都与其自我效能感密切相关。自我效能感是指一个人对自己完成任务的技能和能力的认识程度，以及完成既定任务的责任感。自我效能感较强的学生更愿意接受挑战，当面对诱惑时，他们可以有效地进行自我评价，全力完成任务。自我效能感弱的学生在面对学习和考试时会显得更加焦虑，更容易分心，内在动机较少，经常不愿意学习。教师可以在课堂上培养学生的思维能力，鼓励学生勇于冒险，并提供培养学生自主性的机会，帮助学生培养和维持健康的自我效能水平。

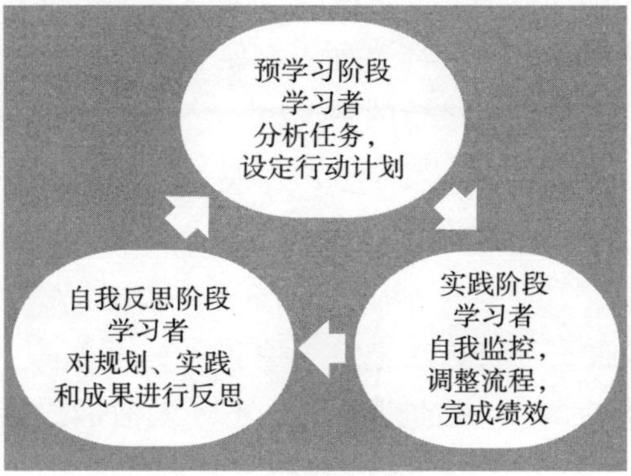

图 5.3　成就进展周期⑤

二、设定目标以培养自我调节的能力

帮助学生设定目标，管理学生完成目标的过程，评估学生达成目标的情况，是培养学生自我调节能力的有效策略。第一步，在每天或者每节课的开始设定一个短期目标。

设定短期目标的步骤

(1) 在课程开始，让学生设定三个目标。

(2) 让学生就一节课或一天的学习写出自己的目标。

(3) 在课堂教学中停下来记录和反思自己的目标，边想边说。

(4) 让学生以同样的方法对自己的目标进行反思，可以独立进行，也可以与他人一起进行。可以对下列问题进行反思：有没有实现自己的目标？为什么？为了确保达到目标，在接下来的课程学习中应该做些什么？

(5) 在一节课或者一天的教学工作完成结束后，对自己的教学进行反思，并讲出来。让学生也同样如此。可以对下列问题进行反思：是否实现了自己的目标？为什么？如何庆祝自己的成功？下一次如何做能够实现自己的目标？

为了有效地帮助学生自主设定目标，教师可以从设定短期目标开始，如一节课的目标，一门课程的目标，或一天的目标。接下来，设定周目标，在每周的学习过程中不断回顾自己的周目标。最后，设定长期目标，如月目标、季度目标或者全年目标。每天都要练习制定目标，使之成为教学的一部分，成为每一位学生和教师期望进行的活动。

三、调整思维以自我调节

学会自我调节的另一种方法来自卡罗尔·德韦克博士。德韦克认为有些人的思维是固化的，有些人的思维则是不断发散的。若一个人认为自己的思维是固定的，则他认为自己的智力和才能也是固定的，不能提高。我们可以依靠智商测试和成绩测试等验证这种固定的思维，从而知道一个人能做什么、不能做什么。若一个人的思维是固定的，他的成功将取决于自己固有的智力和才能。对于失败，也用同样的方法衡量。

具有固定思维的学生很难承认或者改正自己的错误。长期处于挑战性较低的课程中的优秀学习者不理解为什么要努力，也不需要付出努力。但是当接触到具有挑战性的课程时，他们也同样认为自己不需要付出努力，因此也意识不到自己的天赋。他们畏惧失败，看不到自己的能力和天赋。没有接受足够挑战的学生，不能培养出诸如耐心、恒心和毅力等重要的生存技能。

当一个人的思维可以不断发散时，他会认为自己可以学到更多的技能。一个人从自己已有的知识出发，可以获得更多的成长；通过坚持不懈的刻苦努力，就可以获得成功。“当一个人意识到自己的基本素质可以得到提高时，失败可能仍然会给他带来伤害，但并不能带来本质上的影响。”[⑥]换而言之，一个人的学习能力要比他的测试或感知能力更有作用。成长思维模式有利于学生培养自我调节能力和富有价值的生活技能。那些认为思维可以成长的学生，通常会学习有用的工具以克服负面标签或刻板印象，学习如何减少困难，学会如何克服或感知真实的学习障碍。对于来自不同文化和语言背景的学生而言，这些措施更为有效。第十一章列出了培养成长思维的一些常见问题和实用策略，有助于父母培养孩子的自信心和成长思维。

为了帮助学生实现从固定思维到成长思维的转变，教师需要培养学生的自我调节能力。这可以通过建立合适的课堂模式来实现。这种课堂可以激发学生，使学生养成监管自己思想、感情和行为的能力，从而能够在学业上以及个人生活中取得成功。换而言之，就是要建立以学习者为中心的课堂。接下来将专门对此介绍，并提出一些提高学生自我调节能力的策略和技巧。

四、以学习者为中心的课堂

在以学习者为中心的课堂，学生积极主动地投入知识探索的过程之中，为自己的学习负责。阅读第六章可以发现，这样的课堂已经由教师指导转变为学生指导。教师应当培养学习者内在的思考和学习欲望，培养其自主性，从而转变师生的角色。

以学习者为中心的课堂需要重视下列要素：

- 学习的责任；
- 自我效能感；
- 对成功的内在渴望；
- 耐心、恒心、毅力；
- 元认知技能；
- 批判性思维能力；
- 解决问题的能力；
- 创新和产出能力；
- 成长型思维。

在以学习者为中心的课堂上，教师有下列义务：

- 促进学习；
- 引导学生取得成功；
- 理解并鼓励学生多样化；
- 采用多种教学方式以及多样化的干预和评估策略；
- 了解课程主要内容和课程标准；
- 为所有学生设定较高的期望值。

创建以学习者为中心的课堂的五个关键因素

1. 建立学者群体

当学生感觉安全、没有受到威胁时,他们学得最好。遵循这种脑兼容学习规则还可以使学生感到受欢迎,产生归属感,从而建立与他人之间的联系。教师可以将课堂创建成一个学者群体。其中,每一位参与者不仅是学习者,还要通过学习基础知识,获得新知识。能够对已有知识进行创新,是学生在21世纪取得成功的关键。在学者群体中,学生知道自己为何身居其中,并且了解全班同学共有的责任,以及共同承担责任的方式。

建立学者群体的构想

创建课堂权利法案。让学生制定一份章程或权利法案,明确教室中每一位参与者的角色和责任。课堂权利法案或许包括:

课堂中所有参与者都享有如下权利:

- 一个安全舒适的学习环境;
- 积极主动的学习体验;
- 有意义的教学内容与课程;
- 以恰当的形式呈现的知识;
- 获得精确、有效、及时的反馈。

制定课堂惯例。让学生共同制定课堂惯例。与规则不同,惯例是协议、契约或实践标准。课堂惯例的原则包括:

- 所有的技能和流程都是可以学习的;
- 恒心、耐心、毅力是有价值的,也是可以养成和值得期待的;
- 所有的反馈都是建设性的,有利于学生在未来取得成功。

成立监督委员会。选出一些学生,让他们监管课堂权利法案和课堂惯例的实施情况。

使用恢复性司法的方法。利用该方法调解课堂冲突。恢复性司法是一个修复因“违法”或“犯罪”行为造成伤害的过程。它将目标、“违法者”和课堂群体的其他成员汇集到一起,商议如何将消极状况修复和转化为积极状况。经过循序渐进的提问,正义得以恢复。通过弥补伤害,“违法者”对其行为负责,从而可以实现目标,通过协商达成协议。参与者对自己的行为承担责任,事情得以解决。

循序渐进的提问包括:

发生了什么?

如何发生的?

在该过程中,自己扮演什么角色?

自己是如何受到影响的?

还有谁受到影响?

自己需要做什么才是对的?

如何弥补伤害?

2. 培养学生同情心,增长学生智慧

本·迪安(Ben Dean)表明,"智慧是知识和经验的产物,不仅仅是信息的积累。智慧可以协调信息,增加我们的福祉。在社会大环境中,智慧可以让人倾听他人的意见,评价他人的言语,并提出中肯的建议。"[⑦]罗伯特·斯腾伯格强调,当人们运用自己的智慧寻求共同利益、理解自己的行为如何影响他人时,才是明智的。[⑧]从本质上说,当一个人能够平衡好自己和他人以及整个集体的利益时,才会更开心、健康,从而获得成功。

培养学生同情心、增长学生智慧的办法

分配角色。使学生学会合作学习。让每个学生都能够在小组中发挥作用,让学生汇报自己履行职责的情况。同时,要求小组中的其他学生对小组内各个成员的表现给出正面评价。

提供服务型学习项目,让学生为需要帮助的同学提供帮助。

建立合作伙伴机制。帮助学生在课堂、游乐场等建立合作伙伴机制。不同年龄群体的学生每月至少合作一次。合作形式可以包括谈话、阅读、合作完成项目、游戏、拼图、相互帮助完成家庭作业等。

举行募捐活动。让学生调研慈善机构或组织,举办募捐活动。

与机构进行合作,如养老院、收容所,或其他社会服务机构。学生制订计划,在本学年开展帮扶或志愿工作。

3. 营造互助的课堂环境

在互助环境中,师生都可以理解他人的基本需求,如安全感、受欢迎感

和被需求感。教师要确保课程是严谨的，并且每一个学生都参与其中。班级学生相互帮助，人人都能取得进步。

建立互助课堂环境的方法

调动资源。教会学生调动自己的资源。将下面的内容张贴到教室，鼓励学生具有学习的责任感和主动性。

- 充分利用自己拥有的资源(相信自己)；
- 吸取他人(教师、同学、家长以及其他成年人)的优点；
- 使用可利用的材料；
- 提出问题或寻求帮助；
- 寻求更多必要的帮助、信息和资源。

善于表达自己。师生通过介绍、海报或表演展示自己。

知道名字。师生要知道彼此的名字。

了解兴趣爱好。了解生源质量，能够指导教师教学。兴趣调查是搜集信息的好方法。

了解能力。了解每一位学生的能力，开展分层教学和活动，尊重这些差异。

4. 培养学生的元认知技能

元认知实质是指“对于自己思维的思考”。在以学习者为中心的课堂，教师需要将学生的注意力集中于如何思考和处理教学材料以及与教学材料建立某种联系。学生要意识到自己的强项和不足。调整课堂活动和课堂教学可以帮助学生理解意义，解决问题，制定决策，评估自己的效率。注重培养学生思考问题的方式和技巧，可以提高学生的学习能力，增加学生的智力行为。(更多关于元认知的信息见第七章)

形成元认知技能的方法

利用KIQ图表。在每一节课的开始都要提问“你知道什么”“你有什么疑问”，使学习者专注于需要学习的内容。使用KIQ、KWL或者KWI图表。

复述。学生如果能够复述所学内容，学习效果就会更佳。复述信息可以储存记忆。试想，我们可以通过重复记住某个电话号码。这样的重复有利于形成对信息的短期记忆。那些需要长期记忆的信息尤其需要不断重复，直至可以脱口而出。譬如，通过合作解决问题：一方口述问题，另一方倾听并提出问题以使信息更为清晰。

记录思维日志。让学生记录思维日志，在课程中记下自己的观点和想法。这个日志既可以在学习中使用，也可以在会议中使用，还可以在单元学习结束后用于反思学生所学的知识。日志中可以包括"我"的图表的内容。

鼓励反思。让学生在一天内不断反思自己的学习。每节课都留出时间让他们汇报、讨论、辩论和消化新的想法和信息。至少每20分钟进行一次反思。反思可以采用写作、口述或画图表的方式进行。

自我评估。在每单元结束时，让学生进行自我评估。为学生提供一份写有学习目标和学习成果的清单。

利用10∶2/20∶2规则(又称为理查德规则)帮助学生记忆信息，集中注意力，保持活力(见图5.4)。

10∶2(十比二)
或者
20∶2(二十比二)
给大脑处理新想法的时间，并与这些新想法建立联系，大脑才能更好地学习新信息。这个规则考虑到大脑在接收或使用信息之前所需要的时间和信息量。
初级：在10分钟的指导时间内，最多给出2分钟进行讨论、应用或重述所陈述的内容。
中级：在20分钟的指导时间内，最多给出2分钟的时间讨论、应用或重述所陈述的内容。

图5.4 10∶2/20∶2规则

5. 培养耐心、恒心、毅力

生活中需要解决一系列大大小小的的问题。如果没有有用的和有效的策略，是不可能成功应对的。当今，世事变幻，学生必须具备关键技能，方能灵活地发现问题并寻找解决方案。只有拥有恒心、耐心、毅力，学生才能减少冲动、回顾工作以确保准确性。

培养耐心、恒心、毅力的方法

■ 注意对学生付出的努力给予反馈，而不是仅仅注重学生的能力。
■ 给学生一张便笺，让学生写下自己的想法，不需要中断课程。
■ 创建课堂日常记录，让学生知道下一步的任务，以及何时中断课程或改变活动。

- 练习如何控制冲动，在课堂上开展活动培养学生的耐心和毅力。
- 给学生示范如何交互提出问题，如何排队等待，如何听取他人的意见。
- 对于冲动的学生，在其最有可能受到干扰或感到不耐烦时，给他们触觉小工具或抗压力玩具，例如挤压球。
- 教会学生校对和答辩的技巧，譬如，在写数学作业时要学会检查答案，检查写作中的拼写错误，或者让伙伴查阅自己的作业。
- 给学生列举一系列容易出现拼写错误的单词，常见的标点符号错误，常见的语法错误或数学计算错误。
- 在学生交作业前，为他们提供评分标准或评分细则，便于学生自查，确保他们已经完成所有任务。
- 在交作业前，为学生提供一份问题清单，譬如：
  是否已完成所需要做的事情？
  如何确定自己是否达到目标？
  是否已回顾自己做的工作？
  是否有其他人检查我的作业？
- 在一段时间内锻炼学生解决逻辑问题(由简到繁)的能力。
- 让学生解释自己解决问题的步骤。
- 鼓励学生采用多种方式解决问题。
- 在一段时间内，在教室里准备多个拼图，让学生完成拼图。
- 有充足的等待时间。在心里从1数到10是一个方便的办法，能够给学生足够的时间。
- 让学生重做不熟练的作业。

五、利用学习中心和学习站培养学生的自我调节能力

除了上述策略，学习中心和学习站也可以培养学生的自我调节能力。卡罗尔·安·汤姆林森的研究表明：学习中心可以为在课程或者单元学习中需要帮助的学生提供个性化指导。[9]学习中心可以在课程结束后发挥作用。教师通过评估可以发现有的学生仍然没有掌握该策略或概念，有的则已经达到标准。对于处在困难期的学生，学习中心可以强化(或以不同的方

式重新讲授一次)该策略或概念。对于已经掌握了学习内容的学生,学习中心可用于练习、拓展、加强该策略。

(一) 学习中心

学习中心可以是教室里的空间或者虚拟空间,譬如一个文件夹或者网站。学生可以在此收集更多的信息,复习上课的内容,或者学习其他知识。成功的学习中心具有吸引力,讲求互动,允许自我导向的学习。教师训练学生如何利用学习中心,如何独立工作,如何与教师互动,如何及时完成任务。

对于缺乏自我调节能力、不能独立工作的学生来说,学习中心可能不是最有效之举。针对该类情况,在辅导需要重新学习已授课内容的学生时,教师可以让其中掌握了概念或技能的学生利用该中心丰富、拓展或加强学习。

丰富、拓展或加强学习的活动:

- 丰富:专注于研究课题。
- 拓展:在本领域或学科内拓宽话题。
- 加强:与该领域或学科之外的话题联系起来。

示例:在比率和比例的研究中,有的学生需要加强学习,有的学生则很快掌握了该内容。掌握了该学习内容的学生,可以在数学学习中心研究下列话题:

- 在当地媒体中寻找比率和比例在日常生活中的应用。(丰富)
- 研究哪些职业或学科经常使用比率和比例,如粮食买主或人口统计学家。(拓展)
- 比率和比例的滥用。找出滥用比率和比例以欺骗公众的例子,譬如不准确的政治信息或材料。(加强)[10]

(二) 学习站

学习站中的差异化任务,需要学生不断学习、掌握该学习内容或学习策略。在整个课程或一些学习单元中使用学习站,可以促进学生之间的团队合作和协作。并非所有的学生都必须到学习站学习,一些能够迅速掌握知识的学生不用参与进来。教师不妨为那些不需要来学习站的学生设计一个“备用”学习站,亦即“支流”学习站。“支流”学习站包括:

- 作业站:学生可以做任何课程的作业。
- 阅读站:学生可以阅读自己选择的文本,最好是课堂上的材料。
- 丰富站:根据学习内容,为学生提供一个焦点话题(譬如,在天文课上,本站可能会提供有关黑洞的活动)。
- 拓展站:学生探索更多的内容[譬如,在学习《愤怒的葡萄》时,学生可能会听约翰·斯坦贝克(John Steinbeck)讨论他的写作过程]。
- 加强站:学生将学习单元与其他内容领域相联系(譬如,在生物课上,学生可能会了解更多有关传染病的经济成本的信息)。
- 探索站:为学生提供几个毫无关联的词,让他们上网搜索(譬如,在数学课上,可以给出"悲伤""经济""分裂"这几个词)。例如,教师在《经济学家》找到了一篇文章(2011 年 9 月 24 日),该文章论述了全球劳动力市场的动荡。这是一个让学生学会用关键词进行搜索,或查找与新话题相关信息的好机会,可以帮助学生理解知识间的联系。在上述数学例子中,"悲伤"这个词似乎与数学毫无关联。但是,深入调查后,学生可以了解学科内部与学科之间语言使用的广泛程度,尝试将该领域内的一两个术语与其他区域的一两个单词直接建立联系。教师也可以让学生给出一些不相关的术语以测试其他同学。

在更高层级的教学实践过程中建立学习站:

- "与我会面"站:这是一个循环播放网站,在这里,教师有机会单独辅导一小部分学生,提高学生的学习成绩。
- 复习站:学生可以在此使用与新知识相关的各种文本或音频,或扩展已经讨论过的主题。该工作站提供检索文本和音频的服务。
- 理解站:本站的活动考虑到演讲或阅读材料的整体性,有助于加强或挑战学生对主题的理解。例如讨论一个问题或者围绕一个话题写作。
- 应用站:学生在此参与各种等级的计算、编程或实验,旨在让学生将所学策略应用到不同的场景中。
- 分析/评估站:在本站的学习中,围绕主题,向每位学生提出一个问题,要求他们找到问题的答案或者给出解决问题的建议。譬如,在讲授人与环境的互动时,让学生探索新能源,并讨论哪一种能源对当地最有价值。从中遴选出表现最出色的学生。

- 创新/评估站：学生提出解决问题的新方法或想法。在新能源的例子中，学生面临的挑战是想办法说服立法者制定可再生能源的使用规则。在学生维护自己的立场时，教师可对其行为进行评价。

注意：在分析和创新的学习站中，评估是一项综合性活动。

如何在布鲁姆分类法的每个级别分别建立学习中心和学习站，请参见第八章表 8.1。

（三）建立成功的学习中心和学习站的注意事项

在准备创建学习中心和学习站的时候，请注意：

- 确定明确的结果。倘若旨在复习、巩固或者拓展一项技能或一门课程，就要为每一项学习内容创建一个学习中心。如果想讲授新知识，不妨利用学习站。确保学生对学习目标有清晰的认识，才能确保他们知道要学习的对象。
- 让学生动起来。在进入学习中心和学习站之前，学生要学会在教室里进行自我管理。在没有足够的空间时，开动脑筋琢磨可以移除什么，从而提供更多的空间（譬如书桌），或者在同学与小组之间传递文件夹等。
- 制定建立课堂规范或行动协议。当学生在学习中心或者学习站中合作时，他们需要全员参与并懂得为集体做贡献。若想达到最佳效果，每组至多 5 人，至少 3 人。
- 确保学生在任何地点都可以开展这些活动。在创建学习中心或者学习站之前，先尝试与学生一起开展相关的活动。
- 为学生设定明确的目标。在描述每一步目标时，尽量少用文字，多用照片、插图或视频。每一阶段都要预设既定的目标。
- 确保所有活动花费相同的时间，具有同样的吸引力，并且需要付出努力。切勿在高层次的学生中开展无价值的活动。
- 在每一个学习中心或者学习站的学习结束后，进行形成性评估。
- 尽可能为学生提供多个选择。尽量为每个学习站或学习中心提供 2～3 个选项。

- 学习中心或学习站的数量应在可控范围之内。建议将学习站的数量控制在 3～6 个。为了确保每位学生都能进行足够的练习，每种类型的学习站建 2～3 个。譬如，班上有 30 个学生，倘若建立 3 个学习站，那么每种类型的学习站需要建 2 个。

建立成功的学习中心和学习站的关键：

- 准备。仔细考虑每项活动，并确保在学生进入之前已经准备好所有材料。
- 组织。用文件夹装纸质材料，用纸箱或者篮子装其他材料，将所有的器具都放在一起。尤其是当学生从一个学习站进入另一个学习站时，要确保他们知道如何回到原来的组织中。
- 期待。确保学生知道如何在不同的学习站之间转换，知道在每一个学习站中应该做什么，知道如何与他人一起工作，知道如何解决问题，知道在提前完成任务和没有完成任务时应该做什么。
- 流动。教师须穿梭在不同的学习中心和学习站之间，为学生提供支持、指导和鼓励。如果有具有教学经验的辅助教师、课堂志愿者，可以安排一个成年人留在学习站，或和学生一起在学习站之间流动。

学习中心和学习站是一个吸引学生、丰富课堂的有益途径，可以帮助学生实现学习目标。将常规的“教师教学”为主的课堂转换成“学生探索”为主的课堂，对于激发学生的动力、促进学生取得成功具有深远影响。

六、培养学生自我调节能力的五种认识

要想实现自我调节，学生需要具备哪些学习能力？图 5.5 提出了对于培养学生自我调节能力的五种认识。这些认识既可以应用到小组学习活动中，也可以应用到学生的独立学习中。正如本章一直讨论的那样，特别出色的学习者知道如何集中自己的注意力，能够管理、调节和适应自己的情感、行为和认知，帮助自己取得成功。倘若需要了解更多关于培养学生自我调节能力的观点、活动和建议，可以参见《课堂上的自我调节：帮助学生学会学习》(*Self-Regulation in the Classroom: Helping Students Learn How to Learn*)(卡什，2016)一书。

认识 1：内在动机。
热爱学习的学习者通过下列方式获取知识：
- 与擅于鼓励和支持他人的人合作。
- 了解自己对下面各项的需求程度：
  生存；
  爱与归属；
  权力；
  自由；
  乐趣。

认识 2：目标定向。
有目标的学习者拥有更强的动机，可以取得更大的成功，通常情况下，他们对生活的满意度也更高。
- 教师可以利用 SMART 目标帮助学生设立目标：
  具体的(Specific)；
  可测量的(Measurable)；
  指定的(Assignable)；
  现实的(Realistic)；
  及时的(Timely)。

认识 3：自我效能。
自我效能是认识个人能力和组织、执行行动的过程，从而获得达到更高水平所需的技能。
- 体现自我效能感的三种形式：
  行为：完成任务的能力。
  认知：高级思维能力。
  激励：能够引起个人兴趣并感知任务的相关性。
- 通过相关的行为反馈培养自我效能感。

认识 4：元认知。
元认知是对一个人学习过程的认识，涉及：
- 监管过程。
- 在必要的时候做出改变和适应。
- 分析学习策略的有效性。
- 认清努力和学习之间的直接关系(亦称心态)。

认识 5：控制点。
成就水平要么是内在的，要么来自外部。
- 知道成功源于努力的人具有内在动力。
- 没有失败或成功是纯粹的运气。

图 5.5　培养学生自我调节能力的五种认识

以学习者为中心的课堂的学生测评表

作为学生	从不	偶尔	经常	总是
我为自己的学习负责。				
只要我努力进取,我就可以完成我想做的事情。				
遇到不懂的问题,我对自己和别人都有耐心。				
我一直坚持到理解为止。				
在行动之前,我会做出规划。				
在完成任务之后,我会进行反思。				
我使用不同的策略解决同一个问题。				
拥有发散思维,提出新的想法和观点,得到新成果。				

以学习者为中心的课堂的教师测评表

作为教师	从不	偶尔	经常	总是
我帮助学生学习,而不是直接指导。				
我引导学生走向成功,而不是指挥他们。				
我理解并鼓励学生之间存在差异,而不是让学生以同样的方式学习。				
我使用各种教学方法以及干预、评估的策略,确保我的学生取得成功。				
我了解课程内容和课程标准,这样我的学生才能发挥最大的潜力。				
我对所有学生寄予厚望。				

源自:《差异化学习——21世纪的思与学》。作者:理查德 · M. 卡什,教育学博士。2017年版。该页可复制以供学校和地区使用。所有的其他用途,请与自由精神出版社联系,网址:www.freespirit.com/permissions。

① Leong, D.J., and E. Bodrova. "Developing Self-Regulation: The Vygotskian View." *Academic Exchange Quarterly* (Winter 2006).

② Cash, R. M. *Self-Regulation in the Classroom: Helping Students Learn How to Learn*. Minneapolis: Free Spirit Publishing, 2016. Used with permission.

③ Zimmerman, B. J., and A. Kitsantas. "The Hidden Dimension of Personal Competence: Self-Regulated Learning and Practice." In *Handbook of Competence and Moti-*

vation. A. J. Elliot and C. S. Dweck (Eds.). New York: Guilford Press, 2005:509.

④ Zimmerman, B. J., S. Bonner, and R. Kovach. *Developing Self-Regulated Learners: Beyond Achievement to Self-Efficacy*. Washington, DC: American Psychological Association, 1996; Zimmerman, B. J., and A. Kitsantas. "Developmental Phases in Self-Regulation: Shifting from Process Goals to Outcome Goals." *Journal of Educational Psychology*, 89(1) (1997): 29—36.

⑤ Zimmerman, B. J. "Becoming a Self-Regulated Learner: An Overview." *Theory Into Practice*, 41 (2) (Spring 2002): 64—70.

⑥ Dweck, C. S. *Mindset: The New Psychology of Success*. New York: Ballantine Books, 2006: 39.

⑦ Dean, B. "Wisdom" (www.authentichappiness.sas.upenn.edu/newsletters/authentichappinesscoaching/wisdom).

⑧ Sternberg, R. "Schools Should Nurturn Wisdom." In *Teaching for Intelligence*. B. Z. Presseisen (Ed.). Arlington Heights, IL: Skylight Training and Publishing, 1999: 55—82.

⑨ Tomlinson, C. A. *The Differentiated Classroom: Responding to the Needs of All Learners*. Alexandria, VA: ASCD, 2014.

⑩ For more on E^3 and numerous activity ideas, see Heacox, D., and R. M. Cash. *Differentiation for Gifted Learners: Going Beyond the Basics*. Minneapolis: Free Spirit Publishing, 2014.

第六章　教学与学习连续体：通过培养自主性取得成功

成功就是要成为最好的自己，而不是比别人好；失败是一次机会，而不是非难；努力是成功的关键。

——卡罗尔·德韦克，作家，教育家

差异化课程与差异化教学的最终目的是培养学生的学习热情。在差异化教学的过程中，教师必须了解怎样能够让学习者接触到新信息，激发他们进一步调查某个主题的兴趣。当学生能够在没有教师激发的情况下学习大量知识时，学习就变成了自主性的活动。这就是所谓的“自主学习”。让学生学会掌控自己的学习，对自己的学习负责，从而养成学习的自主性。自主学习者能够获得更多相关的学习材料，内在动机更强，收获更大。

每个人都想胜任有意义的任务，这是人性的一部分。一个人的能力可以表明自己是谁，可以增强自尊心，使自己对他人有价值。当一个人有能力理解信息之间的相关性时，他在未来才更有可能获得自主性。自主性有助于一个人取得成功。罗伯特·斯腾伯格指出，当一个人参与到有目的、有意义的任务中时，更容易取得成功。以学习者为中心的课堂环境，有利于提高学生的独立性，改善学生对待学习的态度。在这样的课堂中，学生学会自我导向学习的技能。学习者最终能够形成对内容的依附，从而开始自己真正的学习。

学习者的自主性有时被误解为自我指导教学，独立学习，或者自发性学习。虽然这些都是可以并且应该用于构建学习者自主性的策略，但自主性并非仅指这些策略。为了培养自主性，在教学与学习的过程中，学生要逐渐养成独立的能力。戴安·赫克斯博士等创建了教学与学习连续体，帮助教师指导学生培养更好的学习自主性。本章展示了教学与学习连续体的概念模型，介绍其框架，以及每个级别包含的针对教师或学生的各种活动和评估。

一、何谓教学与学习连续体

教学与学习连续体旨在成为帮助教师培养学习者自主性的指导框架。学生可以根据自己的需求，不同程度地使用该模型。随着新的技能和内容的引入，学生一旦掌握这个模型，可以重新回到较低水平。

譬如，在高中公民学课上讲授法院系统中的种族差异时，使用该模型，教师可以从直接讲授法院网络的结构、系统和词汇（教学指导）开始。让学生结成学习小组，调查一个特定国家相关法律案件的数量、案件的结果，以及所有案件的种族统计数据（促进指导）。让学生按小组汇报自己的调查结果，并得出结论（辅导教学）。该项活动的拓展可以让一些学生根据课程结果进行独立研究。整个过程中，学生将教师视为咨询者（咨询指导）。最终，学生把自己独立的研究成果展示给真实的观众，根据观众的建议改变行动。真实的观众包括该学科中的专业实践人员、信息投资人员，或提供工作目标和工作指导的人员。对于每个项目，观众将根据工作和所需的反馈更改项目。

向真实观众展示的示例

- 向该领域的专业人士展示；
- 向专业组织展示；
- 为出版物（电子和印刷）写作；
- 参加竞赛；
- 在教室或学校外进行公开展示。

教学与学习连续体模型可以帮助教师学会如何与学生一起设计学习目标，如何调整指导方法，如何设计和实施评估。在不同的阶段，学习目标、教学方法和评估会有不同的变化。学生和教师不会局限于任何一个特定的策略和方法。这些方法旨在指导学生养成学习自主性。

二、为何要养成自主性

培养学习者的自主性不仅有利于学生学习，也可以使教师得到更好的发展。

（一）自主性对学生学习至关重要

21世纪的学习者，要么是消极的接受者、死记硬背的“知识库”，要么是操纵知识和想法以创造新的想法和产品的人。学习不是对教学的回应，而是真实地参与和应用知识。今天的学习者需要具备能够在21世纪进行自主学习的技能、态度和信心。

自信是一种重要的生存技能。缺乏自信的学习者很难取得成功。在许多情况下，学习者没有养成必要的技能，例如规划、组织和监管学习进度，而这些技能对他们获得成功至关重要。许多学生缺乏自信，因为他们缺乏培养自我导向能力的机会。在用教学与学习连续体的模型指导学生的过程中，学生可以不断学会掌控自己的学习，为自己的学习负责，从而增加自信心。

随着学习者在学习中建立自信，他们也会：

- 更加渴望挑战学术；
- 意识到自己的学习优势；
- 具备计划和监控目标的能力；
- 增加批判性推理技能、解决问题的策略以及创造性思维生成的使用；
- 对进一步调查具有强烈的好奇心；
- 拥有取得成功的动力。

（二）自主性对教师发展至关重要

著名的动机理论研究者理查德·瑞安（Richard Ryan）和爱德华·德西（Edward Deci）表示，“支持自主学习（与控制学习相反）的教师能够更好地激发学生的内在动机、好奇心和对挑战的渴望。”① 促进、指导、支持、关怀以及鼓励学习者蓬勃发展的教师，能够培养自主学习者。这些学习者通过其他学习方法，以及更强的创造力，学习课外知识。要想形成这样的局面，就要求教师具备教学和指导以外的其他技能。

鼓励学习者自主性的课堂可以帮助教师提高差异化教学的技能。差异化教学的真正目的在于指导学生取得更大的成功，具备更多的能力。多层支持系统和干预反应模型也使用这些策略和干预措施，培养学生具备更强的独立性和自主性。在学习者逐渐具备自主性的过程中，教师将担当新角色，即教师培训者、引导者和顾问，关注个体学习者的需要。

三、教学与学习连续体的框架

教学与学习连续体模型建立在教师如何教和学生如何学的研究上，该模型已经有几十年的历史。它综合了最为有效的指导、学习和评估策略。逐步释放权力模式、自我决定理论、心态理论是该连续体的基础。

（一）逐步释放权力模式

逐步释放权力模式是教学与学习连续体的模式之一（见图 6.1）。这种模式经常与识字教学联系在一起，为学生学习下列内容提供帮助：

（1）教师展示一种策略；

（2）教师在大型集体活动中指导学生实践；

（3）学生在小群体中独立实践；

（4）学生独立运用该策略。

逐步释放权力模式已经成功运用多年。随着支持和帮助逐渐被移除，最佳学习效果得以实现，学生也养成了学习的责任感。

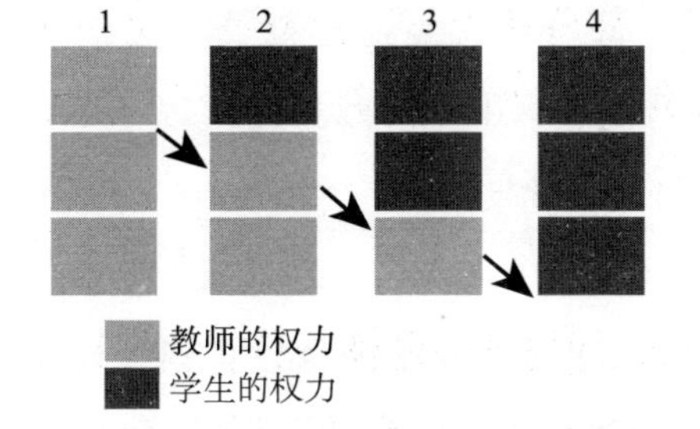

图 6.1　逐步释放权力模式[②]

（二）自我决定理论

自我决定理论是人的一种动机理论。该理论建立在对生存、相关性和能力的心理需求的基础之上。[3]在自然的成长和发展过程中，个人根据生活经验建构自我意识。一个人的自我决定意识愈高，他就愈自信，表现愈好，拥有更强的毅力、创造力和自尊心，能够保持全面健康的发展。

学生能力和自我调节

当学生有足够的经验和能力学习新技能时，他们就会动力十足。当学生意识到新的技能和知识可以提高自己的生活质量时，他们便形成了内在成就动机。内在成就动机是指一个人对成功的渴望和需求。此外，当学生与他人合作，取得成功时，他们就会获得力量。（对动机的深入分析，见第四章）

第五章列出的每一种自我调节技能都可以成为周期性提高学术能力的方法之一（见图 5.3）。教师可将这种设计自然地嵌入教学与学习连续体模式中，使其成为培养学习者自主性的指南。

随着学生对教学与学习连续体掌握程度的加深，他们获得的技能就随之增加。实践、强化和应用这些自我调节策略，可以使学生的学习能力得到提高、学习的自主性得以加强。

（三）心态理论

正如第五章讨论的那样，卡罗尔·德韦克指出，人们认为自己的能力是固定的或不断成长的。那些认为自己的能力是固定的人，将这些特征描述为“你拥有或者不拥有它”。那些认为能力可以不断成长或具有可塑性的人，相信可以通过努力完成任何事情。

成长思维

学习者通过描述性、建设性的反馈可以意识到自己的进步和成功，从而逐渐掌握该技能。一旦拥有成长思维，学习者就会：

- 形成学习的整体性；
- 激发创新性思维；

- 通过与他人的合作增强归属感;
- 专注于自我定义而不是他人的定义;
- 掌控自己的学习。

教学与学习连续体模型通过相关且有意义的任务、描述性和建设性反馈,以及逐渐要求提高真实性(实际应用)的学习活动,逐步提高学习者的能力,从而培养教师和学生的成长思维。

四、教学与学习连续体模型的四个等级

教学与学习连续体模型为教师提供了一个框架,帮助建构从教师控制转变为学生自主学习的教学、评估体系,这对教师在教学中指导学生在各个阶段的进展大有裨益。下列意见可以帮助教师加快进展。

(一)1级:指导教学——教师规定,学生行动

在指导教学级,教师掌控学习进度,控制需要学生理解的内容和活动。在教师的指导下,学生的参与是有限的。广义来说,学生通过获取信息来回忆、传递、练习事实性和程序性知识,并为学习概念性知识打下基础。

许多人可能会建议教师在这个层级进行“直接指导”。然而,“直接指导”并不是指学习者消极地参与学习,相反,学生正在积极准确地理解内容的核心思想和概念。教师帮助学生:

- 学习该学科的常用语言;
- 理解课程词汇;
- 收集技能和流程。

譬如,介绍一项新技能时,教师可以为学生展示技能,让他们准确地看到接下来的进展。或者,在讲授文艺复兴这个单元时,可以给学生分享一些艺术品和音乐作品,帮助他们更好地了解那个时期。

通过指导教学,学生能够理解本单元的观点和概念。学生与先前的学习经历建立联系,形成主题意识,找出新信息的独特性和共性。在这个等级,教师直接指导并规定具体的自我调节技能及其发展。

这是一个非常重要的学习过程,尤其是对于那些来自非英语国家的学

生或者生活贫困的学生。学生学习学术语言,为深入学习奠定基础。表6.1展示了这一级别的学习结构。

表6.1　1级:指导教学

学习目标	指导	活动	评估
教师: ■ 根据州或省的标准制定学习目标 ■ 根据州或省的标准决定学生的需求 ■ 制订集体计划 ■ 制订教学计划,使学生实现相同或相似的目标 ■ 明确划分班级或小组	■ 教师讲课,给出练习,安排和监督学生的应用(指导实践) ■ 教师为学习提供了结构、方向、具体明确的目的 ■ 教师侧重于明确相关的教学要点 ■ 教师在学生独立工作之前解释和示范"是什么、怎么做、为什么" ■ 学生可以从教师提供的选项中选择活动	■ 全体直接指导 ■ 全体观察	■ 教师对学生进行评价 ■ 教师使用既定标准 ■ 教师对特定的步骤和表现给出反馈 ■ 教师为学生实现目标提供信息 ■ 学生根据教师制定的标准进行自我评估

(二)2级:促进教学——教师差异化,学生实施

在促进教学阶段,学生可以更加积极地参与其中,教师在学习中的主导地位逐渐减弱(见表6.2)。教师仍然是课程的教学管理者,控制着教学和评估的过程。

教师根据标准设立学习目标。为了达到各种各样的标准,教师需要传授学生跨学科知识。在这一层级的教学过程中,教师可以通过开放式提问和讨论提高学生的参与度。这种互动活动可以鼓励学生分享自己的想法和观念,挑战信仰和观点。此外,学生可以培养倾听、提问和思考的技能,这对于构建更高级别的教学与学习连续体至关重要。

不能过分强调这一层级的重要性。在促进教学阶段,只有在教师的支持和引导下,学生的独立性才能增强。学习者进行智力冒险、实践自我调节技能,扩展和培养自主性。学生开始相信自己拥有学习和实践方法。

表 6.2　2 级：促进教学

学习目标	指导	活动	评估
■ 教师根据所在州或省的教学标准制定具体目标 ■ 教师根据数据确定学生的具体目标	■ 控制学生的学习节奏 ■ 提供开放式任务 ■ 建立灵活性指导小组 ■ 模拟 ■ 解决问题和做出决策 ■ 选择内容、过程或成果 ■ 基于问题的学习 ■ 社交研讨会	■ 小型集体活动 ■ 教师构建学习小组 ■ 合作学习小组	■ 教师根据标准评估学生的表现 ■ 教师对内容、过程和成果提供反馈 ■ 根据共享标准对学生和同伴进行评价 ■ 把学生和同伴的评估报告交给教师

（三）3 级：辅导教学——教师与学生的投入不同

在辅导教学阶段，教师和学生的角色发生了彻底的变化（见表 6.3）。辅导是一种教学技巧。教师观察学生的任务完成情况，提供反馈以提高学生的绩效或纠正学生的缺陷。提高行为表现的有效反馈，是这一级的重要组成部分。

表 6.3　3 级：辅导教学

学习目标	指导	活动	评估
■ 所在州或省的标准以及教师和学生制定的目标 ■ 教师根据学生的优势为学生提供信息，明确学生个人的学习目标 ■ 学生有机会追求与自己的学习偏好、兴趣相关的其他目标 ■ 学生对特定目标承担主要责任	■ 学生对完成特定学习目标承担主要责任 ■ 教师是鼓励者 ■ 教师对技能、过程、反馈和指导提供必要的资源和引导 ■ 让学生自我选择 ■ 引导探究 ■ 提供开放式选择 ■ 压制和加速 ■ 进行主动体验式学习	■ 独立的学习活动 ■ 灵活选择分组 ■ 学习中心 ■ 丰富、拓展、加强选项 ■ 服务型学习项目 ■ 基于学生选择的小组（特殊兴趣组：SIGs） ■ 教师指导的研究和报告 ■ 基于项目的学习 ■ 合作学习小组	■ 教师和学生定期协商、监控进度，评估工作进展，找出需要改进的地方并进行修改 ■ 教师和学生根据商定的标准进行评估

教师的角色从支配学生学习的内容和方式转变为调解和支持学生学习。在辅导教学阶段,教师指导学生思考、交流、收集数据和分享、分组配置,从而参与学生的学习。教师提供描述性反馈以帮助学生自主学习,监督和强化学生的自我调节策略,从而促进其更好地提高自我效能。

在辅助教学阶段,教师的主要目标是通过开展下列活动和任务,培养学习者的目的感、归属感和意义感:

- 提供更大的真实问题;
- 投入情感;
- 挑战和测试学习者的信念和观点;
- 反映"现实世界"的复杂性;
- 产生歧义;
- 要求学习者培养和使用高级的思维工具;
- 鼓励使用其他的评估方法;
- 对内容和学习过程提供反思的机会。

(四)4级:咨询教学——教师管理,学生设计和指导

一旦学生能够指导自己的学习过程,他们就进入了教学与学习连续体模型的咨询教学层面(见表6.4)。教师和学生的角色在此发生了巨大转变。学生成为自己学习的发起者和设计者,教师提供意见和建议,但是不再从专家的角度提供指导,而是变成熟练的反馈提供者和顾问。

在该层级中,教师作为顾问帮助学习者学会应用在初级学习过程中养成的自我调节策略和自主学习能力。学习者把握和负责制订、实施、评估学习计划。

表6.4　4级:咨询教学

学习目标	指导	活动	评估
■ 学生根据教师的建议、指导以及自己的需求和兴趣确定目标	■ 学生发起任务,识别并解决出现的问题,独立面对挑战 ■ 教师担任咨询顾问	■ 自我导向学习 ■ 爱好项目 ■ 真实的研发	■ 学生参与确定标准和对表现的评估 ■ 教师就标准提出建议并提供反馈

续表

学习目标	指导	活动	评估
■ 教师与学生一起制订行动计划,学生承担责任,为目标负责 ■ 基于学生学情的目标	■ 提供课堂和学校以外的资源或导师 ■ 扮演知识的生产者 ■ 将创新、转型的内容展现出来 ■ 自我意识、自我倡导、自我决定和适应力是成功的核心 ■ 任务分析 ■ 假设性思考 ■ 个人批评 ■ 需要维护思想和工作 ■ 具有人才发展的个人责任感和作为学习者的角色	■ 基于问题的研究	■ 批判性反思

五、形成自主性的评估

教师可以通过提供适当的干预和评估策略培养学习自主性。学生的学习责任更大,因为他们需要:

- ■ 设定、监控、管理和评估自己的目标;
- ■ 做出选择并表达出来(例如,自己需要什么,如何实现);
- ■ 协商学习过程;
- ■ 利用科技。

教学与学习连续体中有一种可以培养学习者自主性的评估模式(见表6.5)。随着学习者上升到咨询层面,评估自然会从基于单一学科转变为基于多学科的项目和表现。评估也从模仿(事实知识的再生测试)转变为真实的表现(有用的原始产品)。思维从“双边”“趋同”(是/否问题)扩展为“多边”“分歧”(有多个正确答案的问题)。学习者开始从合作或独立工作发展到社会互动,从被动学习发展到社会行动。

通过使用教学与学习连续体,教师可以确定自己正在使用差异化教学的方式以培养学生的自主学习能力。表 6.5 给出了该模式各个阶段的许多示例和想法。在回顾整年课程的过程中,教师可以将该模式作为指南,譬如,作为自主学习的指南,或者描绘出本单元的学习内容以培养学生的自主学习能力。在某些情况下,教师可能会发现该模式的不同阶段之间会有重叠,各个阶段之间没有清晰的界限。学生要想提高自主性和自我调节能力,必须经过一系列的学习过程。

此外,教学与学习连续体的设计包括第四章中概述的三种评估形式,从诊断(预评估)到形成(形成性评估)到总结(总结性评估)。

表 6.5　形成自主性的评估

TLC 等级	知识等级	评估类型		
		预评估	形成性评估	总结性评估
咨询 学生设计评估方案以提升、监管和评价自己的学习过程	自我调节* ■ 创建 ■ 批判 ■ 生产 ■ 延伸 ■ 假设 ■ 发明 ■ 建立 ■ 起源 ■ 撰写 ■ 转变	■ 通过以学生为导向的调查发现问题 ■ 设定个人目标 ■ 制定提案	■ 案例研究 ■ 提出假设 ■ 更新个人目标 ■ 借助网站 ■ 进度报告 ■ 专家反馈	■ 学生设计的量规 ■ 学生设计的产品 ■ 观众或者专家的评定
辅导 教师和学生一起设计评估方案	概念 ■ 评估 ■ 连接 ■ 设计 ■ 解构 ■ 支持 ■ 分化 ■ 适应 ■ 检查 ■ 辨析 ■ 推理 ■ 分析 ■ 整合 ■ 测试	■ 兴趣调查 ■ 协议 ■ 自我预评估	■ 实验室或实验 ■ 论文陈述 ■ 自我评估、进度报告 ■ 论坛 ■ 模拟 ■ 维基 ■ 互惠教学	■ 教师和学生协商设计的量规 ■ 教师和学生协商设计的产品 ■ 自我评定 ■ 同伴评审 ■ 文件夹 ■ 研究报告 ■ 完成合约
促进 教师为个别学习者或小组制定评估方案中的选项	步骤 ■ 构造 ■ 证实 ■ 执行 ■ 区分 ■ 解决 ■ 解释 ■ 原因 ■ 说明 ■ 理解 ■ 解读 ■ 类推 ■ 意译 ■ 重新设计 ■ 预测	■ KWL 图表 ■ 引导性提问 ■ 小组讨论 ■ 思维导图	■ 讨论 ■ 反思 ■ 示范 ■ 家庭作业 ■ 调查 ■ 出场卡 ■ 口头陈述 ■ 游戏 ■ 签到	■ 主观性评估(开放式文章) ■ 海报 ■ 研究论文 ■ 教师设计的量规 ■ 辩论 ■ 小组项目

续表

TLC 等级	知识等级	评估类型		
		预评估	形成性评估	总结性评估
	■ 预测 ■ 代表 ■ 地图 ■ 改组 ■ 联系 ■ 总结 ■ 显示 ■ 翻译 ■ 检查 ■ 应用 ■ 探索 ■ 发展 ■ 范畴 ■ 显示 ■ 分类 ■ 执行 ■ 澄清 ■ 实行 ■ 比较 ■ 模型 ■ 结论 ■ 解决 ■ 对比 ■ 使用	■ 学习风格、模型、偏好清单	■ 电子布告栏、电子聊天	■ 评估站
教导 教师根据学生的整体学习情况给出评估	事实 ■ 召回 ■ 识别 ■ 记住 ■ 标签 ■ 校验 ■ 列表 ■ 响应 ■ 定位或寻找 ■ 匹配 ■ 名称 ■ 选择 ■ 背诵 ■ 定义 ■ 说 ■ 描述 ■ 告诉	■ 教师设计的预测试	■ 测验 ■ 家庭作业 ■ 练习性考试 ■ 课堂参与 ■ 表现评定	■ 客观评估（多项选择，对或错） ■ 标准化测试

* 注意：在这个表格中，自我调节作为第四个知识维度代替元认知。

教学与学习连续体（TLC）

咨询			
教师的角色	学生的角色	独立程度	学习重点
关于学习计划的建议	进行自主学习	自主性	元认知 自我意识
■ 根据需要提供咨询和反馈	■ 制订、实施和完成学习计划 ■ 在必要和适当的情况下寻求建议 ■ 生产、呈现和评估	学生独立： ■ 制订学习计划 ■ 监控进度 ■ 文件处理和文件进展 ■ 在必要和适当的情况下寻求建议 ■ 总结学习	学生： ■ 评价 ■ 批判 ■ 创造 通过创建新的真实的计划、想法和产品来完成

咨询			
教师的角色	学生的角色	独立程度	学习重点
	■ 提高自我效能	■ 真实地呈现结果 ■ 评估过程和结果	

辅导			
教师的角色	学生的角色	独立程度	学习重点
监督和保证学习进度	提炼技能,加深理解	合作	概念
■ 反馈,会议 ■ 指导练习 ■ 资源渠道	■ 倾听、思考、实践、重试 ■ 重新思考、修正、反思、提炼、再循环 ■ 培养自我调节	学生陈述,教师提炼: ■ 问题 ■ 设计 ■ 时间线 ■ 过程 ■ 评价标准	学生: ■ 应用 ■ 分析 ■ 创造 通过应用分析的信息来确定或形成新的想法。

促进			
教师的角色	学生的角色	独立程度	学习重点
为学习提供框架和便利	积极参与构建框架、审视和延伸意义	引导	程序
例子: ■ 讨论 ■ 基于问题的学习 ■ 问题(开放式) ■ 苏格拉底研讨会	例子: ■ 听、问、思考、解释 ■ 提出、明确问题,解决,评估 ■ 回答并解释,反思,重新思考 ■ 考虑、解释、挑战、证明	教师提供选择,学生: ■ 从主题中做出选择 ■ 完成开放式作业 ■ 提出和解决问题 ■ 遵循预设的时间表 ■ 根据准备的标准进行自我评估 ■ 培养解决问题的能力 ■ 记录过程中的每个阶段	学生: ■ 理解 ■ 应用 通过翻译、解释、组织和应用信息来完成

教导			
教师的角色	学生的角色	独立程度	学习重点
提供直接指导	被动参与，接受，吸收和回应	引导	事实
例子： ■ 展示或者示范 ■ 演讲 ■ 问题（聚焦于趋同思维）	例子： ■ 观察、尝试、练习、提炼 ■ 听、看、记录、提问 ■ 回答，给出回应	教师建构，学生： ■ 做出选择 ■ 找出答案 ■ 利用资源 ■ 计划时间 ■ 使用批判性和创造性思维的基本要素 ■ 设定目标 ■ 贯彻 ■ 讨论目标完成情况	学生： ■ 记忆 ■ 回顾 通过验证事实知识来完成

基于理查德·M. 卡什和戴安·赫克斯 2008 年的工作。

① Ryan, R.M., and E. L. Deci. "Self-Determination Theory and the Facilitation of Intrinsic Motivation, Social Development, and Well-Being." *American Psychologist* (January 2000): 68—78.

② Based on Pearson, P.D. and M. C. Gallagher. "The Instruction of Reading Comprehension." *Contemporary Educational Psychology*, 8 (1983): 317—345. Adapted by Richard Cash and Diane Heacox, 2008.

③ Ryan, R.M., and E.L. Deci. "Self-Determination Theory and the Facilitation of Intrinsic Motivation, Social Development, and Well-Being." *American Psychologist* (January 2000): 68—78.

第二部分

将思维技巧应用到课堂中

在实施差异化教学时，教师传授给学生学习方法。学生通过对内容进行批判性和创造性地思考，通过解决有意义的、与生活相关的问题，实践这种学习方法。以下五章给出了对基本思维技能的理解，并给出培养学生掌握思维技能的教学方法。

第七章　思维型课堂

除了家庭作业，还会给学生布置一些回家思考的问题。家长欣赏这样的教师。

——伊迪丝·安(Edith Ann)(一部电影中的人物)

进入21世纪以来，世界日益复杂化，这更加需要学生成长为积极的思考者。每天新的问题层出不穷，解决方案也更加复杂。在相对较短的时间内，科技也有了较快的发展：

■ 第一代iPad于2010年在美国发售；

■ 2004年之前，Facebook和Twitter等广泛使用的社交媒体网站还没有出现；

■ 2007年，电子阅读器如Kindle等才开始流行；

■ YouTube是2005年出现的一个"革命性"概念；

21世纪初尚未存在的一些工作，如搜索引擎优化策略师、社交媒体经理、博主、应用设计师、内容开发员，现在出现了井喷式增长。

根据"未来研究"(IFTF)的相关调查，未来：

■ 人类的寿命延长，这意味着到2020年劳动力市场的竞争更大；

■ 科技能够扩展我们的能力，这意味着自动化将消除重复劳动；

■ 对计算和数学的需求增大，这意味着数据将使人类社会更有效率、更复杂；

■ 新的通信工具不断升级换代，这意味着学生需要有多种形式的交流，尤其是视觉形式的交流；

■ 组织机构极度扩大，这意味着未来的工人将参与更多互动，要有较高的生产效率和良好的创造力；

■ 世界各国之间的联系更加紧密,这意味着美国和欧洲将不再是未来就业增长、创新和政治权力的核心。

世界的扁平化和不断缩小使协作和合作的需求越来越大。不幸的是,自动化和新技术的发展使我们依靠机器进行思考变得更加便利,这就引起了我所说的"智力懒惰"。学生依靠科技解决问题、计划和安排自己生活,或者更简单地让科技告诉自己该如何饮食,其本质是让科技替他们思考。随着时间的推移,学生变得不愿意思考。为了克服"智力懒惰",教师一定要把思维训练融入日常的教学实践中。

除了这些变化,教师的角色也在发生变化。教师不再仅仅讲授既定的知识,与此相反,教师需要成为学习的促进者,为孩子面对未来做好准备。

一、未来劳动力所需的十大技能

"未来研究"的调查表明:全球化的不断扩大,智能机器和新媒体的进步,正在重塑未来劳动力取得成功必备的技能。基于"未来研究"和其他组织的研究,我们精心制作了一份包含十种技能的清单,教师不妨将之融入课堂之中。①

(1) 灵活性。告知学生思维和行为灵活是适应未来快速变化的必要条件。

(2) 社会意识。能够"阅读"社会景观,根据需要进行调整,并以有意义的方式与社会建立联系的学生,在未来更有可能对自己所在的职业领域产生大的影响。

(3) 跨文化能力。未来劳动力全球化的趋势加强,这就要求工人能够在不同的文化背景中工作。

(4) 概念思考。不仅仅是对事实的思考,工人还要超越特定的内容,融通不同的内容领域,这就需要学生能够从概念上进行思考。

(5) 适应科技。随着科技的扩展和精细化,工人将创造新的媒体形式并利用新媒体发展经济。

(6) 创造性。超越"知识消费"、具有创造新观念的能力是成功的关键。

(7) 自我调节。随着科技的发展和信息的不断增加,学生必须学会平衡自己的情感、行为和认知，避免分心，坚持不懈，直至完成任务。

(8) 解决复杂问题的批判性推理。发散思维和求同思维都是解决未知问题的必要条件。

(9) 沟通。除了面对面，学生还要学会利用各种媒介和科技高效地工作。

(10) 复原能力。学生必须学会如何从错误或失败中走出来，从中吸取教训，然后继续产生新的想法。

要求学生"现在，想一想这个……"时，他们的想法有的令人感到惊讶，有的则令人非常沮丧，因为他们不能进行深入思考或者提出新的想法。教师在授课中可能忽略了给出知识框架或情景，供学生思考。本章将指明何谓思考，分享一些有思想的学生的特征，并为教师设计课程提出建议，以鼓励学生更好地进行思考。

二、何谓思考

思考是利用信息得出结论的思维过程。为了让学生更好地思考，必须给他们搭建能够帮助其更熟练进行思考的框架。学生在任何特定的时间里都可以表现为四种不同类型的思考者。

四种类型的思考者

接收者是那些当面摄取信息的人。他们不分析或验证信息，只是生硬地接收信息。

直觉思考者利用自己的直觉验证思想。他们根据过去的经验评估接收的信息，然后据此做出决定。这种思考者通常会批评权威。

序贯思考者将信息放置在一系列标准中进行解释，譬如，规则或程序。序贯思考者首先需要花费时间循序渐进地思考问题，然后根据信息形成自己的观点。该类型的思考者可能会过度思考信息或花费太多时间去寻求解决方案，并且难以得出结论。

最后是关联思考者，他们能够将一个学科中学到的东西与另一学科的知识联系起来。这些思考者考虑了他人的观点，思想开放，为人公正。他们透过事实,寻找新的视角来解释行动的隐藏含义。我们应该在课堂上培养关联思考者。

三、发散思维与求同思维

思维分为不同的类型,主要包括发散思维和求同思维(见图 7.1、图 7.2)。两者都有各自的适用领域。

发散思维能够产生和创造新的、富有想象力的想法。当一个人从惯常的思维方式"发散"开来,试图找到一个以上的正确答案时,就是在使用发散思维。

发散思维者的指导原则:

- 保持开放的心态。在全面考虑之前,不要批评和评判某个观点。
- 有许多想法。可以选择的想法越多,结果越好。
- 接受所有的想法。永远不知道何时何种想法会发生作用。
- 使用所有的感官。用眼睛、耳朵、鼻子、嘴和皮肤进行"思考"。大脑通过感官获取信息,利用感官开拓多种思路。
- 把问题留在第二天解决。有时候最好的解决办法往往是在睡醒之后得出的。
- 承担风险。走出"舒适区",大胆地去探索未曾到过的地方。
- 听取他人的想法。倾听别人的想法,并进行补充和详细说明,或者把自己的想法附加到他人的想法上。

求同思维是通过一系列逻辑步骤推理出正确答案的思维方式。求同思维和发散思维并非对立。虽然发散思维可以寻求多个答案,但最终仅需要找到解决问题的一个答案(求同思维)。

求同思维者要牢记的原则:

- 明确问题。找出需要解决或分析的问题。
- 评估解决方案。仅仅找到解决方案是不够的,还需要知道方案的有效程度。
- 查看所有选项。这次的解决方案可能与之前不同。
- 反思。不断问自己:"这样有用吗? 能解决问题吗?"

■ 把问题留在第二天解决。有时候最好的解决办法往往是在睡醒之后得出的。
■ 积极乐观。不要批评自己的想法或别人的想法。寻找所有想法的优劣之处。

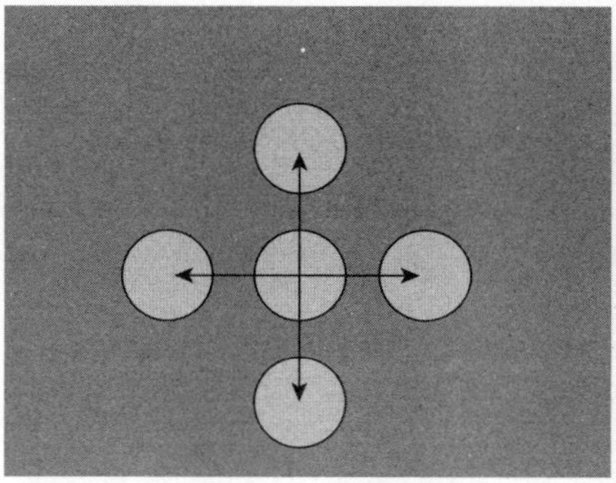
图 7.1　发散思维

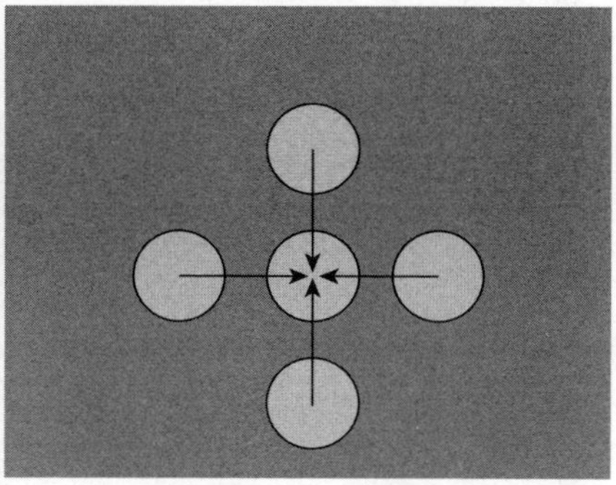
图 7.2　求同思维

四、思维型学生的特点

思维型学生具有以下特质：
■ 开放性。具有丰富的想象力，对自己和他人的感受保持警觉，充满好奇心，喜欢多样化。
■ 自我控制能力较强。能够在内部和外部寻找解决方案，并认为这些想法是无限的。
■ 自发性。摆脱了自己的感情束缚，愿意相信自己的直觉。
思维型学生希望：
■ 具有灵活性。像运动员一样，能够用新颖的、不同的方式改变和思考事物。
■ 具有适应性。能够把学到的东西运用到新的环境或问题中。
■ 成为智力冒险者。愿意尝试新的思路或行动。
思维型学生能够容忍：
■ 模糊性。可以理解问题和情况的不确定性。
■ 复杂性。能够意识到任何特定的情况或问题都有许多不同的层次、视角和观点。

- 无序性。理解、尊重和预见生活的不可预测性。

最终,思维型学生:

- 拥有完成任务的学习动机。
- 坚持不懈。
- 不期望立即得到满足或完成任务。

五、思维型课堂的特点

便于学生有效思考的思维型课堂具有以下特征:

- 鼓励智力独立。鼓励并期望学生思考课外内容。
- 促进大脑发育。课堂的各个层面都支持和关心学生的基本需求,并提供更多的认知成长。
- 允许并鼓励智力冒险。鼓励学生开发智力,探索新的学习领域。
- 消除刻板印象、偏见、压迫和欺凌。学生感到舒适。
- 延迟满足。思维型课堂的重点是努力工作,而不是立即得到回报。
- 培养人际关系,形成学习群体。所有学生都能感觉到自己是课堂或者学习群体的一部分。人人都能为集体做贡献。
- 营造支持性的环境,让所有学习者都能进行选择,具有控制权。这些选择对学习者意义深远,学习者必须感觉自己有权做出选择。
- 培养学习者的学习责任感。教师的工作是教书,学习者的任务是学习。
- 愉快、有趣。学生渴望留在教室,这可以通过幽默、愉快的活动实现。

六、思维型课程的特点

思维型课程包括以下特征:

- 专注于学习目标。学生清楚地知道自己将要学什么,在每节课中能够学到什么。
- 提出基本问题。该单元是围绕值得研究的基本问题设计的(见第二章)。

- 基于概念。单元设计要具有宏观概念。
- 提供“脚手架”，培养学生独立学习的能力。为学生提供足够的模型、实践和独立学习的机会，使学生能够自主学习（见第六章）。
- 提供相互关联的学习。单元知识是跨学科的，或者是跨课程的。
- 激发情感参与。学生发现参与学习任务或讨论的情感原因（喜悦、信任、惊讶、期待和兴奋）。
- 给出有混淆项的答案。有时，并不是所有的答案都是可用的，期望学生做进一步的调查以解开谜团。
- 引入挑战学生信念、理解或先前知识的问题。问题的交流激发了学生的情感，促使学生采取行动。
- 有进一步询问和调查的空间。有些学生可能有兴趣在一个学习单元内寻找其他信息。应为此类研究提供资源和材料。
- 与学习者自身相关联。学生应该探索对自己有意义的、与自己现在的生活相关的内容。
- 借助真实的教学用具，提供真实的学习机会。只有在教学工具有用，并通过使用者和本领域内的专家评估时，才会产生最佳的学习效果。
- 对所有学生都有挑战性，能够培养学生的能力。培养能力就是培养信心。所有的学习者都希望能够胜任有意义的任务。
- 包含以学生学习为中心的评估和评价。为了提高学习成绩，学生应该清楚自己学习的不足之处、所处的层次，以及自己与目标的距离。
- 在每次学习体验中进行反思性实践。所有学生都需要时间思考所学内容。教师不妨在课堂上留点时间给学生做笔记，让学生参与讨论、记录所学的知识。

有关思维型学生、思维型课堂和思维型课程的特点清单可以用作教学前、中、后的指南，也可以作为思维型课堂预期内容的一般指导性原则。学生可以用这份清单检测自己的思维。在设计单元、课程和活动时，教师可以参照课程清单，也可以与家长分享该清单，向家长展示课堂预期内容。

七、培养高层次思考者的方法

思考如同走路，是一个自然的过程。正如婴儿，从学迈步开始（日常思考,譬如,穿什么衬衫、吃什么午饭、什么时候睡觉等),之后学会跑步(高水平的思考,譬如,在道路关闭时走哪条路线,或者如何应对墨西哥湾的石油泄漏事件)。

虽然人类的大脑是为思考而设计的,但高层次思维水平却出现在大脑中相对较新的区域。人类的大脑已经从解决简单的日常生活问题,进化到对更高层次问题的思考及解决。高层次思维发生在大脑皮层或"新脑"(额叶和前额叶皮层)。

所有学生(不仅仅是有天赋的学生)都能够进行高层次思考。如同学习走路需要练习一样,培养思维也是如此。一名优秀的跑步者需要体力和耐力以保证跑得更快、更远,培养思维也是如此。教师应该指导学生达到高层次思维水平。

(一) 方法1: 明确教学思维技巧

学生自己不能进行批判性或创造性地思考,也不会仅仅因为被要求这样做而学会批判性或创造性思考。教师需要通过介绍思维技巧来开展培养创造力的活动。在讲授技能的过程中,教师对每一项技能都要进行详细的讲解,使学生知道这些是他们拥有的特定工具,并且可以在不同场合择机使用,譬如,在学校,在家里,在工作中。学生需要了解每种技能的最佳使用方式,还需要练习技能,接受技能指导。教师要向学生展示这些技能的使用背景和形式。

教学思维能力:156~157页的课程格式模板可以帮助教师直接传授思维技能或策略。有关示例,请参见图7.3。

(二) 方法2: 运用指导性思维

指导性思维能够帮助学生改善思维,在开始阶段了解学生的想法,在整个学习过程中对学生的思维进行监管,并在结束时了解学生取得的成绩。形成性评估是一种使学生从本单元的起始到结束都能够令自己的思维过程保持一致的好方法。单元内的活动能够吸引学生积极思考,处理重要的观点、主题和问题。第157页给出了空白的指导思维模板。特定主题的示例,请参见表7.1和表7.2。

思维能力：SCAMPER 重点活动： 展示智能手机、电话和两个用一根绳子连接的锡罐。问学生： “这些东西有何共同之处？” “如何从锡罐发展到电话再发展到智能手机的？” “你认为下一个伟大的通讯发明将是什么？” 目标： 学生能够使用 SCAMPER 技术提出创新的想法。 示范： 技能的定义：SCAMPER 是一种思维技能，通过使用七种不同的策略——替换、组合、调整、改进、用于其他用途、消除、修改——帮助教师提出新的想法。 解释如何以及何时使用：在产生新的想法、创建新项目，或者尝试解决日常问题时，可以使用 SCAMPER。为七种策略逐一提出新的思路。 记住这些技能的方法：SCAMPER 是七个策略的首字母的缩写，这七个策略分别是：替换(Substitute)、组合(Combine)、调整(Adapt)、改进(Modify)、用于其他用途(Put to other uses)、消除(Eliminate)和修改(Revise)。 实践活动： 问学生： “你如何改进笔？” “你替换笔的哪一部分能让它变得更好？” “你将笔与什么组合起来，改进它呢？” “你如何调整一支笔，使其在各种情况下都能使用？” “你可以在哪些方面改进笔，满足你的需求？” “你如何将笔用于写作以外的其他用途？” “消除笔的哪些特性，可以使其变得更好？” “笔的哪些特性可以修改，重新排列或组合以使其更好？” 反思或元认知： 问学生： “你什么时候可以在学校或个人生活中使用 SCAMPER？” “你能想到使用 SCAMPER 方法设计的产品吗？” “你如何利用 SCAMPER 帮助自己更加成功？”

图 7.3　教学思维能力：课程格式模板

表 7.1　指导性思维：以数学为例

指导性问题	教学前	教学中	教学后
什么是未知数	我不确定未知数是什么	我了解到未知数是我们正在寻找的数字，它由字母 X 表示	当我看到带有一堆字母而不是数字的问题时，我知道自己可以利用数学弄清楚所有的未知数

续表

指导性问题	教学前	教学中	教学后
描述一下寻找未知数的过程	在大部分数学题中，我运用加法或者减法找到答案		
如何借助回顾识别丢失的数字	我不确定	当我进行回顾时，我可以通过反向操作确保得到正确答案	

表 7.2　指导性思维：以历史为例

指导性问题	教学前	教学中	教学后
描述独立	独立是指我能够自己做事情	在本单元中，独立是指一个城市、一个州或一个国家的自治	
殖民者以何种方式建立自己的政府	我上小学时了解到，在决定建立现在的民主结构之前，殖民者曾尝试组建几种不同类型的政府		
按顺序列出殖民地	我记得有： 康涅狄格 特拉华 马萨诸塞 宾夕法尼亚 罗德岛 弗吉尼亚		

（三）方法3：引导学生思考，学习元认知

每个伟大的思考者都很关注思考的过程。教师也应该引导学生注重思考的过程。法国著名哲学家勒内·笛卡尔(René Descartes)指出："我思故我在。"他不仅谈到了作为一个人的存在，还说明了什么使我们成为人类：能够对我们的行为、思想和观点进行思考的重要能力。思考是帮助我们发展"自我"的过程，包括我们是谁或者我们想要成为什么样的人。

为了在学习上取得更大的成功，学生必须学习元认知。元认知有利于培养自我调节的能力（详见第五章）。当学生从头至尾思考学习过程的所有步骤时，他们能够更好地判断自己最终取得什么样的收获。在学习过程中，学生监控自己的效能非常重要，这将使他们获得产生所需效果的能力。这种能力来自学习者心甘情愿的努力。学生因为努力而不是天分获得成功。

学生有时候因自卑而失败。自尊是幸福安康的关键，自尊意味着认识到自己的长处及优势。了解和运用这些能力，明确这些能力和力量如何促使自己取得成功，是培养自尊心的一个主要因素。学习者还应该明白，错误或失败预示着下次要付出更多的努力。切记，没有经历失败或努力奋斗的成功，纯粹是运气。

学生感知问卷

第 157 页为教师提供了问卷，这些问卷能够帮助学生养成元认知和自我调节的技能。学生需要明确自己对即将开展的活动的积极性和关注程度，因为他们对学习环境的感知将决定其对学习的关注程度。首先，学生应该想办法监管、控制或调整自己在整个活动中的态度（功效）。其次，学生应该全面了解活动中涉及的所有任务和所需的技能（规则）。如果他们对活动中的任何一部分不太了解，应该知道向谁请教、如何请教，或者能够借助资料找到答案。学生还需要了解如何将以前学到的技能和步骤融合到新知识中，以及如何应用这些技能和步骤。第三，学生应该通过培养自己的信心（自尊心），建立自己的支持网络和作为学习者的优势。他们应该知道在学习过程中向谁寻求情感或道德支持，意识到自己的长处，为自己的成绩欣喜。最后，学生应该能够反思自己学到了什么，自己在学习过程中的感受，以及自己在未来的学习中可能会做出哪些改变（元认知）。

（四）方法 4：制订工作计划

另一个帮助学生培养自我调节和元认知能力的策略，是让他们在项目开始之前制订工作计划。第 158 页给出了工作计划模板，学生可用以制定目标，维持和监控自己的进度，评估自己完成项目的效率。

1. 设定 SMART 目标

工作计划始于学生设定的 SMART 目标。缩写词 SMART 是一种规划策略，能够帮助学生把精力集中于自己意欲完成的事情。该目标可以明确学生将要做什么，如何做，以及该事情为何如此重要。目标愈精确，学生愈能够更好地衡量目标，从而获得成功。

SMART目标

S=Specific(具体性)：通俗来讲，指学生能够明确地说出自己必须完成的目标。告诉学生应避免笼统的描述，如"在这次考试中得A"。应将目标描述得具体一些，如"至少达到该项目总分的90%"。

M=Measurable(可测量性)：学生设定时间和标准来衡量自己的目标进展。帮助学生不偏离目标，清楚自己的进度，在需要的时候自行做出调整，从而对自己的努力感到满意。可测量的目标能够帮助学生回答"哪里""什么时候""多长时间""多少钱"这类问题。

A=Achievable(可实现性)：让学生设定可以真正实现的目标。那些难以实现的目标只会阻碍学生的成长。指导学生制定具有足够挑战性却又能够实现的目标。

R=Realistic(现实性)：类似于可实现性，学生应该设定自己想要的、愿意努力的、拥有技能和能够获得支持去实现的目标。告诉学生避免制定过于激进或无法实现的目标。他们应该充满自信，并愿意实现目标。

T=Timely(及时性)：与可测量性相关，学生必须为目标设定终点。他们应该保证时间设计合理，要设定短期目标，计划在六周内实现。

一旦学生设定了SMART目标，他们必须知道为了实现目标需要养成的工作习惯。譬如，倘若目标是"在项目结束时，至少达到该项目总分的90%"，工作习惯或许包括：

- 出勤和准时：保证每天的出勤，并准时到校。
- 工作效率：积极工作。
- 主动性：在没有提醒或鼓励的情况下主动开始该项工作。
- 合作：与同学和睦相处，倾听同学的想法，支持同学的观点。
- 准确性：注意细节，确保自己改正了错误。
- 勤奋：始终如一地努力工作。
- 思想开放：愿意尝试新的想法，坦然地接受建设性的批评，提倡创造力。

■ 诚实、公正、诚信：做一个好人，用期待别人对待自己的方式对待别人。

每个人都需要支持。问学生：谁或者什么将会支持你？“支持”可以是在学生犯错误、有疑问或者哭泣时能够帮助他们的人。“支持”也可以是某一场所，使人得以在那里安静地进行反思，或提升思维。“支持”甚至可以是某个词汇，譬如“幸运”，给人带来快乐或力量。问学生：你相信自己是“能够做到的人”还是“不能够做到的人”？让学生审视自己拥有何种心态，并确保这种心态可以支持他们实现目标。

2. 检查

当学生朝着自己的目标努力时，他们可以借助检查帮助自己完成任务。当学生请教师帮忙检查时，教师可以鼓励学生提出引导性问题，譬如：

■ 怎样才能让自己的项目变得更好？
■ 是否接近要求达到的目标？
■ 可以通过做什么超越目标？

让同伴帮忙检查时，学生可以提出以下问题：

■ 有哪些建议可以改善我的项目？
■ 到目前为止，我如何完善项目的各个部分？
■ 你认为我的项目的哪一部分做得好？

学生也可以通过邀请家长或其他成年人检查，告知他们教室里发生了什么。在此情况下，学生可能希望通过以下方式进行讨论：

■ 对于本项目，我最引以为傲的部分是……
■ 对于本项目，我认为最困难的部分是……
■ 我在……最努力。

最后，鼓励学生自己检查并反思自己所付出的努力。学生可以自问，如：

■ 如果我再做一次，我会……
■ 本项目中，最耗费时间的部分是……因此，我以后需要……
■ 因为这个项目，我知道自己擅长……

（五）方法 5：反思日志

工作完成之后，让学生自我反思。他们应该真实地评估自己对该项目的预期,项目操作过程中的感觉,在整个过程中付出的努力,实现目标的程度,以及对自己取得成就的感想。通常,学生要庆祝自己的出色工作,并思考未来如何做得更好。

学生的反思日志(158～159页)有益于培养反思和元认知的能力。在每一课或者每一单元的学习之初,学生在反思日志中记录已经了解的主题信息以及存有的疑惑。在本单元学习即将结束时,学生记录所学到的内容以及想要了解的与该主题相关的其他信息。学生可以告知教师自己喜爱的部分、不喜欢或不理解的部分,以及对改进本单元教学的建议。

八、促进学生思考的常用策略

师生每天都要运用思维技巧。

- 使用广泛的、开放性的问题。
- 使用"等待时间1"。在请学生回答问题之前,给学生至少10秒钟以整理想法和答案。
- 使用"等待时间2"。学生回答问题之后,让学生停下来,用至少10秒钟思考哪一个答案更合理,还需要增加什么答案,哪一个答案缺乏依据,等等。
- 利用后续陈述或提问,促进深入思考,譬如:
  "请再详细些。"
  "能否解释一下自己的答案?"
  "有何证据支持你的答案?"
  "你是如何得到答案的?"
- 在每一堂课中使用集中的、有针对性的思考策略。
- 设计包含和使用高级思维技能(HOTS)的教学,并期望学生每天能在提问、专题研究和小组工作中使用HOTS。
- 让学生了解自己的思维过程。
- 示范如何思考并与学生分享元认知思维。
- 经常鼓励学生提出问题。

传授学生如何提出问题

学生要善于回答问题,更要有能力提出好的问题。根据"恰当提问研究所"(The Right Question Institute)及"问题提出技巧"(Question Formulation Technique)的研究成果,下面给出了传授学生如何提出好问题以及如何更有效地参与课堂的步骤。利用如下策略鼓励学生提出、改进和调整问题以激发课堂讨论(见图 7.4)。

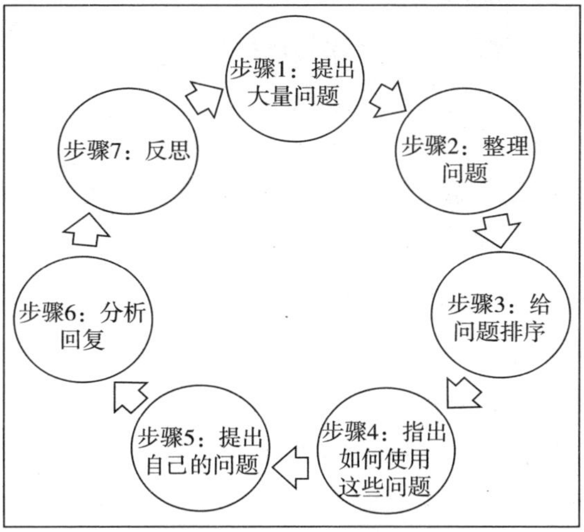

图 7.4　提出好问题的步骤

提出好问题的七个步骤

步骤 1. 提出大量问题。记住"头脑风暴"的原则:

- 写下所想到的问题,多多益善。
- 此时不要评价这些问题。
- 听听别人的问题,尝试改进自己的问题。
- 确保自己是在提出问题,而不是在陈述。

步骤 2. 整理问题。在列出一系列问题之后:

- 将问题进行分类,如事实调查性问题、假设性问题、创造性问题等。
- 评论每一个问题的优缺点,寻找开放性、存在分歧、需要耗费脑力的问题。

- 如有必要，重新编写这些问题，使其更复杂、精细。

步骤 3. 给问题排序

- 给问题排序，将“需要知道”的问题放在首位，将最复杂、深刻的问题放在最后。
- 能够清晰地阐明为何如此排序。

步骤 4. 指出如何使用这些问题。利用这些问题加深理解，发现信息，或者进行进一步讨论。知道自己打算如何以及为什么使用这些问题。

步骤 5. 提出自己的问题。

- 一定要听别人提出的问题，避免提出相同或者相似的问题。
- 倾听对别人的和自己的问题的回复。
- 记录回复，不要试图记下完整的回复内容，仅需记录要点。

步骤 6. 分析回复。通过回答下列问题分析回复内容：

- 你收到了什么样的回复？
- 别人收到了什么样的回复？
- 为什么你或者别人收到的回复内容较好？
- 别人对你的问题的理解程度如何？
- 你是否需要澄清或者重述你的问题？
- 你的问题对讨论有多大影响？
- 你的问题能否提供新思路？
- 你的问题是否值得人们思考？

步骤 7. 反思。既然你已经问了一些问题，也分析了相应的回复内容。考虑哪些是以后需要继续坚持的，哪些是需要改变的。

思维型学生的特点列表

特点	尚未开始	刚刚开始	正在努力	差不多了	成功了
对新想法持开放态度					
能够从别人的角度看问题					
自发性					
灵活性					
适应性强					
智力冒险者					

续表

特点	尚未开始	刚刚开始	正在努力	差不多了	成功了
享受歧义					
喜欢复杂的事物					
理解力强					
有完成任务的动机					
坚持不懈直至找到答案					

思维型课堂的特点列表

特点	尚未开始	刚刚开始	正在努力	差不多了	成功了
鼓励智力独立					
促进大脑发育					
允许和鼓励智力冒险					
消除刻板印象、偏见、压迫和欺凌					
强调努力学习，而不是即时满足					
培养人际关系和集体意识					
给所有学生提供选择并赋予学生选择权					
培养学生的学习责任感					
培养较强的理解力					
创造一个有趣的、愉快的环境					

思维型课程的特点列表

特点	尚未开始	刚刚开始	正在努力	差不多了	成功了
学习目标很明确					
基本问题值得研究					
给出概念明确的定义					
活动旨在提高学习者的独立能力					

续表

特点	尚未开始	刚刚开始	正在努力	差不多了	成功了
活动能够培养学生的自信					
内容具有跨学科性					
活动需要情感投入					
模糊性情景					
提出具有挑战性的问题					
还有其他问题和深入调查的空间					
内容与学习者有关					
活动和项目是真实的					
评估和评价旨在为学习者提供高质量的反馈					
所有课程都涉及某种形式的学生反思					

教学思维技巧:课程格式模板

指导

思维技巧:明确传授给学生的思维技能。明确说明是什么技能,以及何时使用该技能最为有效。

焦点活动:这是教师的一系列预期内容。开展活动,引起学生对这些技能的关注,帮助他们专注于后续的任务。

目的:告诉学生将学到什么以及这些知识为何是相关的,举例说明何时可以使用这些技能。在课前、课中、课后交流学习该技能的目标。

示范:和学生一起展示技巧。提供有关此思维技能的信息,包括:

- 清晰的定义(在相关处加上同义词)
- 解释何时以及如何使用该思维技能
- 用简单易行的方法记住运用该思维技能时的心理过程(助记符)

具有思维技能的学生可以从归纳法中获益更多。不必给出操作的定义和描述,仅需试着提出一个问题。利用问题帮助全班同学概括定义并列出他们的操作步骤。其中需要遵守什么规则?

实践活动:允许学生在情景中练习技巧。学生借助技巧培养独立性,其中教师充当指导者或促进者。

反思或元认知:让学生有时间汇报、讨论或反思技能的使用,以及该技能如何有益于实现学习目标。在该过程中,教师不妨记日志,开展“思考—分组—分享”等活动。

思维技巧：＿＿＿＿＿＿＿＿
重点活动：＿＿＿＿＿＿＿＿
目标：＿＿＿＿＿＿＿＿
示范：
　　技巧的定义：＿＿＿＿＿＿＿＿
　　解释如何以及何时使用：＿＿＿＿＿＿＿＿
　　记住该技巧的方法：＿＿＿＿＿＿＿＿
实践活动：＿＿＿＿＿＿＿＿
反思或元认知：＿＿＿＿＿＿＿＿

指导思维模板

指导问题	教学前	教学中	教学后
和概念相关的问题			
和过程相关的问题			
和事实相关的问题			

学生感知问卷

态度或效率
对本次学习活动有何看法？＿＿＿＿＿＿＿＿
处理的哪些问题可能分散了自己的注意力？＿＿＿＿＿＿＿＿
如何改变自己对这项学习活动的态度？＿＿＿＿＿＿＿＿
如何获得更成功的体验？＿＿＿＿＿＿＿＿
技能或规则
自己完全理解这项活动中的任务吗？＿＿＿＿＿＿＿＿
自己是否具备完成任务所需的技能？＿＿＿＿＿＿＿＿
有自己需要的所有资源了吗？＿＿＿＿＿＿＿＿
有时间完成任务吗？＿＿＿＿＿＿＿＿
有完成任务所需的支持吗？＿＿＿＿＿＿＿＿
自信或自尊
如果需要帮助，可以向谁求助？＿＿＿＿＿＿＿＿
如果需要，可以向谁寻求支持？＿＿＿＿＿＿＿＿
哪些技能可以帮助自己在这些任务中表现良好？
将如何庆祝自己取得的成绩？＿＿＿＿＿＿＿＿
反思或元认知
这是自己最好的工作，因为：＿＿＿＿＿＿＿＿
在这次工作中，自己在哪些方面可以更努力：＿＿＿＿＿＿＿＿
下次将：＿＿＿＿＿＿＿＿

工作计划

开始工作之前,设定一个 SMART 目标
在本单元结束时,自己将:______
打算如何实现这个目标? ______
需要的工作习惯:______
需要的支持:______
成功的心态:______

在工作的时候,工作如何进行?	日期	记录
让教师检查	______	______
让同伴检查	______	______
让父母或者其他成年人检查	______	______
自我检查	______	______

工作完成之后,离实现目标有多远?
- 做得比自己想象的好。
- 实现了自己的目标。
- 没有完成自己的计划,但学到了新知识。
- 尝试过但并没有真正学到很多东西。

并没有真正尝试完成自己的目标。
具体写出下次可以改善的地方?

学生的反思日志

名字:______
日期:______
话题:______
自己对该话题的了解:______
______
对该话题感到好奇的地方:______
______
从该话题中学会了什么:______
______
想了解更多有关该话题的内容:______
______

喜欢：____
不喜欢：____
不理解：____
会学到更多，如果：_____________________________________ ____

① Institute for the Future. "Future Work Skills 2020." Palo Alto, CA: Institute for the Future for the University of Phoenix Research Institute, 2011 (iftf. org/uploads/media/SR-1382A_UPRI_future_work_skills_sm. pdf); Oxford Economics. "Workforce 2020: Building a Strategic Workforce for the Future." (2015) (oxfordeconomics. com/workforce2020); PwC. "The Future of Work: Reshaping the Workplace." (2014) (pwc. com/gx/en/issues/talent/future-of-work. html); Ettling, M. "Workforce 2020: How Ready Are You?" *Forbes. com* (Sept. 11, 2014) (forbes. com/sites/sap/2014/09/11/workforce-2020-how-ready-are-you).

第八章　思维框架：深入探索布鲁姆分类法

我不能教会任何人任何东西，我只能教会他们思考。

——苏格拉底(Socrates)，哲学家

每个学生都有权进行高层次思考。有些人需要更多的辅导才能达到高水平，还有一些人需要培养较复杂的思维能力才能进行高层次的思考。在区分学生的思维过程时，教师需要关注学生进行高层次思考时学习能力的差异。

让学生学会更深入、更复杂的思考，意味着需要为他们提供一个思维框架。构建更深层次的思维框架必须与课堂和课程标准联系起来。当前的大多数课程和教科书都不能提供系统引导学生进行深思熟虑的学习的活动。本章将介绍一种基于布鲁姆分类法的排序方法，用于引导学生更深入地学习。

一、布鲁姆分类法简介

1956年，本杰明·布鲁姆(Benjamin Bloom)和他的同事合作出版了《教育目标分类：认知领域》(*Taxonomy of Educational Objectives, The Classification of Educational Goals, Handbook I: Cognitive Domain*)。[①]该书的主要目的是定义分类法(分类系统)，帮助教育者设计分层学习目标、处理课程和评估问题。该分类法被称为布鲁姆分类法(见图8.1)。它通过一系列学习目标促进学生思考，为教师和课程设计者提供框架。该分类法回顾了所有学科的基础知识，给出专业术语。教育者可以利用术语制定更为精确的目标，引导学生进行更加复杂的学习活动。这些活动要求学生应用、剖析并评估所学内容。

布鲁姆分类法是 20 世纪最具影响力的教育工具之一。迄今，它仍然是定义高质量课程、教学和评估的参考标准。事实上，各级教育管理者和教师都熟悉这个工具，并以各种各样的形式应用它。布鲁姆分类法在帮助教师将教育理论转化为有效的实践方面产生了重大影响。分类法的持久影响力可能与思维能力的不断提高有关。认知科学表明，把信息连接起来，进行丰富的实践，然后再进行反思时，大脑学得最好。

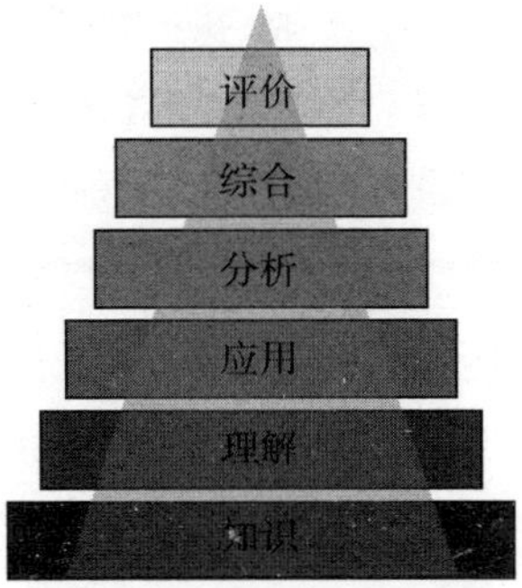

图 8.1　布鲁姆 1956 年提出的分类法②

分类法为培养学生的学习和思维能力提供了逻辑结构。为了更为有效地使用分类法，教师应该了解层次之间的相互关系，以及前面层次对后面层次的支撑作用。本章讨论了分类法的层次，提供了明晰的框架，并就如何在学生中有效应用分类法提出了建议。本章提出通过较深入地研究布鲁姆分类法制定更高级的分层任务。

二、自动执行到自觉执行

布鲁姆分类法旨在帮助学习者在内容知识方面打下坚实的基础，从而获得更高层级的认知。正如第四章所述，自动处理功能位于大脑的较低层级（小脑）。这种自动处理功能非常重要，因为它可以将能量聚集到大脑的更高层级（大脑皮层）上。大脑活动的更高层级被称为有意识的表现。因为我们不必考虑基本过程，而是将注意力集中在更加谨慎和成熟的思想上。譬如，当学生能够自动计算乘法时，他们可以更加快速、流畅地完成高级算法，而无须考虑基础知识。熟练掌握基本技能是内化内容（元认知），进而取得学习（自我调节）效益的重要一步。

三、对布鲁姆分类法的延伸

正如每一代教育工作者都在不断进步，布鲁姆分类法也在不断完善，以迎合学生即将进入的人才市场的需求，这正是这种分类法的可贵之处。2001年，研究人员洛林·安德森(Lorin Anderson)和戴维·克拉斯沃(David Krathwohl)对分类标准重新排序，并融入了第二个维度。安德森和克拉斯沃都是布鲁姆的学生。他们认为创造(综合)比评价更加复杂，因此将创造提高到最高层。最初的分类学是在认知过程的单一维度中建立起来的。安德森和克拉斯沃认为第二个相互关联的维度是知识维度，它包括以下几种主要的知识类型：事实性知识、程序性知识、概念性知识以及元认知知识。

在分类法中增加知识维度可以更加灵活地制定较为复杂的任务，并使学生获得更大程度的自主权。知识水平的提高使学生从只能完成基本任务进步到能够胜任更加复杂的任务。正如第二章中讨论的，课程以事实性、程序性和概念性知识为框架。就认知层面而言，学习者也以同样的三种方式存储记忆：事实性、程序性和概念性。在高质量课程和有效的脑学习策略的基础上，可以将第二个维度融入分类法中。

进入21世纪以来，在安德森和克拉斯沃工作的基础上，我们为布鲁姆分类法的各个层级都增加了更高层级的、更加复杂的活动，以满足在混合能力课堂中处理各种各样学习困难的需求。我们还为学习过程的每个阶段添加了评估选项。在这个崇尚标准的新时代，课堂评估扮演着更加突出的角色。许多德高望重的评估专家建议运用形成性评估或学习性评估来明确整个教学过程中学生对学习的全面理解程度以及教学策略的有效性。[③] 这就是为什么我们建议应该对分类法的每个阶段都进行评估，而不仅仅在结束时进行评估(见图8.2)。在这种情况下，评估更多的是为了了解学生正处于学习过程中的哪一个阶段，与学习目标的接近程度，以及教学活动和学习过程在多大程度上影响了学生的学习。

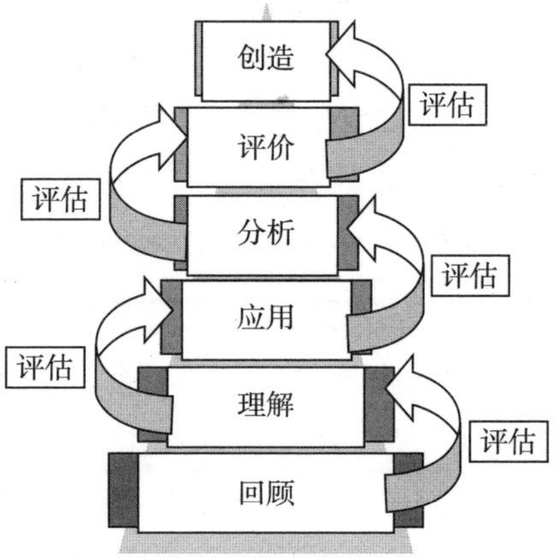

图8.2 实施修订后的布鲁姆分类法[④]

每个学生都可以在更高层级上进行思考，只是有的人需要通过更复杂的活动,才能获得更高层级的思维水平。所有学生都可以在 1 级(事实性知识)层面工作,有些学生可以在 2 级(程序性知识)层面工作,高级学习者可能会深入 3 级(概念性知识)层面(见表 8.1)。在这个模板中,每个框中括号内的数字和字母都是认知过程(回顾、理解、应用、分析、评价、创造)的代码和习得的知识层级(事实、过程和概念)的代码。最暗的阴影框中的活动适合所有学生或群体。中等暗度的阴影框中的活动适合大多数学生或小组。最浅的阴影框中的活动适合个别学生或高级学习者。值得一提的是,随着学生对分类法掌握程度的加深,评估技术将变得更加复杂,且以行为为导向。

我们对安德森和克拉斯沃工作做出的另一处完善是,考虑在评估层和整个学习过程中将元认知领域作为一种自我调节策略(见第五章和第六章)。这并非要求教师准备单独的活动帮助学生养成自我调节的能力。正如第五章所述,给予学生支持性、描述性的反馈,鼓励学生将智力风险延伸到自己的最近发展区,可以养成自我调节和元认知的能力。

下文将描述修订后的布鲁姆分类法的六个认知过程维度(以及我们给出的新的实施建议),并分享如何深入挖掘这些维度。用三个示例演示如何在学习单元中应用修订后的分类法(见示例 1、示例 2、示例 3),第 177 页给出了深入探索矩阵(DDM),并在开始部分提供了使用指南。

(一) 回顾:检索信息和建立知识库

学习连续体的最低级是回顾,有时可以称为记忆。简单而言,学习者要回顾或背诵以前学过的材料。在进行第一层(事实性知识)的回顾时,学生可以背诵该学科或学习单元的词汇、事实、名称、日期或术语。掌握基础知识对于学生获得高层级的认知非常重要。在进行第二层(过程性知识)的回顾时,学生可以明确步骤,学习解决问题的技能和思维技能,在算术、模型和结构中进行训练,学习实验的步骤、学会如何撰写报告或如何在序列、时间线中列出事件。在进行第三层(概念性知识)的回顾时,学生能够概述或定义理论、分类法、时间周期、法律、原则和进行归纳。

在美国独立战争的例子(见示例 2)中,学生通过按顺序列出重要日期的方式强化基础知识,广泛了解独立战争何时发生以及各个事件发生的时间。达到第二层时，学生描述不同军队的作战方法。这有助于学生了解政府的组织结构以及各级组织如何处理冲突。最后，学生可以根据个人经历或介绍性材料为独立战争下定义。

回顾层的评估

回顾层的评估旨在验证学生已经获得的基本事实性信息，并能够正确地背诵或回顾。

回顾层的评估类型包括：

- 测试
- 真假问题
- 匹配
- 填空
- 多项选择
- 简答
- 单项选择
- 标准化测试
- 核对表
- 词汇背诵
- 问答

表 8.1　修订后的布鲁姆分类法与附加评估层[5]

知识维度↓		认识过程维度→					
		回顾(R)	理解(U)	应用(A)	分析(Z)	评价(E)	创造(C)
	第一层　事实	对所有学生而言： 明确或具体(1R) 回顾明确具体的信息 关键词： 词汇、名字、符号、事实、日期、信息来源、基本要素	翻译(1U) 是什么？ 用自己的语言翻译事实性信息 关键词： 回忆、重述、重复	原始方式(1A) 在原始情景中应用信息 关键词： 应用、使用、利用	个人元素(1Z) 分析个人元素 关键词： 观察、检查、调查、组织、发现	检查清晰度(1E) 检查信息的清晰度 关键词： 检查、测试、评估、提问、监控	重组(1C) 重新组织原始信息的各个元素 关键词： 重新排序、重组、改变、更改、时尚、形式、工艺、生成

续表

知识维度↓		认识过程维度→					
		回顾(R)	理解(U)	应用(A)	分析(Z)	评价(E)	创造(C)
	第二层 程序	工具或技巧(2R) 记住程序性定义，工具和技能 关键词： 问题解决、过程、算术、结构、方法、步骤、模型、部分、组织、行动、标准、技术	阐释(2U) 为什么？ 解释信息的含义 关键词： 释义、重述、总结、改写、解释、分析、澄清、提供细节、描述、代表	对于一些学生而言： 实用方式(2A) 以实用、真实的方式运用信息 关键词： 实施、使用	元素之间的关系(2Z) 分析元素之间的关系 关键词： 确定、确立、查明、区分、辨别	判断准确度(2E) 准确判断信息 关键词： 判断、确保、确认、审查、授权、决定	制订(2C) 设计信息的新用途 关键词： 设计、构思、计划、表达、明确
	第三层 概念	抽象信息(3R) 检索抽象知识 关键词： 理论、定理、类别、分类、周期、法律、原则、归纳、关系、理解	推断(3U) 怎么办？ 将信息应用到其他语境中 关键词： 说明、模型、典型、范例	对于高年级学生而言： 创意方式(3A) 创造性地运用 关键词： 执行、关联、完成、阶段	管理要素的原则(3Z) 分析管理要素的原则 关键词： 评估、联系、剖析、探索	批评有效性(3E) 批评信息的有效性 关键词： 批判、效度、验证、审查	创新(3C) 创新和产生原创的想法或产品 关键词： 创新、生产、建造、发明、解构、起源、启动
	评估：例子	客观测试，真假问题，匹配，填空，多项选择，简答，单项选择，标准化考试，核对清单，词汇复习，问答	专项测试，开放式问题，文章，测试题，选择题，日志或反思，简答，问答，讨论，口头报告，海报、展览、立体模型	表演，产品再创造，演示、展示，游戏、模拟，开放式论文，实验，项目，研究报告	比较、对比，图表，研究报告、文件，文章，开放式、主观测试	参照标准的评估，调查，研究报告，实验	演讲、辩论，研究计划，图形展示，设计，基于绩效的学习

示例1 深入探索布鲁姆分类法:以科学为例(低级)[6]

单元:健康或营养

标准:学生了解健康的生活源于健康的行为。[7]

学生会知道:与健康饮食和食物指南金字塔有关的词汇。

学生将能够做到:解释身体如何使用营养素,设计一个健康的饮食和生活计划。

学生会理解:健康的饮食可以带来健康的生活。

第一层 事实	回顾(R)	理解(U)	应用(A)	分析(Z)	评价(E)	创造(C)
	对于所有的学生而言:明确或具体(1R)列出与健康饮食、健康生活有关的词汇	翻译(1U)是什么?描述食物指南金字塔	原始方式(1A)记录自己一周吃的食物	个人元素(1Z)翻阅日记,计算平均每天获得的营养	检查清晰度(1E)用图表展示如何获得每天所需的营养	重组(1C)列出一周的菜单,可以为自己提供健康的饮食
第二层 程序	工具或技巧(2R)描述营养如何为身体提供能量	阐释(2U)为什么?明确为什么食物指南金字塔对健康的生活非常重要	对于一些学生而言:实用方式(2A)根据学校一周的午餐菜单,将所有食物对应在食物指南金字塔上	元素之间的关系(2Z)分析学校的午餐菜单,计算学生平均每天摄入的营养	判断准确度(2E)用图表说明学校在满足学生的日常营养需求方面表现如何	规划(2C)根据你这个年龄的学生平均每天所需的营养,制作一个为期一周的健康午餐菜单
第三层 概念	回顾(R)	理解(U)	应用(A)	分析(Z)	评价(E)	创造(C)
	抽象信息(3R)描述:健康饮食和健康生活可以创造健康的人生	推断(3U)怎么办?我们怎样以学校或班级为单位使用食物指南金字塔	对于高年级学生而言:创意方式(3A)制作为期一周的健康午餐菜单	管理要素的原则(3Z)评估学校的午餐菜单,明确其优点和缺点,提出修改意见	批评有效性(3E)为什么你认为学校的午餐菜单有优点或缺点,而这些优缺点正与像你这样的孩子所需的营养有关	创新(3C)使用本地或有机产品制作的健康午餐菜单
评估	词汇测验,海报,短文	海报或报告,短文,报纸文章,立场声明	期刊或日志,海报或报告	报告	图表,社论	午餐菜单,报告

示例 2　深入探索布鲁姆分类法：以历史为例(高级)[8]

单元：独立战争与新国家(1763～1820)

标准：学生将展示美国独立战争的原则如何成为新国家的基础。[9]

学生会知道：

1. 与美国独立战争相关的重要词汇、日期和事件(例如条约、战争、政治起义以及外国和美洲土著居民的关系)。

2. 与美国独立战争相关的重要政治、经济、军事和文化人物[如乔治·华盛顿(George Washington)，塞缪尔·亚当斯(Samuel Adams)、约翰·亚当斯(John Adams)、保罗·列维尔(Paul Revere)、托马斯·杰斐逊(Thomas Jefferson)、查尔斯·康沃利斯(Charles Cornwallis)、拉斐特伯爵(Marquis de Lafayette)、托马斯·潘恩(Thomas Paine)、帕特里克·亨利(Patrick Henry)、约翰·洛克(John Locke)和孟德斯鸠男爵(Baron de Montesquieu)]。

3. 关于奴隶制的重要辩论和事实，自由黑人、妇女和美洲土著居民的地位，移民加拿大，以及白人的西进运动。

学生将能够做到：

1. 分析引起美国独立战争的重要的经济、政治和哲学冲突。

2. 解释一下北美殖民者如何赢得战争，战胜更优越的英国？为什么？

3. 解释独立战争对这些国家的公民的影响。

4. 推断独立战争对一些国家及其公民的影响。

学生会理解：独立战争的原因、影响和后果。

第一层	回顾(R)	理解(U)	应用(A)	分析(Z)	评价(E)	创造(C)
事实	对于所有的学生而言：明确或具体(1R) 列出独立战争中的重要日期	翻译(1U) 是什么？ 导致殖民者反抗英国的原因是什么	原始方式(1A) 《巴黎条约》如何改变了北美地区的版图	个人元素(1Z) 美洲土著居民、殖民者、英国人和法国人之间的基本争执是什么	检查清晰度(1E) 为什么美洲土著居民、殖民者、英国人和法国人之间有争执	重组(1C) 如果你是被派往殖民地的大使，你会对英国人和法国人说什么
第二层　程序	工具或技巧(2R) 描述“红衣步兵”如何袭击波士顿	阐释(2U) 为什么？ 为什么这次反抗如此重要	对于一些学生而言，实用方式(2A) 《巴黎条约》签订后版图的变化如何影响殖民者	元素之间的关系(2Z) 这些争执之间有何联系	判断准确度(2E) 怎样避免一些或者所有的争执	规划(2C) 假如你是英国的使者，你有何办法可以解决殖民地的纠纷

续表

	回顾(R)	理解(U)	应用(A)	分析(Z)	评价(E)	创造(C)
第三层 概念	抽象信息(3R) 给独立战争下定义	推断(3U) 怎么办? 美国独立战争对美国和英国有何影响	对于高年级学生而言: 创意方式(3A) 描述:重新绘制地图边界可能会在当今社会引发的冲突	管理要素的原则(3Z) 为什么每个小组都需要控制	批评有效性(3E) 是什么让一个群体的主张比其他群体的主张更有效	创新(3C) 提出一个支持或反对殖民的统治立场声明
评估	纸笔测试	文章	表现	图示	文章,说服性演讲,角色扮演	演讲或辩论,研究计划,图示

示例3　深入探索布鲁姆分类法:以数学为例(中级)[10][11]

单元:矩形的面积和周长

标准:CCSS 4. MD. A. 3

学生会知道:

1. 如何得出矩形的面积和周长。
2. 如何识别矩形和它的属性。
3. 基本的乘法和除法运算。

学生将能够做到:

1. 将矩形的面积和周长公式应用于现实世界和数学问题。
2. 写出计算矩形面积和周长的方程。

学生会理解:

1. 乘法和除法模型。
2. 有关测量的真实生活情境。
3. 乘法、加法与面积、周长之间的关系。
4. 如何开展数学实践以培养数学家的思维。

第一层 事实	回顾(R)	理解(U)	应用(A)	分析(Z)	评价(E)	创造(C)
	对于所有的学生而言：明确或具体(1R) 在解决涉及矩形面积和周长的问题时，利用你需要的所有数学单词创建词汇图或进行“头脑风暴”	翻译(1U)是什么？ 给出长方形的面积和周长的口诀。分享给采用不同测量方式的伙伴	原始方式(1A) 在真实生活中找出至少五个有关面积和周长的实例	个人元素(1Z) 描述一种不用乘法就能得出矩形面积的方法	检查清晰度(1E) 利用面积和周长编写一个问题，并给出错误的解决方案。让一个同伴阅读答案，找出错误，并给出正确的答案	重组(1C) 将来，你的院落完全由矩形组成，画出一个图表
第二层 程序	工具或技巧(2R) 利用视觉形式(海报、小册子等)，得出矩形的面积和周长	阐释(2U) 为什么？ 总结加法和乘法在解决矩形面积和周长问题中的必要性	对于一些学生而言： 实用方式(2A) 写出一个真实生活中有关面积和周长的问题及其解决办法	元素之间的关系(2Z) 使用两种口诀，比较、对比得出矩形面积和周长的过程	判断准确度(2E) 研究并记录计算矩形面积和周长时使用的公式。每一个公式是如何工作的？为什么这些公式有用	规划(2C) 画两个矩形，算出它们的面积和周长。在第二张图片上，增加或者减少一边的长度。计算新的面积和周长。面积和周长会发生什么变化。在边长与周长、面积的关系中，你注意到了什么

续表

第三层 概念	回顾(R)	理解(U)	应用(A)	分析(Z)	评价(E)	创造(C)
	抽象信息(3R) 为什么乘法和除法对求矩形的面积至关重要	推断(3U) 怎么办? 用可视化模型说明为什么用乘法求矩形面积,用加法求周长	对于高年级学生而言: 创意方式(3A) 写出真实生活中存在的有关矩形面积、周长的问题和解决方案,在计算面积和周长的公式中使用不同的未知值	管理要素的原则(3Z) 加减乘除四则运算与矩形的面积、周长之间有什么联系	批评有效性(3E) 研究如何在科学中使用矩形的面积和周长公式。这些公式与数学公式有什么相同或者不同之处?科学家在处理面积和周长时,会精确到什么程度	创新(3C) 提出自己的策略,说明如何使用你知道的矩形的面积和周长公式求出三角形的面积和周长。给出详细的指导,包括图片
评估	词汇图、列表, 视觉(海报、宣传册), 文章	口诀, 总结, 视觉模型	真实示例, 真实的问题和解决方案,预测实际问题与未知的解决方案	描述, 比较或对比口诀, 文章	误差问题及解决方法, 公式研究	后院图, 图纸, 计算, 自创策略

(二)理解:把握信息的意义

理解层指学生用自己的语言重述信息,表明理解了信息。这一层可以被视为“是什么、为什么、怎么办”层(见表8.2)。在“是什么”阶段,学生用自己的语言重述回顾层的语句,或者概述词语背后的意义:刚刚说过、做过或者学到了什么。在示例2中,学生明确了是什么导致了独立战争,以及起义发生的背景。

“为什么”阶段明确了是什么使这些信息非常重要。学习者一定要阐释信息对他们个人而言意味着什么,或者将信息运用到学习语境中。学生以对个人有意义的方式解释、重述或总结信息。该事例要求学生指出为何认为独立战争具有重要性。这种开放性要求学生借助内容进行推理。

在“怎么办”阶段,学生将推断信息,假设或推理后续可能发生的变化或事情。学生给出例子和插图。在示例 2 中，学生将过去的事件与当前情况联系起来。有关“是什么、为什么、怎么办”的更多示例见第十一章图 11. 5。

理解层的评估

理解层的评估旨在展示学生对内容和概念的理解。该层的评估比回顾层复杂得多。它要求学生能够概括信息，并用自己的话语叙述出来。

理解层的评估主要包括如下几种类型：

- 专项测试，开放式问题，论文；
- 测试题，学生给出答案；
- 选择题，学生选择答案；
- 日志，反思；
- 简答测试，小测验，考试；
- 问答；
- 讨论；
- 口头报告；
- 海报，展示，立体模型。

表 8. 2　理解层的三个阶段

是什么	为什么	怎么办
导致北美殖民者反抗英国的原因是什么？ 渴望从英国财政中独立出来的半自治国家的发展； 来自其他国家的移民越来越多	这次反抗为何如此重要？ 美国因此成立	美国独立战争对美国和英国产生了什么影响？ 失去美国殖民地迫使英国重新评估其财政和军事实力，并寻求与新成立的美国建立更加密切的协作关系。此后，美国和英国一直是盟友

（三）应用：投入使用

收集并赋予这些信息一定的意义后，学生即可使用它们。学生应该正确地应用和展示所学的信息。在应用的第一阶段，学生可以将信息置于原文语境（不真实的做法，譬如工作表或教师指导的工作）。在示例 2 中，学生给出了自己对于《巴黎条约》如何影响北美地区版图的理解。这是一个真实的活动，与内容直接相关。

进入下一阶段,学生以更实际的方式使用这些信息(更多关于该内容领域的真实实践,仍然需要教师的支持和指导)。在示例中,学生需要考虑几年后《巴黎条约》对人们产生的更大的影响。让学生更广泛地运用这些信息。

最后,在最深层级的应用中,学生将信息或过程应用到各种新环境中。这可能包括将某领域中学到的法律、理论或原则应用到另一领域。在示例中让学生把学到的信息运用于新情境之中,譬如现代冲突导致的与《巴黎条约》类似的边界变化。

应用层的评估

在应用层,学生应该能够实践所学的技能。应用层的评估更加强调真实性和实用性。

应用层的评估主要包括如下几种类型:

- 表演
- 产品的重新创作
- 展示、演示
- 游戏、模拟或其他互动练习
- 开放式论文
- 实验
- 项目
- 研究报告

(四) 分析:认清各部分之间的联系

布鲁姆分类法的分析层与前后层之间有重复的部分。因此,不应该将它视为该过程中的独立层。事实上,如果没有理解和应用就很难进行分析。和布鲁姆分类法的其他层级一样,评估层也划分等级。我们可以将分析视为更高层次的思想或学习的开始,这对批判性推理和决策至关重要。这一层级的认知活动需要更加关注内容的各个部分以及整个内容自身。

为了深入地探究分析层,学生首先要识别内容的各个要素的特征,并对其分类。美国独立战争的例子(见示例2),使学生明白了战争前各个团体之间的种种分歧。通过该项活动,学生逐渐梳理了问题的复杂性。学生从中比较和对比各个特征或元素之间的关系。一旦明确了多个分歧，他们就能够分析问题之间的关联性。最后，基于前面步骤中收集的信息，学生对管理内容的原则或概述进行推断。在该阶段，学生需要预测为何每个小组都渴望寻求控制。使用第九章中的比较和对比有助于学生进行更深层次的分析。

分析层的评估

在分析层，学生通过推理，了解信息的来源，解决复杂问题，并认识到数据的重要性。评估的真实性在这个层面上更为重要。

分析层的评估类型包括：

- 比较、对比图表与报告
- 层次图
- 研究报告、论文
- 文章
- 开放式、主观测试

（五）评价：确定清晰度、准确性和有效性

在评估层，学生运用批判性思维确保信息的清晰度、准确性和有效性。可以说，评估并不像期末考试那样具有总结性。在该阶段，学生需要回顾信息的应用和分析情况，这还可以通过利用由学生、教师或领域内专家创建的标准来实现。评估的三个层次以学生能够清楚地了解"事实是如何支持或反对新的思维"为出发点。在评估的第二层，学生确定这项技能如何实施以及可以通过何种方式改进过程，达到创新层。在最高层级的评估阶段，学生指出这些观点的优点，并证明由这些观点产生的积极、消极结果。

评价层的评估

评估层涉及学生反思以前学到的信息、技能和想法，以及期待学生产生的新想法和获得的新知识。

评价层的评估类型包括：

- 基于标准的评估
- 调查

- 研究报告
- 实验

(六) 创新:产生新想法

基于已有的理解、应用、分析和评价,学生可以升级到创新阶段(也称为综合)。综合的想法和观点源于对信息的理解,知道如何在各种新环境中使用这些想法和观点,并且能够参与重组或重构全新的形式。综合是指学生利用创造性思维技能(见第十章)“将元素组合在一起,形成一个连贯的或功能性的整体”。[12]创新性的思考和行动不是一种随心所欲做事情的方法,而是一种强调学习目标或成果的观点或产品,该观点或产品具有实施的可行性,并能产生所需的效果。这种具有创新性的观点和产品必须能够实际应用。

学生通过重新组织、组合或安排之前学过的信息进入创新阶段,寻求解决问题的新方法或开发新产品的想法。大多数学生可以通过某种方式把握信息从而产生新的观点或成果,譬如描述背景信息、提出几种替代性的解决方案。在美国独立战争(见示例 2)的剖析中,学生扮演被派往殖民地的大使,向英国和法国传递信息。此活动使用内容中的信息,但必须借助学生的创造力进行塑造。

进入创新的第二层,学生利用各种资源阐明和设计可行性计划,从而得到独特的解决方案。一些学生利用假设的预测和演绎思维设计解决方案。学生在此扮演相反的角色,这需要更强的创造性思维,因此并非所有的信息都是一成不变的。

在创新的最高层,学生开发原创作品。对于示例 2 中的最后一项活动,学生可以不局限于已有信息,提出自己关于英国殖民化的立场声明,可以使用所积累的所有资源和知识。那些具有独特性或创新性的目标或活动,由于个人或群体需求的差异,会呈现出不同形式的原创性。低年级的学生可能会吸收新信息,对之重新整合,譬如给故事设计新的结尾或者从不同的角度进行编写。高年级的学生则可能会提出新的假设,譬如为何某些化学物质在几次实验后会产生相互作用。学生的水平不同,但两种结果都属于原创。

第十章分享的许多想法有助于学生更深层次地创新。不妨考虑运用

SCAMPER 的方法激发学生的创造性思维。

创新层的评估

创新层的评估类型包括:

- 演讲、辩论
- 研究计划
- 图示
- 设计
- 基于表现的作品

(七) 评估:在整个过程中对知识做出判断

正如图 8.2 中建议的那样,评估不是学习过程的最后一步。在实施布鲁姆分类法的每一个阶段都需要运用批判性推理,这是一种持续的综合性实践。在学习过程中的每一个阶段,学生不断思考自己工作方式的正确性,以及自己对既定目标的熟练程度或掌握程度。评估的内容从具体的、非真实的知识到抽象的、真实的可获得的知识或者新想法、新观点。正如示例 1、示例 2、示例 3 所示,评估的流程从内部反思到他人的外部审查,从检验单(清单)到文章、表现或陈述,再到最后的演讲或辩论,这些都需要通过应用内部定义的标准和外部规范来完成。

内部定义的标准包括自我评估性问题,例如:

- 这对我有意义吗?
- 我怎样才能更具体地定义这个主题?
- 这样对吗?

外部规范提供的指导方针,包括:

- 教师设计的目标
- 教师构造的测试、测验或检查表
- 国家标准和基准

四、融合:深入探索矩阵(DDM)

深入探索矩阵可以帮助教师制订单元计划,使所有学生提升到高层级思维水平。

深入探索矩阵可以用作

- 教学指导；
- 在课堂教学中开展的活动或为所有学生布置的作业；
- 课程学习过程中的选择性活动或布置给全班同学的小组作业，让学生灵活分组；
- 从回顾到创造的连续运动；
- 为学生提供选择，激励他们完成难度更大的工作(注意：不要让学生做低于他们能力水平的工作)；
- 提出更多研究、调查或探索的主题；
- 作为课程和教学实践的评估工具。

深入探索矩阵的操作步骤

教师在以下六个步骤的指导下，增加所有学生的严谨性，并为有需要的学生提供更加复杂的活动。

(1) 在模型的顶端，记下主题和单元标题。

(2) 使用所在的地区、州或者省的标准，明确想要学生知道什么(事实)，希望他们能做什么(步骤和过程)，希望他们理解什么(概念)。

(3) 使用已有的单元或者一个新的单元，将活动放在矩阵的适当思考层。检查表8.1中的关键字，确保已将活动放在正确的层级。

(4) 设计开发思维的活动和作业。在多数情况下，教师需要设计更复杂或更困难的活动或作业，这需要每列和每行中的关键字的指导。注意不要设计只是一味增加工作量的新活动和作业。模型中的所有活动都要具有同样的吸引力和趣味性。

(5) 根据阴影层，可以为个别学生、小组或整组的教学设计活动。如果学生正在参与更高层级的活动，他们可能不需要参与其他框中的活动。

(6) 利用合理的评估策略评定每一个学习目标中的活动。对于回顾、理解、应用、分析和评价的学习目标的评估，可以引导学习者完成最终的学习目标。

要想将学生提升到更高的思维水平，教师需要全面学习布鲁姆分类法，需要了解学生在每个层级可以承受的复杂程度及其进行更深入、更复杂的活动的能力。深入探索矩阵为教师提供结构化的格式，确保所有学生能够最大限度地进行思考和学习。

深入探索矩阵(DDM)

单元:　　　　　　　　标准:
学生将知道:
学生将能够做到:
学生将理解:

	回顾(R)	理解(U)	应用(A)	分析(Z)	评价(E)	创造(C)
第一层 事实	对于所有的学生而言:明确或具体(1R)	翻译(1U)是什么?	原始方式(1A)	个人元素(1Z)	检查清晰度(1E)	重组(1C)
第二层 程序	工具或技巧(2R)	阐释(2U)为什么?	对于一些学生而言:实用方式(2A)	元素之间的关系(2Z)	判断准确度(2E)	规划(2C)
第三层 概念	抽象信息(3R)	推断(3U)怎么办?	对于高年级学生而言:创意方式(3A)	管理要素的原则(3Z)	批评有效性(3E)	创新(3C)
评估						

源自:《差异化学习——21世纪的思与学》。作者:理查德· M. 卡什,教育学博士。2017年版。该页可复制以供学校和地区使用。所有的其他用途,请与自由精神出版社联系,网址:www. freespirit. com/permissions。

① Bloom, B. S. *Taxonomy of Educational Objectives, The Classification of Educational Goals, Handbook I: Cognitive Domain*. White Plains, NY: Longman, 1956.

② Ibid.

③ Fisher, D., and N. Frey. *Checking for Understanding: Formative Assessment Techniques for Your Classroom*. Alexandria, VA: ASCD, 2014; Guskey, T.R., ed. *The Teacher as Assessment Leader*. Bloomington, IN: Solution Tree Press, 2009; Marzano, R.J. *Transforming Classroom Grading*. Alexandria, VA: ASCD, 2000; O'Connor, K. *How to Grade for Learning: K - 12*. Thousand Oaks, CA: Corwin Press, 2009; Reeves, D.B. *Making Standards Work: How to Implement Standards-Based Assessments in the Classroom, School, and District*. Denver, CO: Advanced Learning Press, 2002.

④ Based on Anderson, L. W., and D. R. Krathwohl, eds. *A Taxonomy for Learning, Teaching, and Assessing: A Revision of Bloom's Taxonomy of Educational Objectives*. New York: Longman, 2001.

⑤ Ibid.

⑥ Ibid.

⑦ Adapted from the Joint Committee on National Health Education Standards. *National Health Education Standards: Achieving Excellence*. Atlanta: American Cancer Society, 2007.

⑧ Based on Anderson, L. M., and D. R. Krathwohl, eds. *A Taxonomy for Learning, Teaching, and Assessing: A Revision of Bloom's Taxonomy of Educatioal Objectives*. New York: Longman, 2001.

⑨ Adapted from Minnesota Academic Standards in History and Social Studies, United States History Grades 4-8, Minnesota Department of Education, May 15, 2004.

⑩ Based on Aderson, L. W., and D. R. Krathwohl, eds. *A Taxonomy for Learning, Teaching, and Assessing: A Revision of Bloom's Taxonomy of Educational Objectives*. New York: Longman, 2001.

⑪ Reprinted with permission from Holly Young, Making Mathematicians LLC.

⑫ Based on Aderson, L. W., and D. R. Krathwohl, eds. *A Taxonomy for Learning, Teaching, and Assessing: A Revision of Bloom's Taxonomy of Educational Objectives*. New York: Longman, 2001: 84.

第九章　批判性思维:培养理性思维

学而不思则罔,思而不学则殆。

——孔子,哲学家

差异化教学的本质以及优质教育的核心,都是让学生善于理解概念,了解事实,并能够成功地操作过程。然而,回顾事实和操作过程并不能直接帮助学生理解概念。只有在运用批判性思维的过程中,学生才能掌握那些融通所有知识、贯穿于整个教学过程的概念。

人的本质是自我服务,即获得自己想要的和需要的东西,并支持自己所相信的东西。虽然看不透这个世界的真实面貌,但是我们可以基于各种情感、经历、文化、种族背景、性别、社会地位、历史等形成自己对世界的看法。在不知不觉中,我们就发现了适合自己的世界,从而在无意识的状态下度过每一天。这种无意识的思维方式对我们来说是天生的,是我们的生存思维。但是,只有更高层级的、有意识的思维方式,才能引领我们过上成功的生活。这种有意识的思维不是天生的,而是后天习得的。

无意识思维是形式不对称的思维,它是杂乱无章的、有偏见的、狭隘的,没有明确的方向。有效的有意识思维是有组织的、公开的、公正的、有充分理由的,能够清楚地传达给他人的思维。这种有意识的思维也被称为批判性思维或推理。本章将概述批判性思维,并提供一系列培养批判性思维的策略和工具。

学生受到电视、互联网以及社交媒体上各种信息的"轰炸",过量的信息可能并不总是准确、精确、真实或正确的。因此,我们需要让学生学会运用批判性思维和推理掌握自己的思想,用自己的思想去改善世界。

一、批判性思维

批判性思维与创造性思维形成了鲜明的对比。然而,创造性思维更直观、更随机,往往有多个答案;批判性思维更加有序,有针对性和可控性。两种类型的思维都对能力提出了更高的要求,以期找到合理的解决方案。它们以不同的、有价值的方式寻找解决方案。

学生经常接触基于事实和问题的课程,但这些事实和问题常常缺乏大量的背景。由于缺乏背景,学习的事实与理解的概念之间可能会出现脱节。背景之外的事实仅仅是事实。倘若不鼓励学生质疑或批评课程材料的有效性,学生可能会脱离材料。因此,他们在课程学习的过程中是被动的。

"在课堂上将教师视为专家、知识的分配器,最终导致学生的想象力和创造力瘫痪;此外,这种方法更多的是教会学生顺从,而不是批判地审视自己的生活。"① 能够积极质疑和评论内容有效性的学生,可以培养自己的批判性思维。在学生从不同的角度审视信息、使论证和主张合法化的过程中,他们为培养思维技能打下了基础,这种技能并不考虑任何脱离背景的事实的有效性抑或使概念与事实相脱节。

批判性思维并不是培养怀疑论者。它旨在培养自主思考者,使其在更广泛的背景下识别、评估和推理信息。批判性思维能"唤醒学生的意识,即世界包含未实现的思想和行动的可能性"②。

(一) 批判性思维有助于做出良好的决策

批判性思维指基于证据和事实做出正确的决定。思想家必须采取非人格的或客观的立场,控制自己的情绪、偏见、假设和观念。这并不意味着决策者缺乏同情心,而是意味着决策者可以防范可能导致错误结果的信息。收集和使用证据和事实性信息有助于我们做出更好的决定。事实性信息需要通过可靠的消息证实。

(二) 批判性思维有助于分析和批评

在批判性思维过程中,辨别信息的可信度至关重要。因此,批判性思考者必须具有分析和批判的能力,能够仔细检查信息来源以及其中包含的观点。批评不是贬低或贬损,而是批判。当思考者可以评估论证的有效性,从不同的角度评价某种情况,甚至把问题当作"魔鬼的混合物"时,他(她)才更有可能给出合理的解决方案。

(三) 批判性思维需要使用归纳推理和演绎推理

批判性思维,如同创造性思维,需要使用归纳推理和演绎推理。从本质上来说,归纳推理与你对收到的信息的感觉是一致的。演绎推理考虑到了信息中包含的所有事实。要批判地思考信息,我们不能否认自己对信息的内在感受,但是要以事实为依据。我们必须根据推断的内容以及所拥有的经过事实检验的知识得出结论。

熟练的批判性思维必须具有抵制偏见、谬论、劝说和谣言的能力。政治活动、广告、报纸、杂志、网站、音乐、电影和戏剧等都有目的:向观众传达信息。这个信息是想说服你支持或者反对一个候选人,买或者不买一个产品,同意或者不同意一个思路,等等。优秀的批判性思考者倾听信息,分析所提供的信息,寻找隐藏的信息,积极宣传,并可以利用所有资源对有关信息做出决策。

二、常用的批判性思维策略

为了帮助你的学生更好地运用批判性思维,你需要通过提供组织图形、模板和设计,帮助学生培养这种思维。以下是几个常用的批判性思维策略的例子。

(一) 验证信息

运用最广泛的批判性思维策略是验证信息。该策略要求学生评定信息来源的可信度以及信息的有效性。在验证信息时,学生必须查看作者的资格证书、日期和信息来源等内容。此外,了解原始作品的目标受众可以帮助确定:

- 观点

- 陈规和偏见
- 宣传
- 假想和概括

第 200 页提供了一个优秀的蜘蛛图,可以帮助学生证实和验证信息。在验证信息时,学生还会发现相关和不相关的信息,从意见中挑出事实,并发现可靠及不可靠的资源。(图 9.1 给出了一个不太完整的示例)

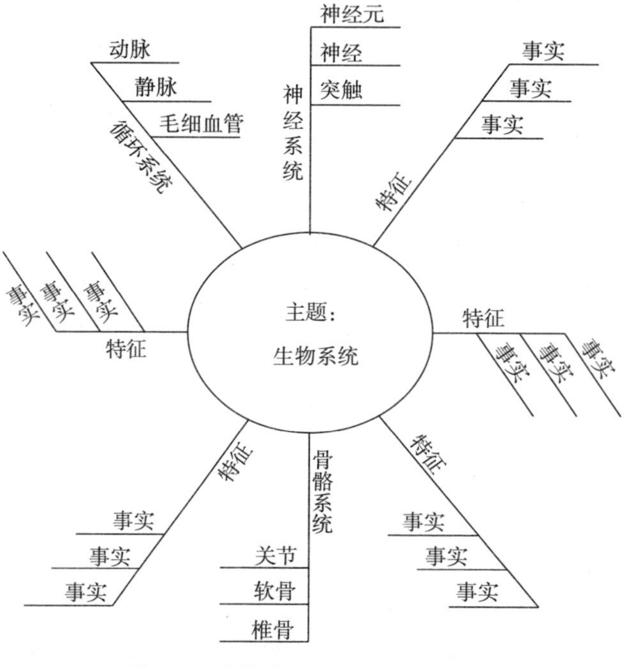

图 9.1　蜘蛛图:示例——生物系统

(二) 比较和对比

比较和对比是学生对相似和不相似的事物的属性进行分类并分析各个组成部分的一种很好的方法。第 200 页给出了一个有关比较和对比的图形,可以帮助学生辨别个体特征,绘制重要的相似点和不同点,解释这些相似点和不同点的含义。

图 9.2 给出了两种不同类型的比较和对比图形。T 图表旨在为作业或课程的思路提供参数。在例子中,要求学生列出美国总统亚伯拉罕·林肯

与约翰·肯尼迪在关键问题上的比较。第二种设计通过三环比较和对比，将基本的两环文氏图提高到更高的水平。例如,在例子中比较和对比三位美国总统(华盛顿、林肯和肯尼迪)的广泛特征。

比较和对比的更高级图形是交叉影响矩阵(CIM)。CIM 可以分析三个以上的变量或项目以及它们之间的关系。这种形式的求同思维考虑了多种相互作用的情境或问题。你可以根据自己的使用目的调整 CIM 的列和行(请参见图 9.3 中的两个不同示例)。注意,在三只小猪的例子中第 1 行和第 A 列是相同的,而在美国南北战争的例子中,第 1 行和第 A 列使用了不同的变量。可以根据自己的思路使用 CIM。

T 图表示例

特征	亚伯拉罕·林肯	约翰·肯尼迪
领导素养	有兴趣保护工会, 超越自我	身边围绕着自由主义者和保守派的顾问们
主要成就	解放奴隶, 拯救美国联邦	《民权法案》在他去世后通过, 美国宇航员登月
政治技能	耐心,有谋略,精明	精明的政治家
品格、完整性	白手起家,幽默,闷闷不乐	聪明,善于言辞

高级文氏图示例

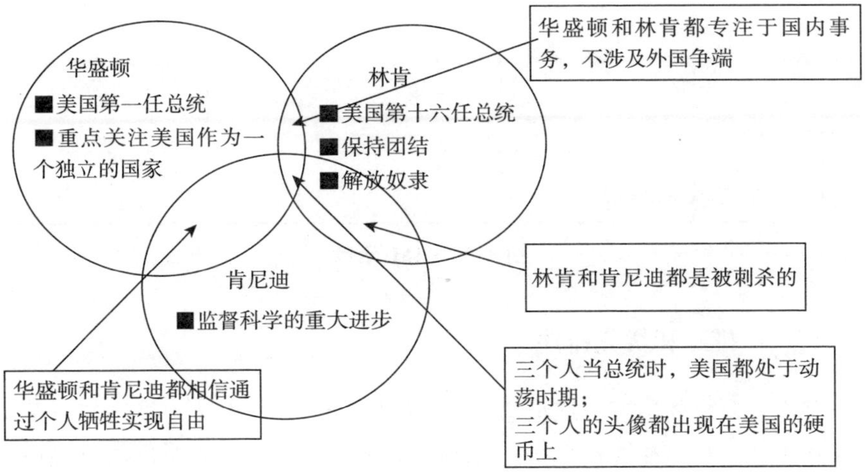

图 9.2　高级比较和对比图形:示例

低级:三只小猪

这有什么影响→ 对此有何看法?↓	A 小猪 1	B 小猪 2	C 小猪 3	D 大灰狼
1 小猪 1				
2 小猪 2				
3 小猪 3				
4 大灰狼				

小猪 1 到小猪 1:N/A	小猪 2 到小猪 1:	小猪 3 到小猪 1:	大灰狼到小猪 1:
小猪 1 到小猪 2:	小猪 2 到小猪 2:N/A	小猪 3 到小猪 2:	大灰狼到小猪 2:
小猪 1 到小猪 3:	小猪 2 到小猪 3:	小猪 3 到小猪 3:N/A	大灰狼到小猪 3:
小猪 1 到大灰狼:	小猪 2 到大灰狼:	小猪 3 到大灰狼:	大灰狼到大灰狼:N/A

高级:美国南北战争

这有什么影响→ 对此有何看法?↓	A 亚伯拉罕·林肯 1860 年的选举	B 萨姆特堡 袭击事件	C 解放宣言	D 李将军在 1865 年向 格兰特投降
1 经济				
2 政治				
3 种族问题				
4 社会结构				

图 9.3 CIM:示例

(三)排序和优先排序

当学生必须列出特征或信息时,他们会使用排序和优先排序的方法,按照重要性对这些特征或信息进行排列。在解决问题、思考大量信息、制订工作计划、理解因果关系或组织个人生活时,这项技能可能会有所帮助。下面给出了几个排序和优先排序的例子。

排序和优先排序：示例

排序：按照降序对事实进行排序。

1. ________　2. ________　3. ________　4. ________　5. ________

连续统：将事实依次对应到连续统上。

最重要　　最不重要

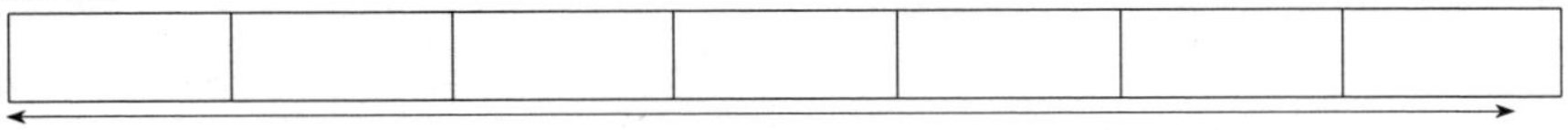

循环：将事实按顺序排放，以显示其循环性。

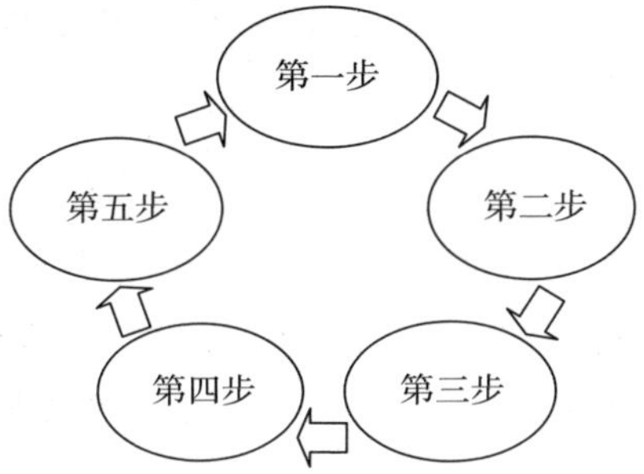

序列链：在某个问题可能存在多种类型的解决方案时，可以使用此工具。它帮助学生理解“如果起初没有成功，不妨再试一次”，直到解决问题为止。

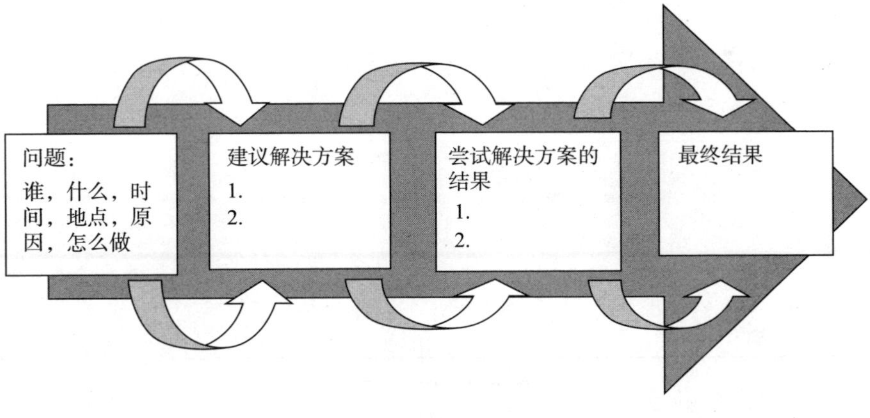

系列活动：在试图定义或描述某种情况而得出解决方案的阶段、步骤或事件时，使用该工具。它可以用于科学（明确实验步骤或蝴蝶的生命周期），数学（如何在多步骤的问题中获得答案、弄清措辞），社会研究（有成果、引起反抗、推动新法律出台的历史事件），语言艺术（小说中的一系列事件、情节的起伏），图形和表演艺术（什么引起了特殊的艺术风格），体育（如何玩一种游戏）或技术教育（在“如果—然后”模式中起作用）。

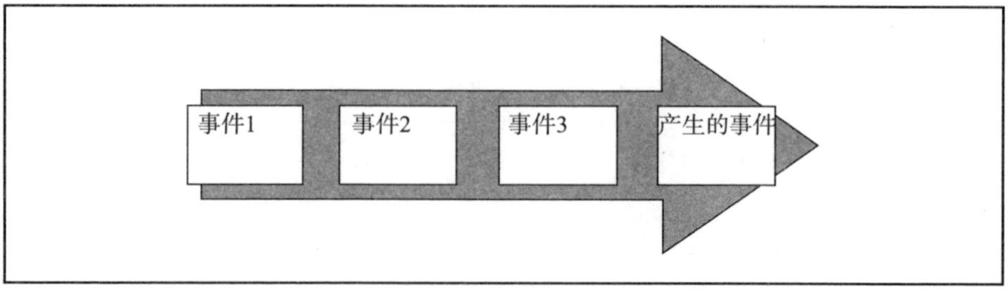

三、阅读中的批判性思维策略

批判性阅读不同于兴趣阅读,在进行批判性阅读时,教师可以支持、帮助学生使用批判性思维策略发现信息。阅读时的批判性思维有助于学生理解信息,认识作者的观点并考虑到假设和概括,所有这些都需要利用学生已有的信息和经验。批判性阅读要求读者积极、谨慎,能够反思自己正在阅读的内容。读者必须从文本出发,避免受文中的情感或信念的影响,验证作者的思维方式。阅读中的批判性思维要求读者:

- 了解文本的中心思想或目的;
- 确定文本的受众或预期受众;
- 了解写作的历史、政治、社会和经济背景;
- 了解文本所在的学科。

阅读中具体的批判性思维策略

- 浏览或预览:学生在目录、章节标题、引言或结论段落中寻找特定词语或重复性词语。这也是让人们对该主题感兴趣的有效策略。
- 略读:学生首先快速阅读文本,并将注意力集中在主要观点和需要进一步研究的想法上。
- 注释或记笔记:随着读者对文本深入阅读或精读,他们应该简明扼要地总结每一部分的主要思想,还应该给出需要进一步调查的问题或意见。
- 强调:读者对可能会引起注意的特定单词或短语进行强调。注意不要让学生过度使用这个策略,不是所有的事情都是重要的,他们不应该引用整个章节而是要自己陈述。应选择支持性或可以提供验证信息的关键词或句子。

- 语境化:读者应该研究写作的历史、政治、经济和社会背景,以便更好地理解作者的视角。
- 推断:大多数新标准都特别关注读者根据日益复杂的文本进行推理的能力。推断指从文本或通过观察得出逻辑结论的能力,无论是隐含的还是直接陈述的信息。例如,“推断:证明自己的想法”的图形可以帮助学生在阅读时做出推论。
- 反思:学生记录自己的想法,以及对自己信仰和价值观的反思,并与作者的想法、信仰和价值观进行比较和对比。
- 评估论点:在充分阅读文本后,学生可以评估作者的论点或想法。读者可能会在此发现支持或反对作者观点的其他方式。

四、写作中的批判性思维策略

批判性思维在写作中的作用类似于其在阅读中的作用。在写作时,学生应该意识到读者会用批判的眼光阅读他们的文章。为了通过写作实现有效的交流,学生必须记住:判断、解释、争论或评价不仅需要高质量的写作结构,还需要有效的思考。

写作中具体的批判性思维策略

- 自由写作:让学生持续写作一段时间(10～15 分钟),不要更正他们,不删除任何东西,也不批评学生的想法。这种“意识流”写作使学生觉得写作很轻松,允许学生进行思想交流、提出新观点。
- 小组讨论:这种技巧将学生聚集成一个小组,讨论小组中一个或所有学生的写作。将小组的同学看作同伴编辑。对于编辑技巧或写作结构的讨论放在后面进行。学生共同讨论这些观点是如何形成的,并提供素材以支持观点或就此展开辩论。
- 编辑:在提出自己的想法、结构及论点之后,学生准备好编辑加工自己的作文。这一步也可以由同伴或教师来完成。编辑过程是编辑与作者合作的过程之一。

- 同伴评审:这种技巧又称为裁判。学生将自己的文本交给同伴,让同伴对形式、结构和内容进行详细审查。这是培养写作自信心的有效策略,有助于学生了解自己的写作能力有多强大。
- 发表的作品:学生应该有发表自己作品的经历。发表自己的作品,可以使学生的思想置于其他人的观点、批评和讨论之中。可以采取多种发表形式:课堂展示,写作竞赛,在报纸、杂志、网站或校刊上发表。

五、数学中的批判性思维策略

批判性思维的使用和开发适用于数学领域。在学习数学的过程中,学生需要简明扼要地阐述数学的意义,做出决定,解决问题,得出结论,使用逻辑、演绎推理,识别已知和未知事实以及其他需求。有的学生可能会使用常规的方法解决数学问题,有的则直接关注解决问题所需的最有效的特定的批判性思维策略。因此,教师可以将有关批判性思维策略的指导嵌入数学中。

数学中具体的批判性思维策略

- 证明答案或结论
- 核实假设和事实
- 排序和丢弃不相关的事实或信息
- 评价真实的解决方案
- 反思,重新思考和修订
- 理解和分析信息
- 做逻辑题和数学拼图
- 解码消息或密码
- 玩数独
- 设计魔方
- 运用分形学
- 参加数学竞赛

■ 加入数学团队

六、科学中的批判性思维策略

像数学一样,科学也可以使用批判性思维。我们每天都试图了解自己周围的世界。科学思维就是批判性思维。科学中使用的观察、描述、假设、预测、测试、试验、评估和报告等方法都需要使用批判性思维。在评估科学主张时,我们也会使用批判性思维,譬如广告、意见或媒体。

科学中具体的批判性思维策略

■ 找出值得解决的问题
■ 给出证据支持观点
■ 接触相关数据和信息
■ 能够控制数据
■ 能够通过重复验证证据
■ 避免主观思考
■ 对不可靠的信息持怀疑的态度
■ 注意似是而非的论点
■ 使用逻辑推理
■ 避免谬误
■ 判断有关科学的伦理和道德决策
■ 预见科学声明的后果
■ 完成科学博览会项目
■ 进行独立调查
■ 讨论有争议的问题(譬如,进化、堕胎、干细胞研究等)
■ 阅读科学奥秘、玩犯罪现场调查游戏
■ 参加科学竞赛

七、常用的七种提问策略

为学生提供可以进行批判性思考的问题。这些问题可以作为选择性活动,可以在课堂开始之前提出(为了激发他们的大脑运作),或在课堂上让那些先完成任务的学生思考,也可以将这些问题融入内容或评估中。教师还可以把批判性思维问题放在公告板或海报上。学生可以记录自己的答案,并在会议上分享这些答案,或者将它们纳入思考的组合评估中。值得强调的是,学生在回答批判性推理问题时,应该提供证据(文本、图形或其他媒体形式)支持自己的答案。批判性思维问题的类型和例子如下:

(一) 类比

类比是将信息从一个语境转换到另一个语境的认知过程。培养类比思维是实现创造性生产、创新以及培养批判性思维的重要步骤。尝试使用一个概念(抽象)和人物、地点、事物(具体),如下所示。

典型问题和活动:

1. 汽车(具体)与想法(抽象)有何相似之处?
2. 房子与暴风雨有何相似之处?
3. 飞机与思想有何相似之处?
4. 运动场与民主有何相似之处?
5. 龟与教育有什么何之处?
6. 公交汽车与意识有何相似之处?
7. 课堂与灌输有何相似之处?
8. 地毯与洞察力有何相似之处?
9. 人行道与悖论有何相似之处?
10. 桌子与感知有何相似之处?

或者,相反:

1. 改变和学校有何相似之处?
2. 系统和电脑有何相似之处?
3. 悲剧和书有何相似之处?
4. 快乐和糖果棒有何相似之处?
5. 冲突和时钟有何相似之处?
6. 谈话和草莓有何相似之处?

7. 迁移和西红柿有何相似之处?

8. 仪式和电影有何相似之处?

9. 智慧和国家资本有何相似之处?

10. 勇气和杯子有何相似之处?

也可以让学生创造一个类比，用以解释小说、概念、数学问题，或所在的州议会大厦、城市或学校。

（二） 分析观点

在研究历史文献或非虚构材料（譬如报告、论文、报纸、杂志文章或网站）时，了解作者或创作者的观点，对于解释信息的有效性至关重要。了解与文件相关的因素（譬如，怎么样、何地、何时、为什么、出于何种目的），以及文件是公开的抑或私密的，亦能为读者提供了解信息的多个机会。

典型问题和活动：

1. 作者在本文中表现出何种偏见?
2. 作者如何描绘他（她）的观点?
3. 以何种方法识别作者的假设?
4. 作者为何会以这种方式看待事物?
5. 如果作者是……他（她）的观点会发生什么改变?
6. 别人如何看待这个问题?
7. 这篇文章有何不同观点?
8. 何种经济、文化、历史、个人背景导致作者产生这样的观点?
9. 作者的观点为何重要?
10. 你能从作者的观点中获得什么见解?
11. 在回顾图表的数据之后，研究者可能有什么观点（包括偏见）?

（三） 完成不完整之处

并不是所有的事实都很到位，学习者必须使用先前的知识和其他资源以完成解决问题的过程。质疑未完成的问题是一项复杂的活动，因为学习者必须有实验和事实信息作为坚实的基础。

典型问题和活动：

1. 写出此序列中缺少的数字：20，______，16，______，12，______。

2. 填写这句话中缺少的单词：

乔治·里德(George Read)、本杰明·拉什(Benjamin Rush)和约翰·亚当斯(John Adams)都是__________。

3. 科学方法：

(1) 提出问题

(2) __________

(3) 构建一个假设

(4) __________

(5) 分析数据

(6) 交流结果

说出缺失的两个步骤，并说明它们为何重要。

4. 用合理的证据填补空白并给出说明：

火星是美国宇航局的下一站。________很可能会被选中进行第一次旅行。

(四) 网络

网络是一种很好的工具，有助于学生看到问题或冲突的"涟漪效应"。学生也可以把网络当作一种分析工具，用它来揭示和挖掘由一个缘由引起的复杂的、相互关联的因果关系。这种提问策略对于视觉、空间学习者和那些需要"打开"思维的学生非常重要。

典型问题和活动：

1. 生动地展现飓风"卡特丽娜"、经济衰退、所在州的枪支法、厄尔尼诺现象、拉尼娜现象等造成的影响。

2. 绘制出某部小说中所有人物的关系图。

3. 绘制一个图形，表明你的午餐来自哪里。

4. 创建一个社交网络，以表示你与课堂上所有同学的联系。(在该社交网络中，学生将自己置于网络中心，并将自己与教室中的其他人联系起来。)

5. 制作一幅图,展示全球变暖对学校的影响。
6. 图解伊拉克战争的影响。
7. 图解科技如何改变自己的生活。
8. 图示替代能源对美国和其他国家经济的影响。

(五) 假设性思考

这是一种复杂的思维,需要运用学习者的逻辑提问和抽象思维能力。学生在该过程中可以学会认真系统地研究问题。

典型问题和活动:

1. 如果今年夏天没有下雨怎么办?
2. 如果学校经费短缺怎么办?
3. 如果学校全年上课会怎么样?
4. 这个实验怎么做?
5. 如果所有的交通工具都仅限于自行车怎么办?
6. 如果你有三条腿,生活会发生什么样的改变?
7. 如果一加仑牛奶售价 10 美元怎么办?
8. 如果不允许移民,社会会发生什么变化?
9. 如果可以选择上学或者不上学,你的生活会是什么样的?
10. 陆路运输禁令对美国经济有什么影响?给出证明。

(六) 逆向思维

这是刺激新思维或拯救"陷入困境"的学生的有效策略。该过程重新组织信息,允许学生从不同的角度看待问题。

典型问题和活动:

1. 假设政治竞赛的失败者实际上赢了,立法会发生什么变化?
2. 从父母的角度看,送孩子上学时要考虑哪些重要因素?
3. 在教育不是合法权利的国家,生活有何不同?
4. 自 2001 年以来阿富汗的生活发生了什么变化?
5. 你对气候变化有何看法?

6. 支持这个问题的对立立场。

(七) 不同符号系统的应用

当与运用更直观的思考方式的学习者(尤其是男生)合作时,这种策略是有效的。它迫使学习者走出自己的"舒适区"并转换信息,而不仅仅局限于书面符号系统。学生可以将算术问题转化为音符,将诗歌的主题转化为化学元素,将历史事件转化为数学方程,或将科学理论转化为社论漫画。

典型问题和活动:

1. 提出数学问题。
2. 画一幅展示葛底斯堡演说的图画,没有文字标注。
3. 绘制一幅代表线性方程的图画,不标注单词或数字。
4. 在你的文章中概述这些想法。
5. 开展活动展示你对引力的理解。
6. 使用矢量(带有方向箭头的线段)表示作用在恒定速度行驶的汽车上的所有的力。
7. 运用声音或音乐描绘小说中的角色、情境或主题。

八、批判性思维工具

以下是几个有助于培养批判性思维技能的特定工具。这些工具背后的理念是:批判性思维是一种变化的活动,需要学生进行自我思考,并在给出回应时考虑多种因素。使用这些工具后,学生应该简述自己遵循和思考这些想法的过程。

(一) PNI:积极的、消极的、有趣的

PNI可以帮助学生构建思维框架,让他们就某一论断或项目给出积极的、消极的、有趣的或奇特的观点。使用PNI(有时称为PMI:加号,减号,有趣)可以挖掘学生对某一主题的观点,揭示学生自己的假设和归纳,融合因果逻辑,将事实与观点分开。PNI还要求学生使用演绎和归纳推理的方法。

下面的示例展示了如何在低年级学生中使用该工具。给低龄学生提供

简单的图形,让他们理解每个图形的积极的、消极的和有趣的特征。从圆开始。让学生将一张大纸分成三列三行,九个格子。然后让他们用加号(+)标记最左边一列,用减号(—)标记中间一列,用问号(?)标记最右边一列。

■ 将学生的注意力集中在左边一列,问他们:"积极的(好的)圆的例子有哪些?"学生画出表示积极的圆的例子,比如笑脸、棒棒糖或地球。

■ 转向中间一列,问学生:"消极的(坏的)圆的例子有哪些?"然后,学生画出悲伤的脸、坑洞或墨水污渍等。

■ 转到最右边一列,问学生:"表示圆的有趣的例子有哪些?"学生可能会提出诸如"一个圆圈中没有任何角落可以隐藏""很难画出一个精确的圆圈"或"用圆圈代表生活"。

从第一张图表(圆圈)中的简单形状扩展到第二张图表(由青蛙和蟾蜍的故事生成的语句)时,学生可以产生很多想法。

PNI:示例(低年级)

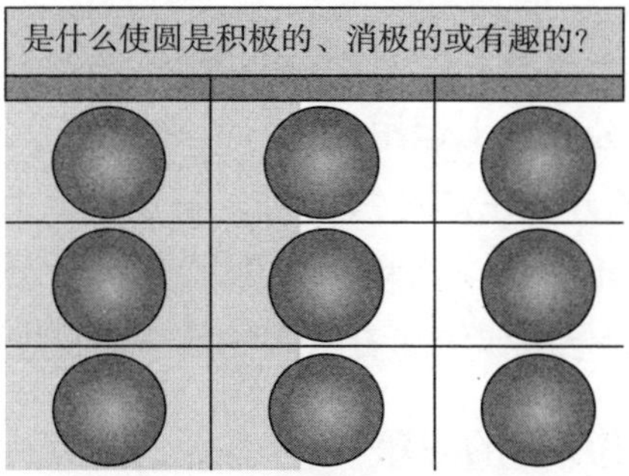

图德想等到明天再去清理自己乱糟糟的房子		
积极的	消极的	有趣的
他今天不用打扫	他的房子会很乱	如果他明天又想拖延会怎么样
他不必整天待在屋子里	他不会有干净的盘子吃饭,也不能坐在干净的沙发上	如果图德有同伴会怎么样
他可以做自己想做的其他事情	明天他的房子会更脏,需要花更长的时间来清理	图德为什么拖延

下面给出的例子,说明了如何将这个工具用在高年级课程中,记录课堂

陈述(1865 年 12 月 18 日:美国废除了奴隶制)。也可以考虑使用此工具讨论当前的事件。

PNI:示例(高年级)

1865 年 12 月 18 日:美国废除了奴隶制

积极的	消极的	有趣的
非自愿奴役被取缔	它导致了以贩卖人口为生者的收入损失	第十三修正案是 60 年来第一个宪法修正案
第十三修正案助推了第十四修正案和第十五修正案(州民权和禁止对种族限制投票)	社会结构不够健全,不能支持被解放的奴隶。南方没有太大的改变,联邦军队也不能提供太多的保护	废除奴隶制主要与共和党有关
开始了重建的时代	林肯的继任者安德鲁·约翰逊对帮助被解放的奴隶没有兴趣	该法案在第十三修正案之后通过,实际上使被解放的奴隶陷入贫困

PNI 可以用于个人思考、"海绵"活动、大脑"热身"或全班性活动。教师也可以考虑在教室的公告板上运用此设计。建议将公告牌放在教室门口附近,便于学生在排队离开教室的时候填写。在公告板上写出一个观点,让学生积极参与重要的讨论。可以将该观点保留几天乃至几周,以了解学生对该观点的思考、评价和想法如何随着时间的推移而发生变化。

(二) CAI:考虑所有的问题

一种更高级的 PNI 为"考虑所有的问题(CAI)"。使用此工具,学生不仅可以使用 PNI 的方法,还可以添加用于考虑特定问题的特定事实。CAI 是一个有用的工具,可以帮助学生考虑所有相关的因素,然后做出决策。当学生决定要开展一项行动、计划一个事件或预测结果时,可以使用它。培养学生有效使用 CAI 的能力,首先要为学生提供一个练习场景。

典型 CAI 场景

经过多次财务规划,学校必须减少一百万美元的预算。为了平衡下一学年的预算,学校董事会决定关闭一所小学。这意味着明年这所小学的学生将被送往至少三所不同的学校。许多家庭对此表示反对。上级组织表示一旦学校关闭,他们将买下此地建造一个老年人活动中心。在决定关闭哪所学校时,应考虑哪些因素?

另一种可能的情况:

一家大型制药公司开发了一种可以提升智力的药丸。倘若你们学校正在考虑测试这种药,此时应该考虑什么?

学生可以单独或者组成小组讨论这个问题。或者,学生单独完成 CAI,然后与合作伙伴面对面比较各自的想法,并继续与最多四个其他的合作伙伴分享想法。在学生与至少五个合作伙伴共享了自己的 CAI 之后,将他们集合起来,就此问题集体完成一次 CAI。

(三) PL:优先排序

我们经常遇到复杂且由多种原因引起的问题。优先排序有助于学生调整他们对复杂问题的思考,并将多个原因按照相关度进行排序。在使用 CAI 时,此工具可能很有用,因为学生必须调整各个因素的顺序以及对每个因素应该投入的注意力或每个因素的重要性。与 CAI 一样,学生可以单独使用 PL,可以与合作伙伴共同使用,也可以以小组或班级为单位一起使用。

PL 活动示例

学生查看自己课桌上的问题,并将这些问题按照价值大小进行排序:

- 一个数学问题
- 一个有关家庭作业的问题
- 关于一位同班同学的问题
- 被困在荒岛上
- 被叫到校长办公室

另一种练习使用 PL 的方法是把学生分成小组,让他们使用工具完成下列活动之一:

工具:

- 电池
- 回形针
- 钢笔或铅笔
- 信纸

- 橡皮筋
- 尺子
- 永久性标志物
- 线
- 图钉
- 剪刀

活动：

- 解决数学问题
- 找到回家的路
- 帮助自己做家庭作业
- 在荒岛上生存

每一组都要分享自己如何组织列表以及为何按照这样的方式操作。学生将看到许多日常用品的创造性使用方式。

像前面一样，学生自己设计活动。打开家里装废物的抽屉，从中选出十件物品。创建四到五个截然不同的场景，并对其进行排序。

下面是一个展示了优先级排序的示例。第202页有空白模板。

优先级排序：示例

学校董事会已经决定选择社区内的一所小学	最重要
	每年节省至少一百万美元
	没有教师下岗
	社区商誉
	学生可能不得不去新的学校
	学校社区被打乱
	家长对董事会的决定感到不满，不会给董事会成员投票
	要关闭的那所学校需要进行大规模修缮
	如果社区继续发展，在未来可能需要这所小学
	对邻里居家价值的负面影响
	如何处理建筑中所有的固定装置
	学校旁边的居民喜欢孩子们在这里上学
	当地居民必须去另一个地点投票
	最不重要

（四）综合 3+1

这个工具将普通的“3—2—1 退出或入场机制”提升到新的水平(见 203 页)。学生完成图形的 3—2—1 部分,并通过类比或比喻添加自己的创造性想法,总结自己在单元或课程中学到的内容。

（五）结构化思维组织者（STO）

该工具(见 203～204 页)有助于学生用多种格式组织信息,便于记忆。教师可以将 STO 用作“出场券”或形成性、总结性评估中的其他组件。学生应该在整个单元或课程的学习过程中使用这个工具做笔记。后续问题可以当作家庭作业或期末考试中的问题。

（六）没有简单的答案

学生通常认为一切问题都有答案,这显然不是真实的。告诉学生我们(和他们)不知道所有的答案,不可能知道一切,找到解决办法的过程可能是困难的,解决的方法之一就是在教室的墙上留有一个空间,放置一个写有“我们不知道”或“不容易回答”的公告牌。

学生可以在公告牌上贴便签,写上自己的观点、想法和问题,或者可以直接写在一张大纸上。公告板上的内容可以与主题或日常生活直接相关。主题可以围绕有争议的问题(如干细胞研究、堕胎、大麻的医疗用途等)或学生感兴趣的信息。对于日常生活中的问题,学生或许会问“全球经济衰退何时结束?”“我大学毕业的时候,一共花费了多少钱?”“什么是未来最好的研究领域?”公告牌可以每周、每月或每年更换一次,以查看学生提出的问题和想法。如果问题得到解答,就将其从公告牌中删除。

在使用本章中列出的任何思维工具和策略时,学生的接受程度会有差异。因此,教师必须了解学生正处于学习过程中的哪一个阶段,实施差异化活动将帮助学生进行更高层次的思考,并为学生提供不同的平台以展示他们知道的内容。当学生擅长批判性思维时,他们会提出有意义的问题,培养自我调节能力,并能为自己思考。

蜘蛛图

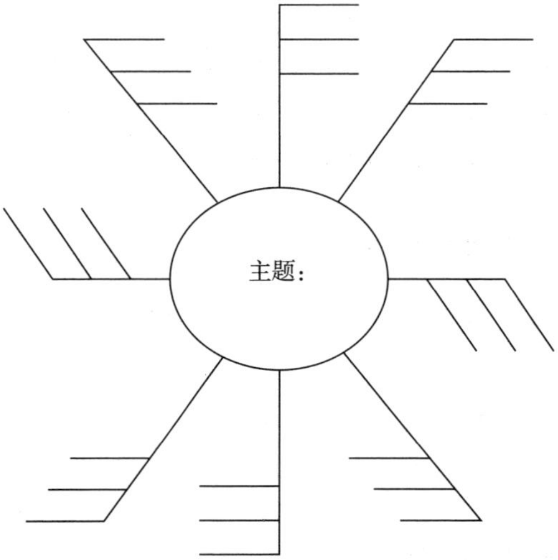

比较和对比图形

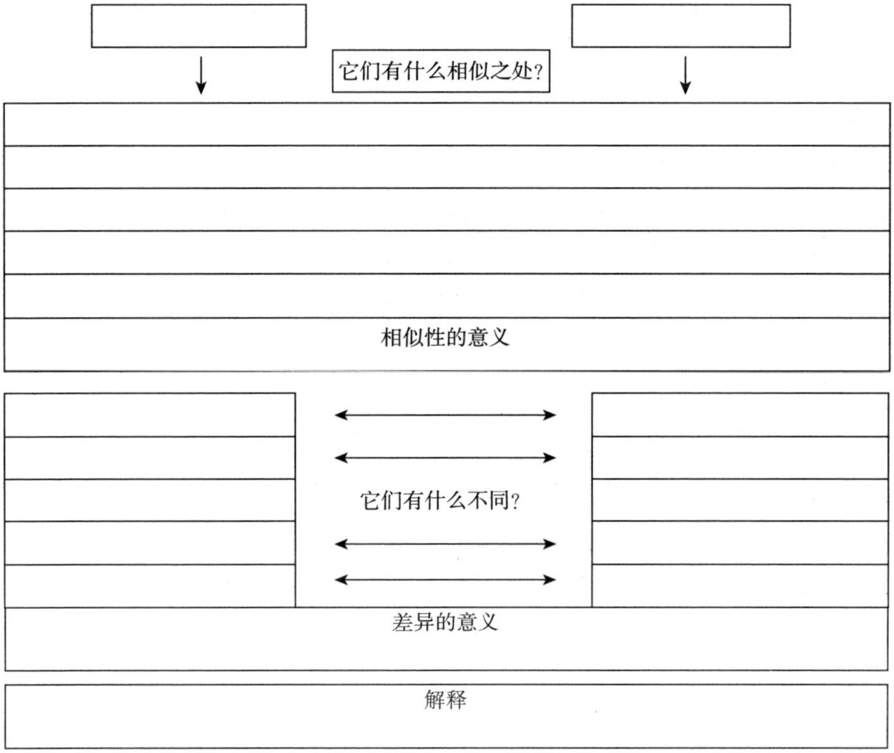

交叉影响矩阵(CIM)

这有何影响→ 对此有何看法？↓	A	B	C	D	E
1					
2					
3					
4					
5					

推断：证明自己的想法

【文本】

用最多10个词概括文本	作者暗指、建议或暗示什么？
作者为什么写这个话题？	引用特定文本支持自己的推理。

积极的、消极的、有趣的(PNI)

话题：		
积极的	消极的	有趣的

考虑所有的问题(CAI)

问题	+	−	有趣的

优先级排序

	最重要
事项	
	最不重要

综合 3＋1

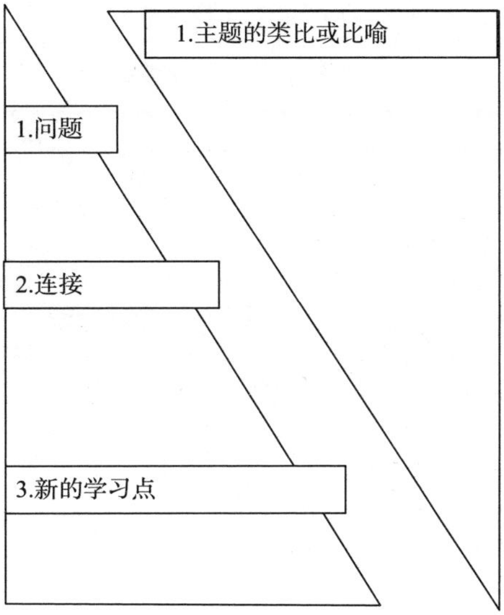

结构化思维组织者(STO)

指导：

(1) 在三角形的左侧，对提供的信息进行类比。然后，解释选用这个信息的原因。

(2) 在三角形的右侧，写一个与所呈现的信息相反的信息。解释选择这个信息的原因。

(3) 在三角形内部，绘制一张图片以表示所呈现的信息。(图片不应该是信息的精确复制品)

(4) 在学习单元结束时，回答三角形下面的五个后续问题。

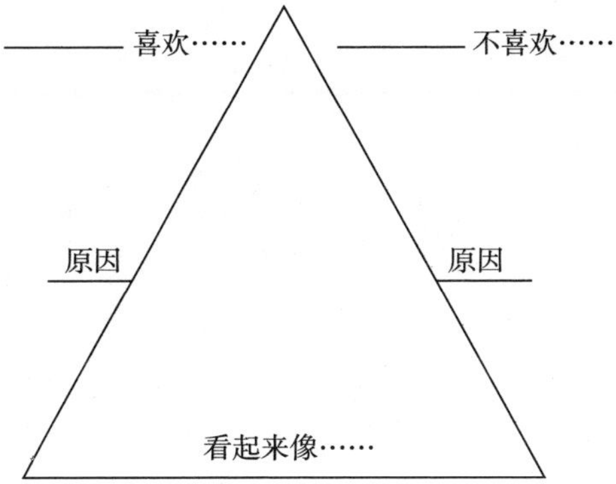

后续问题		
1. 以前对该话题有何了解?	3. 如何向他人解释该话题?	5. 想到了哪些新想法?
2. 如何将这个话题与日常生活联系起来?	4. 看到了什么样的模式?	

① Giroux, H. A. "Toward a Pedagogy of Critical Thinking." In *Re-Thinking Reason: New Perspectives in Critical Thinking*. K. S. Walters (Ed.). Albany, NY: State University of New York Press, 1994: 202.

② Maxine Greene quoted in Re-Thinking Reason: *New Perspectives in Critical Thinking*. K. S. Walters (Ed.). Albany, NY: State University of New York Press, 1994: 207.

第十章　创造性思维:走出樊篱

> 我们都有创造力,但是,在我们3岁或4岁之前,有人已经破坏了我们的创造力。一些人会让讲故事的孩子闭嘴。孩子们在自己的婴儿床上跳舞,但有的人坚持让他们静静地坐着。在这些孩子10岁或者12岁的时候,他们会变得和其他人一样。
>
> ——马娅·安杰卢(Maya Angelou),作家

新近的研究表明,美国的创造力已经下降。[①]下降的原因可能与学校被标准和评估所困有关,这使得教师很难有效地将创造力融入课程和教学中。此外,一些人认为,创造力仅局限于艺术和音乐课程中,而这些课程在许多学校由于经济原因已被取消。

创造力,即创造出新颖的、有用的东西的能力,是21世纪的一项基本技能,在领导能力中位列第一。欧洲和亚洲非常重视创意的产生和创造性的思考,以便在经济、政治和文化上成为世界领袖。当考虑学生的未来时,不仅要将创造力视为一种重要的学习工具,而且还要将其视为国家信心和成功的重要组成部分,这一点至关重要。

一些杰出的研究人员写下了关于创造力的皇皇巨著——创造力从何而来,以及如何培养创造力。此外,还有大量的资源可以直接为教师所用。我撰写本章的目的是对创造性思维进行总体概述,归纳出创造性个体的特征,给出培养创造性思维的一般策略,以及如何在日常生活和课程中融入创造性思维。每个人都有创造力,但对很多人来说,这种天生的创造力在学校里往往会被压抑。当我们要求学生找到正确的答案时,或者在学生寻找正确答案的过程中,我们可能会不经意地扼杀了他们的创造力。这并不是说找到正确的答案不重要,而是说我们对封闭式的解决办法的严重依赖已经不

能反映21世纪的思维了。

学生可以迅速获得各种信息。找到问题的解决方法就像点击按钮一样简单快捷。创造力和创造性思维迫使我们花费时间,深入思考,直到考虑了所有的选项,然后退后一步从远处看自己的想法,最后思考"下一步是什么"。从灯泡的发明到太空旅行,创新成为促进社会不断进步和成功的动力。要求学生掌握创造性思维可以确保我们不断取得成功。

一、何谓创造性思维

创造性思维是使企业家、数学家、商界领袖、艺术家、教师、医生、律师等取得成功的重要因素。能否创造性地思考是区别能否把工作做得更好的关键因素。但究竟什么是创造性思维呢?我们可能"看到就知道"了,但是如果我们不能明确地定义它,我们如何帮助学生掌握它呢?本章对创造性思维进行了描述,并给出一些策略,使学生更具创造力,能够进行创造性地思考。

(一)创造性思维正在创造新事物或者改进原有的事物

一般说来,发挥创造力的过程是展开想象的心理过程或通过结合、改变、重塑已有的想法进行发明的过程。简而言之,创造力是产生新事物的能力。创造性个体采用多种方法解决问题。他们是能够生产创新产品、创意和解决方案的思考者。创造力也是提炼、改进想法和解决方案的过程。创造性思维通常不会在一瞬间产生。最具创造性的创新是辛勤工作,发挥耐心、恒心和毅力的结果。

(二)创造性思维是批判性思维的另一面

创造性思维也可以被认为是批判性思维的另一面。批判性思维的主要目标是得出一个结论,而创造性思维的目标是探索许多想法,产生多种可能性,并寻找许多"正确"的答案。这两种思维方式对于成功的人生都是至关重要的,对于解决问题也都是必不可少的。为学生提供机会培养创造性思维,能够帮助他们开发处理新问题和新情况的工具。这些工具可以让他们找到书本上或网站上没有的答案，拥有新颖的灵感，并以建设性的方式应用新信息。

（三）创造性思维是包容的和自觉的

创造性思维需要我们多看、多问，并寻求新的想法和答案。它激励我们睁开眼睛，带着好奇心去看周围的世界。有创造力的思考者能够觉察到别人错过的事物。创造力也需要我们运用所有的感官接受各种刺激。最重要的是，创意不会凭空产生，它需要来自他人的各种声音和观点。肯尼斯・罗宾森（Kenneth Robinson）爵士是一位研究公民权利的权威人士，他说，大多数原创的思想都是通过“冷嘲热讽”和受他人想法的启发得到的。[②]合作、多样性、交换思想和以别人的成果为基础是创造过程的核心。

（四）创造性思维既是求同的，也是发散的

在第七章中，我们讨论了两种思维方式：求同思维和发散思维。总而言之，求同思维是一种汇集来自不同数据源的信息，以便找到解决办法的思维。决策是基于事实得出的答案（见图 7.2）。而发散思维是直觉的、开放的，可以产生许多解决方案（见图 7.1）。创造性思维并不总是想象出最古怪的或最不着边际的想法，也不是漫无目的地思考。要让一个想法发挥作用，这个想法必须是可行的、合理的，并且可以提供可靠的结果。因此，要成为一名有效的、有创造性的思想家，求同思维和发散思维都是必需的。发散思维打开了可能性，求同思维确保解决方案或想法是可行的。

二、创造性个体的特点

罗伯特・斯腾伯格博士推动了让创造性思维成为习惯的想法，认为所有的学生都应该拥有创造性思维。他说：“促进这个习惯形成的主要因素是：应用它的机会，当人们利用这些机会时得到的鼓励，当人们响应这种鼓励并创造性地去思考和实践时得到的回报。”[③]以下是创造性个体的一般特征，以及在学生中培养这些特征的方法。

(一) 有创造力的人是积极的

积极的学生会努力寻找问题并找到有趣的解决方法。有创造力的思考者会积极了解事物是如何运作的,为什么事物不能工作,以及如何让事物更好地工作。创造力以一种新的方式解决问题。第四章对动力给出了详细的解释。

(二) 有创造力的人拥有坚实的知识基础

要使创造力有效果,学生必须对本领域有深刻的理解。没有对本领域和其他交叉领域内容的广泛了解,人是不可能解决问题或使事物变得更好。知识的交融允许个人改变和融合各种观点。譬如,坚实的知识基础对数学创新尤其重要。数学家们思维灵活,他们之所以能够有效地解决问题,更多的是因为他们具备对数学的理解能力而不仅仅是计算能力。(鼓励创造力的具体技巧——尤其是数学,请参阅第224~225页)。

(三) 有创造力的人享受挑战

要想拥有创造力并不是一件容易的事,通常需要经历多次失败。如果学生没有接受挑战的倾向,或者在学习的过程中没有面临智力上的挑战,拥有创造力是非常困难的。这就是有些天才或高层次学习者不愿意创新的原因。有创造力的人必须愿意接受寻找新的解决方案的挑战,愿意质疑自己的信仰、想法、假设,必须意识到自己可能不会很快得出结论,或者不能在一开始就提出正确的解决方案。

(四) 有创造力的人有耐心、恒心、毅力

现在的世界是一个即时满足的世界。我们不需要等太久就可以找到答案(Google. com,Ask. com),吃一顿饭(快餐),听到朋友的声音(社交媒体、短信、手机),或者在任何想看的时间看到最喜欢的节目(DVRs、点播、媒体流)。如今的学生通常会变得缺乏耐心,而且常常缺乏毅力和能力去完成一项没有简单便捷解决方案的任务。

培养创造力是一项艰巨的工作,需要耐心、恒心、毅力。在没有简单便

捷的答案时，能够快速激发创造性思维是必要的。然而，如前文所述，创造性思维需要坚实的知识基础，这需要用时间和耐心去搭建。创造性的思考者也必须享受创造性的挑战——这需要毅力，而且他们也不能满足于单一的“正确”答案——这需要恒心。

三、培养创造性思维的策略

教师在课堂上可以采用多种形式培养创造性思维。学生为完成写作任务而集思广益，预测科学实验的结果，开展独立研究，他们每天都在课堂上运用创造性思维技巧和天赋。在许多实例中，学生甚至没有意识到自己是有创造力的。要提高学生的创造性意识，需要在日常课程中加入具体的、有针对性的创造性思维活动和练习。将这些活动作为“创造力建设”的活动引进。学生需要意识到这些活动，并且期望在活动过程中产生开放的、新奇的、非传统的想法。

培养创造性思维的一种方法是利用四个最为有名的创造性思维策略：鼓励流利性(Fluency)、培养灵活性(Flexibility)、强调原创性(Originality)、激发详尽性(Elaboration)(简称 FFOE)。这些策略可以单独使用，也可以结合使用。以下活动和方法可以作为“海绵”活动(当你剩下几分钟时间，想让学生吸收所有新学的知识时使用)，思考前“热身”活动，或者“大脑休息”活动(见第四章)。让学生参与这些策略，既可以将其包含在课程中，也可以作为独立活动，这样可以培养他们创造性思考的习惯，激励其更加频繁地使用创造性思维。

(一) 鼓励流利性

流利性是指能够产生尽可能多的灵感的特性。鼓励流利性可以帮助学生克服寻找“一个正确答案”的焦虑。我们也可以认为流利性活动是“头脑风暴”。“头脑风暴”需要整个团队这样做：

(1) 所有成员都通过某种方式参与进来，可以提出想法，也可以恭敬地倾听。

(2) 所有想法都要考虑，不管是正面的还是负面的。

(3) 所有成员都尽可能快地投入工作,花费大量时间去仔细考虑一个想法可能会扼杀创造力,鼓励自我批评。

(4) 所有成员都倾听他人的想法,并以此为基础。

鼓励流利性的活动

■ 列出尽可能多的[插入颜色]的事情。
■ 列出所有能想到[插入形容词]的事情。
■ 列出所有成对(或成三、成四,等等)的事情。
■ 列出尽可能多的复合单词。
■ 列出尽可能多的三音节词。
■ 列出以字母[插入字母]开头的单词。
■ 列出以字母[插入字母]结尾的单词。
■ 列出发音中有[插入元音或辅音]的单词。
■ 列出所有包括[插入概念,例如,真理、爱、正义、独立]的事情。
■ 列出有框架的事情。
■ 列出发光的东西。
■ 列出鼓舞人心的事情。
■ 列出开放(或保守)的事情。
■ 列出[插入季节]活动。
■ 列出[插入物品]可能的用途。
■ 列出[插入数字或数学概念]表示方式。
■ 列出自己会问[插入人,例如,美国总统、阿尔伯特・爱因斯坦、乔治亚・奥基弗]的问题。
■ 列出自己可能会在[插入地方]看到的所有的东西。
■ 列出只能一次性使用的东西。
■ 列出有多个颜色的东西。
■ 列出公路地图上包含的条目。
■ 列出不平衡的东西。
■ 列出我们的文化受古代文明思想或发明的影响的方式。
■ 列出使用公制系统作为测量技术的项目。
■ 尽可能多地列出可以表示问好的语言。

- 列出解决[插入问题]的所有方法。

(二) 培养灵活性

灵活性是指能够适应新情况和尝试各种方法解决问题的特性。这意味着不采取第一个和最明显的解决方案。它教会学生从不同的视角看问题。能够激发灵活性的问题有:“有什么其他类的……”“有什么其他可以做的……”“还有什么别的办法……”。

培养灵活性的活动和问题

- 可以使用多少种不同的方法对这些物品进行分类。
- 为……创建一个比喻。
- 使用比喻、类比来描述……
- 可以在折扣商店买到什么物品,用来建造房子?
- 可以在杂货店买到什么物品,用来阻止洪水?
- 可以在五金店买到什么物品,用来做衣服?
- 可能在一个车库找到什么物品,用来驯服狮子?
- 可以有多少种使用铅笔的方式?
- 另一种解决这个问题的方法是什么?
- 看待……的另一种方式是什么?
- 使用……的另一种方式是什么?
- 能另外怎么……?
- 有没有其他地方,可能找到……呢?
- 用不同的方式展示自己的答案。

(三) 强调原创性

横向思考的概念——有意识地改变自己的观点以产生一个原创的想法的过程——是另一个培养创造性思维的有价值的策略。创意是独特的、不寻常的、新颖的想法的发展。产生新颖的想法对学生来说是很困难的,因为他们可能相信“一切都已经被想过了”,或他们可能采用别人的思想来找到更简单的途径。原创或新颖并不总是意味着出现全新的东西。它也可以指采用旧的想法或产品,并对其进行转化,使结果与众不同。

强调原创性的活动和问题

- 从自己的项目列表看,是否有其他人没有想到的项目?
- 从项目列表看,自己认为最独特的项目是什么?
- 创造[插入物品]一个新用途。
- 设计[插入物品]一种新用途。
- 分享有关记笔记或给某人写信的最不寻常的经历。
- 为[插入小说或电影]创造一个新的结局。
- 为一个新的园艺工具构建一个可行的计划。
- 设计一个设备,用以打扫凌乱的房间。

(四) 激发详尽性

激发详尽性是一个提供广泛的、扩展的细节的过程。当学生处于"白色空间"时,他们对寻找解决方案具有敏感性。激发详尽性需要对思想进行扩展、修饰、延伸、精炼。创造力需要在详尽性和持续性方面不断改进。对于任何常见的产品或用具,制造商都是在先前模型的基础上,通过集体创造力不断改进的。以汽车为例,每年的新模型都包含对前几年的模型的改进。汽车公司在不断评估的基础上做出这些改进,使自己的产品更快捷、更舒适、更高效、更符合消费者的需要。富有创造力的思考者通过不断尝试使自己的想法变得更好。

激发详尽性的活动和问题

- 从自己的列表中选择一个词语,通过创建一个故事、图片、诗歌或歌曲对其进行详细的说明。
- 如何使铅笔更有效或有趣?
- 详细说明一个图形[展示一个圆、一条波浪线、一个正方形或其他图形]。
- 写出《三只小猪》《罗密欧和朱丽叶》《野性的召唤》故事开始前发生的事情。
- 详细说明这句话:"狗在夜晚狂吠。"
- 如何改变游戏[插入游戏],使其可以……?(例如,如何改变棒球游戏使其可以在水下进行?)

- 写一本制作手册，制作世界上最好的花生酱和果冻三明治。
- 解释自己如何得到[插入问题]的正确答案。
- 仅仅使用数字，给别人指路。
- 小偷从巴黎卢浮宫偷走了《蒙娜丽莎》。他用三件物品帮助自己偷画[列出三件不相关的物品，如冰块、钢琴和撬棍]。他是怎么做到的?
- 最重的月份是哪月? 为什么?
- 哪一天是最甜蜜的或者最悲伤的? 为什么?
- 哪一小时是最"高"的、最"宽"的、最"狭窄"的? 为什么?

四、创造性思维活动

除了每个FFOE策略下面列出的活动，以下活动也可以同时激发多个FFOE策略，培养学生的创造性思维。

(一) 活动：用引发词"蹦蹦跳跳"(SCAMPER)

▶ 激发：灵活性、原创性

(引发词=激发学生思考的词)

S=替代(Substitute)

你会把什么和……相互替代……使它更好?

我可以用……而不是……

如果我改变……会……

引发词：替代、交换、填写、重命名、替换、重新定位、改变、代表、切换、代理、取代。

C=结合(Combine)

你会把什么和……结合起来，使它变得更好?

如果我把……与……放在一起，会创造……

引发词：融合、混合、汇集、合并、结合、团结起来、加入、联合、混合、联系、包装。

A=改进(Adapt)

你会怎样改进……使它变得更好?

你如何改进……的想法?

如果我改变……它会……

引发词:变化、改变、调整、多样、修改、弯曲、适合、适应、规范、复制、模仿、合并、转换。

M=调节(Modify)(最大化、最小化)

我如何调节……使它更好?

我应该把重点放在哪里以使……更好?

如果我使……变大、变小,它会……

引发词:适应、调整、更改、改变、增加、修改、变化、变换、突变、抑制、缓和、调节、开发、利用、充分利用、扩大、拓展、放大、更大、提高、加长、增高、促进、增强、扩展、减少、精减、减轻、遏制、缩小、贬低、弱化、缩短、伸展、过分强调、过分注重、淡化。

P=(Put into other use)用于其他用途

如何用不同的方式使用……使它变得更好?

可以这样用……:__________。

这样使用……会……

引发词:应用、使用、练习、运用、开发、利用、经营、工作、处理、协商、操作、管理、花费、支出、用尽、消耗、消费、功能、目的。

E=(Eliminate)消除

能从……中消除什么,使它变得更好?

能简化什么使……更好、更有效?

如果消除……它会……

引发词:摆脱、废除、根除、废止、删除、减少、清除、排除、排泄、驱逐、消灭、抛弃、杀死、清算、降低、缓和、最小化、调节、忽视、传递、排斥、限制、扔掉、浪费、剔除。

R=修订(Revise)(重新安排、重新排序、翻转)

可以修订什么使……更好?

如果修订……它可以……

引发词：推翻、转身、撤销、取消、无效、废除、阻止、交换、转置、开关、转化、改变、相对、相反、对立、逆、对立面、另一方面、修改、调整、纠正、提高、返工、重新组织、安排、延迟、改组、重编、重组、分类、混合、移动、重置、向后/前/周围移动。

（二）活动：波浪线

▶ 激发：流利性、灵活性、原创性、详尽性

（变化：点——相同的活动，但使用一个黏点。）

（1）用黑色水笔或记号笔，在一张纸上为每一个学生随机画一条波浪线。这条波浪线可以是相同的，也可以是完全不同的。

（2）把这张纸交给学生，让他们在自己的波浪线上创作一幅画。

（3）一定要鼓励学生把纸翻过来，从不同的角度看这些波浪线，直到有一个想法在他们的脑海中闪现。

（4）指导学生填写“所有空白”，并尽可能地精心设计。

（5）学生至少花 5 分钟认真画画。对于那些认为“我完成了”的学生说：

- ▶ 在哪里可能添加更多的颜色或线呢？
- ▶ 有哪些东西可以添加在你的画的周围吗？
- ▶ 有哪些东西可以添加在通常不是你的画的周围的位置？
- ▶ 可以如何利用波浪线使自己的画作更精细？

（6）让学生分享他们的图画。

（7）为了扩展学习，问：

- ▶ 这个活动中最困难的是什么？
- ▶ 什么会使这个任务更简单？
- ▶ 为什么做自己所做的？
- ▶ 你如何在其他课上使用这种技术？

（三）活动：快速思考

▶ 激发：流利性、灵活性

（1）收集各种各样奇特的物品（如：空铁罐、塑料管、勺子、紧身衣、鼓槌、

毛刷、纸巾、网球),将它们放到一个大袋子里。

(2) 将学生分成小组,每组不超过 10 人。

(3) 为了热身,给每组一个物品。

(4) 将物品在小组中传递,不对物品进行任何描述。学生用自己所有的感官(例如,它闻起来、尝起来、听起来、看起来、摸起来怎样)评估该物品。然后说出至少一个这个物品可以是什么的想法。譬如,有鼓槌的小组可能会把它想象成麦克风、指挥棒或搅拌棒。

(5) 接下来,学生互相分享自己的想法。每人不能重复别人说过的话。如果他们的想法已经被别人说过了,他们需要再想出一个新的想法。

(6) 学生热身后,变换每组的物品,重新开始。

(7) 在这个过程中,学生将物体传递到小组周围,立即分享他们对物体可能是什么的想法。

(8) 再一次变换每组的物品,这一次,学生必须尽量快地传递物品并说出可能是什么。用"准备,开始,快速思考"开始这一轮游戏。

(9) 传递物体速度最快且想出所有不同想法的那组是"赢家"。

改变该活动

- 不只传递一次物品,让学生尽可能多地围绕圆圈传递,并尽可能多地思考不重复的想法。(灵活性、详尽性)
- 每一轮过后,让学生决定哪些想法最具原创性。(原创性)
- 让一个学生提出这个物品可能是什么,然后其他人详细说明这个想法。例如,鼓槌=指挥棒……被世界著名指挥家使用……他被邪恶的间谍俘获……并被带到一个地下藏身地……在那里,他被发现并获救,因为他的指挥棒有魔力,可以让抓捕他的人昏昏欲睡……(细化)
- 小组成员的物品各异,必须就他(她)的物品提出一个新的想法。然后学生互相合作,在表演场景中使用这些物体。(流利性、灵活性、原创性、详尽性)
- 每一个小组成员得到一个不同的物品,全体成员一起组合成一个新物品或者产生一个新想法。(流利性、灵活性、原创性、详尽性)
- 每个小组成员都必须用手势(不要用任何语言或声音)表达他们对物品的想法,让别人猜出他们创作的东西是什么。(流利性、灵活

性、详尽性）

（四）活动：角色卡

▶ 激发：流利性、灵活性、原创性、详尽性

（1）用四种不同颜色的索引卡，创建四种类别：

角色	场景	地点	情绪
农民	生日	在湖边	高兴
银行家	婚礼	在城堡	悲伤
服务员	葬礼	在车里	疲劳
捕犬者	聚会	在山洞里	生气
作家	宗教活动	在闹鬼的屋子里	无聊
艺术家	晚餐	在餐馆	厌恶
科学家	早餐	在公交车上	冷静
数学家	参议院听证会	在丛林里	暴躁
发明家	商务会议	在杂货店	自以为是
陪审员	审判	在学校	嘲讽
法官	募捐	在医院	激动
历史学家	舞会	在街上	害怕
记者	万圣节	在动物园	热心
军人	肯塔基赛马	在谷仓	嫉妒
治疗师	签名售书	在办公室	担心
新闻工作者	毕业典礼	在海滩上	焦虑
小说人物	小说里的事件	小说里的地点	小说里的情绪

（2）将学生分成四组或更多的组。

（3）让各组从四种角色中分别随机抽取一张牌。

（4）每组根据自己拿到的角色卡片创造一个场景。

（5）让各个小组利用 5～10 分钟的时间来创建场景。告诉这些小组，他们的团队不能使用写在角色卡片上的文字。

(6) 让学生向其他小组展示他们的场景。

(7) 其他组试着猜出他们选择了什么角色卡片。

改变这个活动

■ 每个学生从每种分类中各抽一张卡片,使用角色卡片并编写自己的故事。(详尽性、原创性)

■ 在团队中,学生创建自己的角色卡片并和另一个团队交换。(灵活性、原创性、详尽性)

■ 使用文学作品,学生创建角色卡片改写结局或创作前传。(详尽性、原创性)

■ 各组展示完毕后,全班投票选出最具原创性的场景。(原创性)

■ 班级接收随机画的相同的角色卡片,每个学生必须根据这四张卡片创建一个故事或场景。(详尽性、原创性)

■ 小组中的每个学生从每个类别中抽取一个角色卡,必须创建一个场景并用到所有描述的内容。(详尽性、原创性)

(五) 活动:问题是什么?

▶ 激发:流利性、灵活性、原创性、详尽性

这个游戏,如同危险游戏,以答案开始,要求学生给出问题。该游戏旨在帮助学生理解和认识到任何问题都可能有多个正确答案。使用角色卡片,把"答案"留给学生。这个活动可以单独进行,也可以由两个人进行、分小组进行,或以班级为单位进行,希望学生能够提出与这个答案相匹配的最具原创性、最独特、最新颖的"问题"。

譬如,教师给出答案"农民",学生提问:"在他们的领域中,谁是杰出的?"

改变这个活动

■ 不使用角色卡片,让学生使用能找到的最模糊的信息,自己组织"答案"。

譬如,答案:"威斯特摩兰"。问题:"拉尔夫·丹维尔是哪里的第一个伯爵?"[这种变异需要大量的研究。因此,学生需要足够长的时间(一周)去发现问题。]

■ 对于一些低年级的学生，复习的形式之一是借助内容信息。譬如，答案："冬季"。问题："太阳在什么季节离地球最近？"
■ 对于一个数学变化，可使用等式。譬如，答案："9"。问题："(3×12)－(3×9)等于多少？"

（六）活动：日常艺术观

▶ 激发：流利性、灵活性、原创性、详尽性

(1) 张贴一幅著名艺术作品的复制品。

(2) 紧挨着这幅艺术作品，张贴一个类似于"海绵"活动中用的问题列表，写下提示或讨论基础、指南。

流利性活动的示例

■ 列出自己在这幅画中发现的所有东西。
■ 列出欣赏这幅画时产生的所有感想。
■ 列出在这幅画中看到的所有颜色。
■ 列出艺术家面对这幅画时可能会提出的问题。
■ 列出欣赏这幅画时，自己想到的所有东西。

灵活性活动和问题的示例

■ 将自己从这幅画中识别出来的物品进行分类。
■ 创建一个比喻或类比来描述这幅画。
■ 艺术家以________作为这幅画的标题。可能会给这幅画起什么标题？为什么？
■ 如果将这幅画反过来，将会看到什么呢？
■ 除了博物馆，可能会在哪里找到这样的一幅画？

原创性问题的示例

■ 该艺术品最独特的部分是什么？
■ 这样的艺术品最不寻常的地方是什么？
■ 这幅艺术品最具原创性的地方是什么？
■ 为什么这幅作品有艺术原创性？
■ 这幅艺术作品是如何激发想象力的？

详尽性活动和问题的示例

- 写下关于这幅画的诗、故事、歌曲或句子。
- 在这幅画展示的场景发生之前或之后,发生了什么事?
- 在一张空白的纸上,使用这幅画上的两种颜色创作一幅画。
- 艺术家为何使用他(她)选择的颜色或想法?
- 设计画框,突出这幅画最重要的方面,并解释自己的设计。

(七) 活动:5个事物

▶ 激发:灵活性、流利性、详尽性

1. 以一名学生为中心,大家围坐在一起。
2. 把两个网球或其他小的、柔软的物体随机分给一名学生。
3. 坐在中间的学生闭上眼睛,宣布“开始”。
4. 这个物体迅速地绕着圆圈逆时针传递,每个人都完全保持沉默。
5. 中间的学生可以在任何时候说“停止”,眼睛继续闭着,对持有物品的人说:“说出5个__________。”

例如:

- 动物园里的动物
- 可以被5分解的事物
- 学习中出现的术语
- 柴可夫斯基的作品
- 教室里的学生(一个让学生知道彼此名字的好方法)
- 美国南北战争期间重要的日期

6. 这个物品会继续向前传递,这名学生需要在再次接到该物品之前完成任务。

7. 如果该学生在再次接到该物品之前无法完成任务,他(她)就会进入圆圈的中心。

改变这个活动

通过让持有该物品的学生对中间的学生说“5个……”来变换这个活动。

五、创造性“海绵”活动

以下活动可以利用较少时间完成，譬如学生排队等午餐，等待铃声响起，等着收午餐费或记录考勤。

（一）活动：如果……会怎样？

▶ 激发：流利性、灵活性、原创性、详尽性

用假设性思考为学生的创造力热身。

（更多关于假设性思考的内容，请参见第九章。）

- 如果今年夏天没有下雨会怎样？
- 如果没有音乐会怎样？
- 如果学校每天持续到下午 6 点放学会怎样？
- 如果我们不使用数字会怎样？
- 如果每个人都说同一种语言会怎样？
- 如果汽车可以飞会怎样？
- 如果没有重力会怎样？
- 如果房屋完全使用非弹性材料建造会怎样？
- 如果没有网络会怎样？
- 如果时间静止会怎样？
- 如果没有人去上学会怎样？

（二）活动：然后发生了什么？

▶ 激发：详尽性、原创性

1. 在黑板上写一个句子的开头，如“我乘车去实地考察”。
2. 问学生：“然后发生了什么？”
3. 学生轮流说出下一个句子。教师对每一个人都说：“然后发生了什么？”
4. 这个过程一直持续到所有的学生都参与了一次为止。

改变这个活动

学生可以在黑板上写下自己的句子,或者写在日记里,写在一张纸上,然后在教室里传阅。

六、创造性活动的补充

(一) 活动:生活时间轴

▶ 激发:详尽性

学生在时间轴上选择一个点,进行表演或叙述。

(二) 活动:角色扮演、小品或戏剧

▶ 激发:流利性、灵活性、详尽性

为了强化学生对小说或历史人物的理解,让他们扮演这个角色,进行一个2~5分钟的表演以展示该人物的生活片段。

(三) 活动:读者剧场

▶ 激发:详尽性

学生朗读剧本中的一个片段。学生无须服装、布景或表演技巧,只需要用自己的话语做出解释。

(四) 活动:对个体创造力的研究

▶ 激发:详尽性

研究历史上或现代的一位具有创造力的人,可以帮助学生了解创造力的复杂本质以及具有创造力的人如何取得成功和面临怎样的挑战。

在差异化课堂中,创新是21世纪取得成功所必需的综合工具。教师通过各种各样的创造性活动丰富学习环境时,学生就会变得“聪明”,因为他们在学习过程中变得更加投入。创造力需要使用内容知识(事实、技能)和跨学科的连接思想。培养学生的创造力并不是站在标准化教学和评估的对立

面，它可以是一个补充的工具，突出有效思维，鼓励学生做出成就。

七、建立创造性课堂

每一个课堂都应该崇尚创造性。学生最好的学习方式是思考。为了让学生参与创造性课堂，我们需要积极鼓励学生去质疑、联想和想象。我们必须珍视、促进、奖励想象力和原创性。这种参与来自真实体验，来自应对拥有多种模糊解决方案的问题。歧义在生活中真实存在，学生必须开发认知工具对此加以处理，而不是回避问题。通过沉浸在真实的活动（真实世界的例子和经历）中，学生就能对此习惯并探索出模糊的解决方案。创造性的课堂鼓励学生乐意活在当下，所以现实生活中的体验就可以转变为“可获得教益的时刻”。

一个培养创造力的课堂永远不会只有一个正确答案。教师通过课堂鼓励学生发现新问题，并期待出现新的解决方案和差异化的观点。学生发现探索想法、参与讨论是有趣且需要胆识的。鼓励学生与他人分享想法，讨论自己的进展。学生从中学会欣赏别人的不同点，重视别人的工作方式。

在鼓励创造力的课堂上，学生感到放松、被支持，有“像在家里一般”的感觉。他们的想法受到重视和尊重。他们进行智力冒险，创造性地应对新情况。教师应该知道自己何时择机退后，让学生带头，并在需要的时刻鼓励和支持学生。教师指导学生完成形成性反馈过程。

鼓励创造力的短语

有趣的
我喜欢你的这些答案
继续
继续思考
深入挖掘
告诉我更多
唔唔唔……
继续

令人兴奋
令人着迷
著名的
详细说明这一想法
丰富的
接着说
继续下去

创造性课堂中的教师必须塑造创造性思维、行为和态度，向学生表明自己也是一个学习者，愿意和学生共同参与。这样可以营造一个开放的、具有建设性的学习环境。下面的列表给出了创造性课堂应该努力遵守的准则，可以在教室里展示。

创造性课堂的准则

1. 鼓励好奇心和提问题。
2. 问题可以有许多解决方法。
3. 需求是发明之母。
4. 停止评判和批评。
5. 必须有耐心、恒心、毅力。

当前，创造力尤为重要。学生将面临前所未有的挑战和问题，他们需要对此进行批判性的分析，对复杂的问题提出具有创造性的解决方案。学生通常认为数学不适合发挥创造力。然而，教师可以通过让学生思考处理数学问题，并提出合理的解决方案以提高学生的创造力。下面的列表提供了如何在课堂(尤其是数学课)上鼓励创造力的做法。

鼓励创造力

- 积极鼓励学生质疑、联想、想象可能出现的结果，探索想法。
- 促进和奖励想象、创新、好奇心和提问题。
- 问一些具有开放性的问题，比如"如果……会怎样""你可能怎么……"，帮助学生从不同的角度看这个话题。
- 重视和表扬学生多做多说。营造一种能让他们感到安全的氛围，敢于冒险，创造性地给出反应。
- 创建一个有趣、宽松的工作环境，鼓励学生勇于冒险，自由探索。

■ 为安静的反思创造条件，鼓励学生在工作中充满想象力。
■ 做最意想不到的事。适当的时候，把课程计划放在一边，"顺其自然地工作"，但不要忘记整体的学习目标。
■ 愿意退后，让学生起带头作用。但是，请确保随时准备给予提示和支持。
■ 参加活动，示范创造性思维和行为。向学生表明自己也是一个学习者，这样有利于创造一个开放的、具有建设性的学习环境。
■ 帮助学生建立标准以评判他们自己的工作，特别是工作的创意和价值。（可以简单地问："什么使……变好？"）
■ 就学生面临的问题及解决方案定期公开讨论。鼓励学生与他人分享自己的想法，谈论自己的进步。
■ 帮助学生学会欣赏他人工作中的不同点，并重视与自己不同的工作方式。
■ 帮助学生给予和接受建设性的反馈。
■ 使用真实的（现实生活中的）问题，尝试提出多个可能的解决方案。
■ 允许"有建设性但欠满意"的情形存在。"有建设性但欠满意"通常意味着有种种解决路径但不足以解决问题。它还描述了查看产品或服务的行为，并给出了使产品和服务能够更好或更有效地满足需求的方法。换句话说，"需求是发明之母。"
■ 拥有能够解决大多数问题的信念。
■ 帮助学生质疑评判或者批评。
■ 培养师生的毅力、灵活性、承担风险的能力、发现问题的能力以及敢于犯错误的能力。

① Bronson, P., and A. Merryman. "The Creativity Crisis." *Newsweek* (July 10, 2010). Cited research by Dr. Kyung Hee Kim at the College of William and Mary.
② Azzam, A. M. "Why Creativity Now? A Conversation with Sir Ken Robinson." *Teaching for the 21st Century*, *67 (1)* (September 2009): 22—26.
③ Sternberg, R. J. "Creativity Is a Habit." *Education Week* (February 22, 2006): 47—64.

第十一章　发现问题　解决问题　制定决策

教育是用以改变世界的最有力的武器。

——纳尔逊·曼德拉(Nelson Mandela),公民权利领袖

对科技的有效思考和学习最终会产生合理的决策。良好的决策对富有成效的、成功的人生是必要的。寻求决策通常涉及发现问题、设计解决方案。在问题暴露之前就能发现情况的人,更有能力主动地解决问题。不过,很多人并不能预见问题,因此,当问题出现时,他们采用保守的、紧张的方式加以解决,依赖于惯常的实践及自动式"膝跳"反射来处理问题。有效的问题发现者、问题解决者和决策者能够预见问题,制定自己的决策,并为寻求最佳解决方案采取行动。

仅仅传授学生如何找到问题的答案,已经不足以应对当今异常复杂的世界。那样相当于告诉他们:"如果它没有坏,就不要去修复它。"这种思路类似于扑灭火灾,而不是阻止火灾。然而,发现问题可以帮助学生更好地定义问题,更主动地展开思考,并获得更高质量的解决方案。一旦发现问题,决策行为就开始了。我们不应该认为决策是一个线性过程。在识别和选择那些不确定的东西时,我们都根据自己的愿望、目标、需要或需求决定价值观和偏好。可以将决策制定定义为:减少不确定性或提出怀疑以产生最合理的选择的行为。①

本章对有效问题的发现者、问题解决者和决策制定者总结出一系列特点,提供实现高质量结果的多种步骤,以及在整个过程中为学生提供帮助的图形框架。最后给出一份清单,列出了学生在做出正确的决策时所面临的障碍及其克服的路径。

一、有效问题的发现者、问题解决者和决策制定者的特征

成功的问题发现者、问题解决者、决策制定者通过多重透镜看待问题。他们从不同的角度看待问题,从不同的来源寻找信息,并预见可能出现的障碍。他们具有以下特点:

(一) 拥有强烈的好奇心

好奇心通常能够拯救猫,而不会杀死猫。好奇的人善于接纳周围的一切证据和活动,他们不会很快地忽略或忽视新信息。

(二) 思维灵活

他们用"新"视角看待"老"问题。这种由外而内的思维方式可以创造出更有效、更高效的解决方案。

(三) 倾听没有被说出的内容,看到没有被展示的内容

在解决问题时,人们常犯的错误是不注意那些未说出口的,或者是消极的部分。在问题出现之前就预料到它们,发现其独特的发展潜力,识别以前被忽视的东西,我们可以得到更好的解决方案。

(四) 执着且有耐心

我们反复强调,没有答案是简单的。最难的问题往往也是最难发现和最难解决的问题。因此,学生必须付出努力,坚持不懈,耐心等待,直到摸索出好的解决方法。

(五) 推迟判断

思考观点、问题或信息,需要学生花费很长时间。成功地解决问题并做出正确的决定,通常需要"好好考虑一下"。大脑需要时间来处理、考虑可能的结果,并选择可供选择的方法。要做出合理的决定,就意味着要拖延时间,把事情想清楚。

(六) 擅长反思

一旦得出结论,擅长解决问题的人会反思做了什么,如何做的以及采用哪些方法可能得到不同的结果。

二、发现问题

寻求好的解决方案和决策,首要的是发现潜在的问题。不应该把发现问题视为寻找麻烦,而是寻求办法改善状况,预测潜在的失败,或在一个问题恶化之前加以避免。下面的例子有助于培养学生发现问题的能力。

- 就课堂和学校如何运作提供一系列改进措施。
- 为了防止某些问题的恶化,现在可以在课堂上解决这些问题吗?
- 寻找故事中的主人公可能面临的问题。
- 如果政府已经全面应用电子金融体系,我们可能遇到什么问题?
- 假设我们限制地球上的每个人每天使用一加仑的水。我们能预测到什么问题?
- 如果学校每周上四天而不是五天的课,可能会出现什么问题?
- 如果所有公共标志都使用两种语言,可能会引起哪些问题?
- 科学家正在考虑研制一种药丸,可以提高智力。我们可以预见什么问题?

活动建议:在你的学校或社区中解决当前的问题,并以与这些问题和活动类似的方式设计问题。

三、解决问题

解决问题的常见步骤,称为"I-FORD",即通过五个步骤指导学生识别问题、收集事实、列出选项、选项排序、制定决策。

(一) 解决问题的步骤:I-FORD

识别(Identify):明确或形成问题。想要达到的目标是什么?

事实(Facts):收集需要的事实和数据,做出最好的决定。

选项(Options):列出可能的解决方案或策略。

选择排序(Rank your options):对选择和策略进行评估、排序和测试。

决定(Decide):做出决定,实施并评估解决方案。

最有效的问题解决者通常在线性和循环过程中遵循这些步骤(见图 11.1)。在此过程中,求解者总是可以回到前面的步骤,并且在过程中不停地评估每一个步骤,验证自己是否已经接近最终结果。

下一页将会逐一详细介绍这 5 个步骤,图 11.1 通过几个图形列出了具体的解决策略。

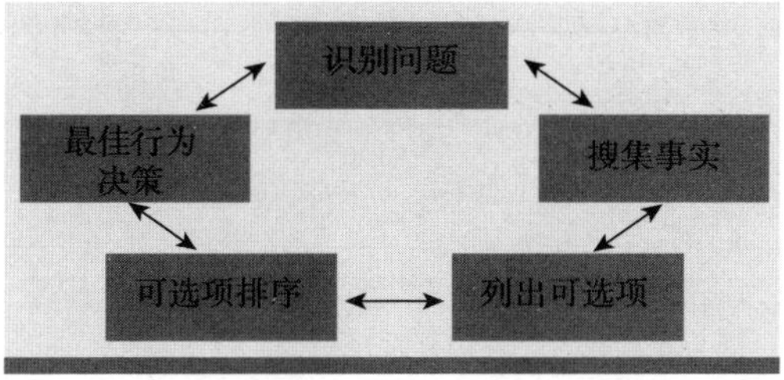

图 11.1 一种线性一循环式的问题解决流程

(二) 解决问题的策略

1. 用简单、描述性的语言描述问题的核心。
2. 使用图形(图片、表格)深入研究问题。
3. 从可能的结果中进行反推。
4. 使用不同的标志系统,以一种新的方式表示问题。
5. 与他人分享自己定义、再定义的问题。
6. 收集可能有助于解决问题的数据。
7. 重新表述并确认问题。
8. 就可能的解决方案或策略开展“头脑风暴”。
9. 测试可能的解决方案。
10. 选择最佳的行动路线。
11. 实施行动。
12. 对成效进行评估。

(三) I - FORD过程描述

1. 第一步:识别问题

随着问题的发现,可以找到塑造或定义问题的技巧,从而找到高质量的解决方案。在问题界定阶段,学生可以采用“以问题为核心”的策略。第242页绘制的表“从五个‘为什么’到‘所以’”提供了找到问题核心的一种方法。示例参见图11.2。在看完示例图之后,学生意识到最初的问题“我需要一辆新车”中还有另一个问题“我需要一份新工作”。简而言之,“我需要一辆新车”并没有触及问题的真正核心。一旦学生找到自己的核心问题,让他们用简单的描述性语言进行陈述。使用过于精细或复杂的语言会增加工作难度,且解决办法可能基于错误的问题而产生。

陈述: 我需要一辆新车。
为什么: 因为我不喜欢支付维修费用。
为什么: 因为它花费太大。
为什么: 因为我没有多余的钱。
为什么: 因为我挣得不够多。
为什么: 因为我目前的职位并没有给出应给的工资。
所以: 我需要找一份薪酬更高的工作。

图11.2 从五个“为什么”到“所以”:示例

塑造或定义问题的另一个策略是使用图形,如图片或表格。譬如,用于制定决策的“如果……然后……”思维导图(见图11.3)、“如果……会发生什么”图(见图11.4),以及“是什么、为什么、怎么办”图(见图11.5)。这些图可以帮助学习者更为深入地挖掘这些题目,预计可能出现的结果,定义可能出现的障碍,或者识别问题的潜在原因。

当可能出现多种需要解决的情况或问题时,学生可以使用图11.3。在学生画任何思维导图时,应该指导他们保持图表的清晰、简洁。思维导图是一种笔记辅助手段，可以概述情况、提供解决方案的关键字、组织思路。空白模板参见第 243 页。

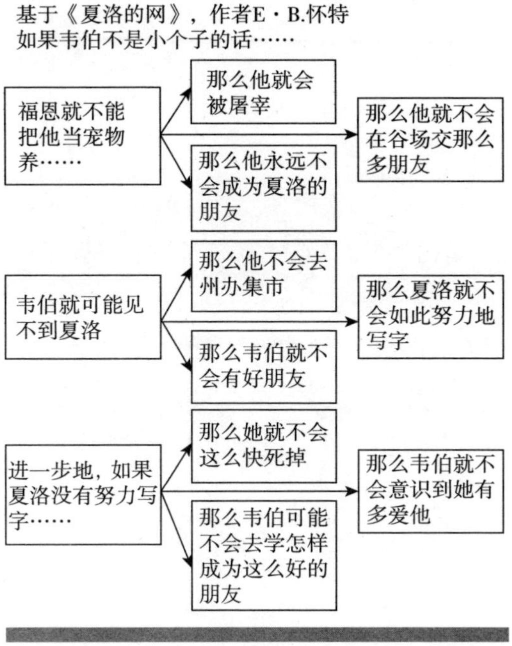

图 11.3　用于制定决策的"如果……然后……"思维导图：示例②

图 11.4 在假设性思考或预测行为的结果方面是有用的。它让思考者看到某种情况是如何影响或导致其他相关的情况或问题的。该示例展示出某一事件如何导致了多个次要的问题或情况。让学生选择其中的一个次要问题，进一步绘制思维导图，找出接下来可能出现的情况。第 244 页提供了空白模板。

图 11.5 中的内容在第八章中讨论过，该图描述了布鲁姆分类法的三个理解层级。一张"是什么、为什么、怎么办"的图表帮助学生建立问题框架，定义问题的重要方面，然后描述应采取什么行动来解决或缓解这种情形。这个模型是一个很好的工具，可以用来思考当前的事件或采取行动以解决地方性问题。该模型为学生提供了创建可行性解决方案的范例。第 245 页提供了空白模板。

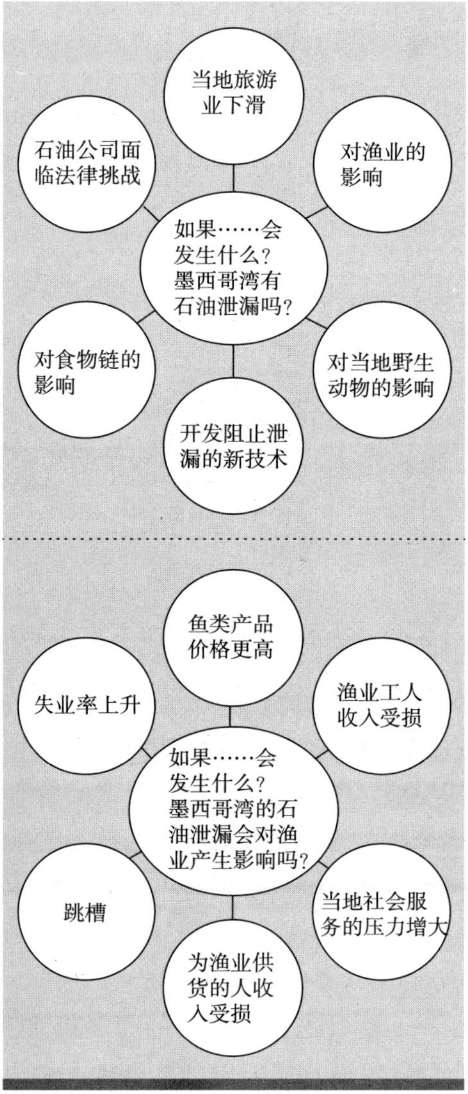

图 11.4 “如果……会发生什么”

是什么	为什么	怎么办
洪水冲毁营地，造成13人死亡。	由于当地水域用于娱乐，人们失去了生命。	应该建立早期预警系统以挽救人们的生命。水域用于娱乐应受到限制。
是什么	**为什么**	**怎么办**
心脏病是美国女性的头号杀手。	如果没有更多的预防和研究，女性的心脏病发病率可能会增加。	应该向妇女提供更多的预防信息。
是什么	**为什么**	**怎么办**
东欧的种族冲突导致内战。	东欧的内战可能导致一场影响整个世界的重大经济危机。	联合国应组成一个谈判小组，协助解决冲突，并派遣维和部队支助当地政府。

图 11.5　“是什么、为什么、怎么办”：示例

学生也可以使用逆向工作策略的图形。采用这个策略，学生可以确定可能的解决方案或问题的结果，同时使用图形，引出实现每个备选解决方案可能出现的连锁反应。

在某些情况下，我们在查看特定信息或数据的方式上可能存在障碍。对此，学生可以使用不同的符号系统以描述清楚问题。问题的表示方式(例如，口头描述)有时可能会分散或混淆求解者。当问题被限定于一个系统或代码(如单词)时，就限制了创造力或广泛思考的能力。词语传达太多的含义，可能会混淆语言的接收者。以下面的问题为例：

玛丽的年龄是萨姆的 6 倍。萨姆的年龄是蒂娜的 3 倍。蒂娜刚刚庆祝了她的 4 岁生日。玛丽和萨姆多大了？

使用不同的符号系统(数字与文字)可以使解决方案看起来简单得多：

蒂娜(T)＝4

萨姆(S)＝3T＝3×4＝12

玛丽(M)＝6S＝6×12＝72

下面的提问可以用来明确问题。

学生提出的问题

■ 问题是什么？

■ 如何用自己的话描述它？

- 涉及的特定元素是什么?
- 要求我做什么?
- 要求我展示什么?
- 可以画一个图表来帮助自己更好地理解这个问题吗?
- 可以使用另一个象征系统(如数字-单词)展示问题吗?

教师提出的问题

- 你能用自己的话告诉我问题是什么吗?
- 你丢失的信息是什么?
- 为保险起见,你可以忽略的信息是什么?
- 关于这个问题,你做了何种假设?
- 关于这个问题,哪些是你应该明确却没有明确的?

明确问题的另一个好方法是同其他人共享已经明确的问题。学生必须确保自己已经掌握了问题的本质。在明确问题的过程中,运用眼睛或耳朵非常有益。

2. 第二步:找出事实

一旦问题明确了,学生就要着手收集在解决问题的过程中可能有用的数据。这可以像列出或创建图表来表示已知和未知的信息一样简单。在上述“玛丽、萨姆、蒂娜的年龄”问题中,我们简单地列出了问题中提到的每个人的年龄。学生应该自查是否有解决问题的足够信息。求解者必须分析问题,检查未声明的信息或可能认为理所当然的信息,并检查所有的信息是否都具有相同的形式。解决者最好在此退后一步,重新描述问题,以确定需要更改或纠正的实际内容(使用“从五个‘为什么’到‘所以’”模板)。下面的问题可以用来找出难题中的事实。

学生提出的问题

- 什么可以引起这个问题?
- 它在哪里发生?
- 什么时候发生的?
- 它是怎么发生的?

- 它与谁一起发生？
- 它为何发生？
- 这个问题的(更小)组成部分是什么？
- 什么是未知的？
- 从问题中我可以收集什么信息？
- 什么信息缺失了或者是不必要的？
- 这些信息有规律吗？
- 是否有其他类似的问题，可以用作一个模型？
- 我可以用掌握的信息做一个图、表格，或列一个方程吗？

教师提出的问题

- 明确可能引起这个问题的原因。
- 嵌入这个问题中的小问题是什么？
- 明确你从这个问题中看出的规律。
- 提供你已经创建的可以帮助你定义问题的图、表格或方程。

3. 第三步：列出你的选择

列出可能用来解决问题的方案或策略。学生的"头脑风暴"技能可以在此发挥作用。"头脑风暴"包括以下过程：

1. 产生尽可能多的想法。
2. 不对想法进行评估，直到分享完所有的想法。
3. 工作要快，可以有时间做判断。
4. 借鉴别人的思想。

让学生在此列出可能的解决方案很有裨益。其他人或许会从不同的角度看待这个问题，也可能会得到一个未曾考虑过的解决方案。

4. 第四步：给自己的选择排序

经过思考之后，学生开始分析或测试可能的解决方案，给出每个可能的解决方案的优点、缺点和其他问题的列表。在此使用 PNI 或 CAI 可能效果明显。学生不要在此时对所有解决方案都进行评估，这样可以对没有考虑过的解决方案保持开放的心态。在回顾了各种解决方案后，学生可以选择最佳的行动方案或策略来解决问题。

下面列出了学生可以测试和排序的可行性解决策略：

- 猜想和检查
- 列一个清单
- 画一个图表
- 寻找规律
- 解决类似的、简单的问题
- 使用不同的象征系统
- 解决问题
- 创建一个模拟场景
- 倒推工作
- 从不同的角度看问题

可以利用下面的问题对策略进行排序。

学生提出的问题

- 在这个过程中应该发生的第一个、第二个、第三个、第四个……问题是什么？
- 我需要什么资源？
- 该行动耗费多长时间？
- 每一步都由谁负责？
- 哪些方法是及时、适当、合理、现实、符合成本效益、有效、可行的？
- 当问题已经解决了，情况会是什么样子？
- 我如何知道自己已经得到了一个解决方案？
- 我如何检查每个步骤都已经执行了？
- 如果我应用这个解决方案，会发生什么？(使用“如果……然后……”思维导图，或者“如果……会发生什么”模板。)

教师提出的问题

- 能向我解释你的计划吗？
- 到目前为止，你试过吗？

- 你以什么样的方式组织自己的信息？
- 在提出这个问题以前，你遇到过什么问题？
- 你为什么认为自己的计划有效？
- 你如何确保拥有自己需要的所有信息？
- 你怎么知道自己得到了一个解决方案？
- 你采用什么方式检查每一步的进展？

5. 第五步：确定解决方案

一旦选择了最佳行动，问题解决者就可以准备实施行动了。让学生首先检查每一步的准确性。在采取行动之后，学生必须评估什么发生了改变、怎么改变的，以及需要在多大程度上调整自己的行动。此外，他们还必须确定解决方案对相关原始问题是否有意义。这个阶段的关键是耐心、恒心和毅力。

可以使用以下问题确定解决方案。

学生提出的问题

- 我解决这个问题了吗？如果没有，需要怎样改进？
- 我采取的行动是有效且高效的吗？
- 我从解决问题的活动中学到了什么？
- 我的解决方法有意义吗？
- 我可以找到解决这个问题的另一种方法吗？

教师提出的问题

- 你是如何解决这个问题的？
- 如果还没有解决这个问题，你会采用哪种新方法？
- 你的计划和解决方案是否有效？
- 你从这次经历中学到了什么？
- 你的解决方法有意义吗？
- 你能以不同的方式解决这个问题吗？

如果没有得到满意的答案，学生必须重新开始。教师应确保他们已经清楚地了解该问题，收集了适当的数据，列出了所有可能的解决方案，选择并实施了正确的行动计划,评估了自己的成果。教师鼓励学生期待新方法、不后悔新尝试并提醒他们:如果起初没有成功,那就再试一次!

四、制定决策

在发现和解决问题的过程中,决策技巧是必不可少的。每一步都需要学生根据现有的信息做出合理的选择。然而,做决定是一个复杂的过程,学生往往会遇到困难。他们可能会因为阻碍自己思考的绊脚石而担心自己的创造力或决策力较弱。在某些情况下,这是因为学生没有学习克服困难的策略,或者未曾遇到需要他们努力解决的问题。有些非常聪颖的学生因为未遭遇过挫折和挑战而在做抉择时略显纠结。

决策障碍包括以下几个方面(这个列表类似于第四章学生学习成绩不良的原因列表,因为在很多情况下学习成绩不出色的学生在思维技巧方面的实践也是有限的):

- 对失败的恐惧("如果我失败了,人们会知道我不聪明。")
- 害怕成功("如果我成功了,人们会希望我一直成功。")
- 缺乏解决问题的能力
- 缺乏对问题的理解
- 缺乏挑战
- 缺乏兴趣
- 缺乏动力
- 缺乏自我效能
- 缺乏毅力
- 过度自信或缺乏自信
- 感觉自己太弱(承担不了太多的事情)
- 错误地使用能力
- 无法将想法转化成行动
- 缺乏完成工作的毅力
- 无法完成任务
- 没有开始

- 拖延
- 指责他人
- 过度自怜
- 过度依赖
- 专注于个人的困难
- 特别容易分心或缺乏专注度

克服决策障碍

有的学生不愿意做决策，也不愿意冒险，其主要原因在于认知心理学家卡罗尔·德韦克博士所称的固定思维（在第五章讨论过）。持有固定思维的学生认为自己的智力和能力是固定的，是与生俱来的，无法进一步发展。他们认为所有的考试和文件（成绩、奖杯和证书）都可以证明他们的成功。德韦克说："当人们相信固定的特质时，他们总是面临着被失败衡量的危险。"[③]相反，具有成长思维的学生认为，所有的技能和能力都可以通过努力得到进一步的提升。具有成长思维的人知道自己与生俱来的东西是可以重塑的。"当人们相信自己的基本能力可以开发时，失败可能会让他们受伤，但却不能限制他们。"[④]倘若我们教导学生可以通过成长思维改善自己的表现，他们就能更好地克服负面标签，抵制欺凌，战胜困难，消除刻板印象，跨越其他能感知到的、现实的障碍。这对于文化、语言、社会或经济背景不同的学生而言尤有价值。

1. 培养成长思维的习惯

制定符合成长思维的课堂习惯，有助于学生培养克服困难的决策能力。课堂习惯不同于规则，习惯是在给定的环境中开展业务或行动的一种方式。鼓励成长思维的课堂习惯包括以下各项：

教师的成长思维模式习惯

教师将：

- 展示目前可学的所有技能和程序；
- 示范耐心、恒心和毅力；
- 展示所有反馈，作为在未来取得成功的基础。

学生的成长思维模式习惯

学生认可：

- 所有技能和程序都是可学的；
- 实践耐心、恒心和毅力；
- 接受所有反馈作为我在未来取得成功的基础。

在课堂上展示这些习惯，让学生(和教师)每天背诵。

2. 培养学生的自信心

培养学生作为学习者和思考者的信心，是帮助他们做出正确决策的另一个关键策略。教师可以帮助学生建立对课堂的信心，也可以鼓励家长参与培养孩子的信心。

培养孩子的信心，家长应该：

- 展示给孩子：自己也喜欢挑战。
- 展示自己的错误，并将其作为一种学习工具。
- 谈论自己每天付出的努力。
- 展示自己坚持不断地学习。
- 为孩子提供建设性的批评意见。
- 当孩子从学校回家，问这样的问题：
  - 你今天学到的一件具体的事情是什么?
  - 今天你犯了什么能让你深刻反思的错误吗?
  - 你今天努力做了什么?
  - 在今天的学习中，你感到自豪的一件事是什么?
  - 在今天的学习中，有什么可以改进的吗?
  - 明天你给自己设定的明确的目标是什么?
- 赞美可以培养孩子的信心，譬如：
  - 你能为自己要做的事情而付出这么多的努力，我为你自豪。
  - 哇，你努力了，努力就会有回报!
  - 你在学习中表现出坚韧不拔的精神。
  - 你面临挑战时展示出的耐心令人印象深刻。
  - 尽管你未能达到自己的目标，但我认为你已经尽了自己最大的努力。

请注意，上面所有的陈述都不是关于能力的，而是关于努力的。

3. 传授学生如何调动自己的资源

传授学生如何调动资源，是帮助学生克服决策障碍的另一个有效方法。当学生知道有什么和在哪里可以找到他们需要的东西时，他们就能更好地发挥创造力，有效地解决问题。

调动资源的步骤

(1) 自信是最有价值的资源。

(2) 利用你周围的人(教师、同学、父母或其他成年人)。

(3) 利用有价值的材料。

(4) 询问或寻求帮助。

(5) 寻求更多的支持、信息或资源。

4. 鼓励学生承担风险

学生需要知道，做出好的决定需要冒险。冒险和犯错实际上是值得学习的宝贵技能。没有风险和失败，就没有成长；任何没有风险或失败的成功都是纯粹的运气。事实上，生活中的一切都需要一定程度的风险，会有失败的可能。因为害怕坐飞机，所以开车去度假目的地。由于想避免飞行，结果可能增加了遭遇车祸的风险。为了避免一切风险，于是选择坐在沙发上看电视，这会增加患上肥胖症、心脏病的风险，甚至会增加一架飞机从屋顶撞到沙发上的风险。风险是生活中很自然的一部分，涉及一定程度的恐惧，但这是一件好事，因为它表明我们是人类。

在课堂上运用团队决策的 12 个步骤(见第 246 页)实施班级决策。

高质量的课程鼓励学生寻求发现问题和解决问题的方法，并鼓励做出良好的决策。有效的教学模式会促进问题的发现和解决，并支持学生做出正确的决策。如第三章开头所述，只有高质量的课程和有效的教学实践才可以实现差异化。所有的学生都能够发现问题并解决问题。差异化课堂的特点在于，教师利用不同层次的课程活动帮助学生自信地发现问题，并为所有学生提供支持，使他们愿意承担风险、解决复杂的问题。本章列出的策略和思路将帮助教师找到那些"量身定制"的活动,培养学生发现和解决问题的能力,使他们更好地做出正确的决策。

从五个"为什么"到"所以"

陈述:
原因:
原因:
原因:
结论:

源自:《差异化学习——21世纪的思与学》。作者:理查德· M. 卡什,教育学博士。2017年版。该页可复制以供学校和地区使用。所有的其他用途,请与自由精神出版社联系,网址:www.freespirit.com/permissions。

用于制定决策的“如果……然后……”思维导图

主题：

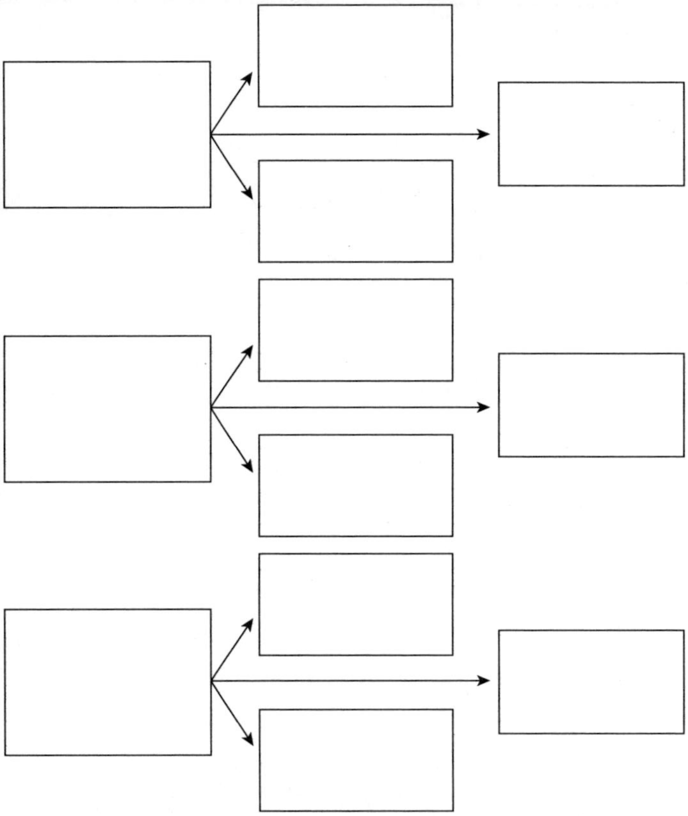

源自:《差异化学习——21 世纪的思与学》。作者:理查德 · M. 卡什,教育学博士。2017 年版。该页可复制以供学校和地区使用。所有的其他用途,请与自由精神出版社联系,网址:www.freespirit.com/permissions。

如果……会发生什么

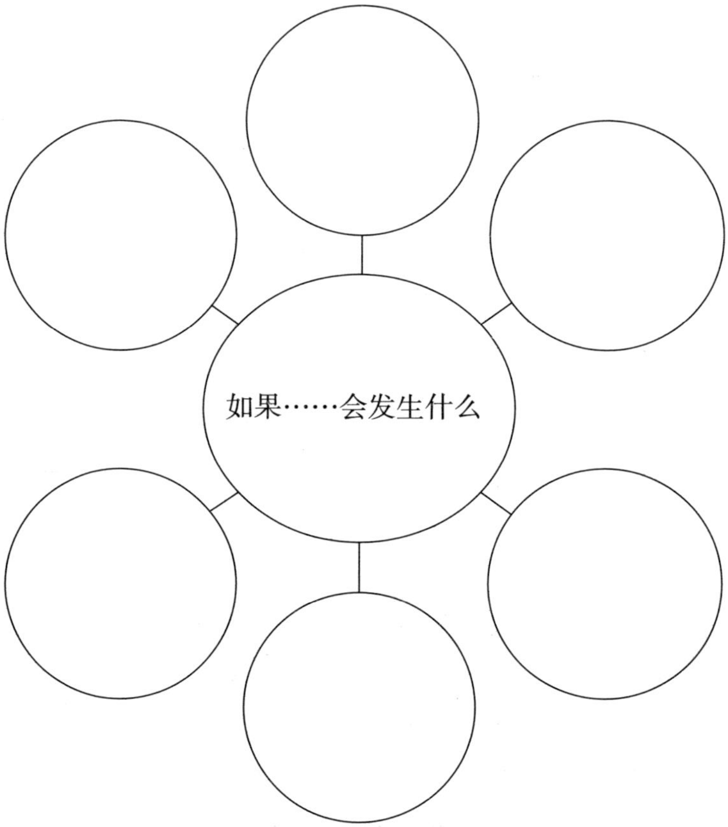

是什么、为什么、怎么办

是什么?	为什么?	怎么办?

是什么?	为什么?	怎么办?

是什么?	为什么?	怎么办?

团队决策的12个步骤

材料
大图纸
彩色黏点（红、黄、绿）
角色
组长（保证团队执行任务）
记录员（写作和记录）
计时员（管理每一步的时间）
1. 将班级分成多个小组，每组5~8人。每组任命1名组长，1名记录员，1名计时员。
2. 组长明确问题。（1分钟）
3. 每个组员都提供解决方案。（2分钟）
4. 使用循环的形式，组员分享一个想法。记录员在一张大纸上准确记录分享的内容。不要重复其他人的想法。除了澄清问题之外，不需要讨论。循环往复，直到分享了所有的想法为止。（最多10 分钟）
5. 讨论和阐述。每个人都可以问一些问题，使想法更加清晰，讨论每一个想法的特殊含义，为自己的观点辩护，比较各个想法，或者说服别人支持自己的想法。（5分钟）
6. 然后，小组成员给每个想法分配一个彩色黏点，对不同的想法排序。（1分钟）
红：可能最没有用的解决方案
黄：可能有用的解决方案
绿：可能最有用的解决方案
7. 组长选择被分配了最多的绿色黏点的想法，或者具有最大的成功可能性的想法。
8. 各小组聚在一起，每个小组的组长向班级报告本小组的有绿色黏点的决策。（最多5分钟）
9. 在课堂上对各个小组的决策进行投票，以与步骤6同样的方式给它们排序。（7分钟）
10. 为了避免出现平局，小组可采用辩论形式的循环赛，动员其他人为自己的方案投票。（1分钟）
11. 再次进行班级投票，这次使用一个红色的黏点和一个绿色的黏点。（1分钟）
12. 向全班报告最终的决定。

① Harrris, R. "Introduction to Decision Making, Part 1." (virtualsalt. com/crebook5. htm).

② Courtesy of Barbara Dullaghan, Bloomington Public Schools, Bloomington, MN.

③ Dweck, C. S. *Mindset: The New Psychology of Success*. New York: Ballantine Books, 2006: 29.

④ Ibid, p. 39.

余　论

将所有因素整合在一起

差异化教学是指通过学习内容为学生提供各种途径，使他们能够理解并获取信息的一种教学方式。在教学过程中，教师指导学生获取知识、产生成果，并提供培养学习者自主权的环境。下图将差异化教学的四个方面与本书中提出的21世纪基本的思维和学习工具结合起来。

内容 课程内容包含深刻的概念和观点，鼓励学生超越事实展开调查。有的学生在学科中扩展基本观点，有的则擅长发现新观点。应该鼓励学生运用所学知识解决现实世界的问题。	**过程** 引人入胜的教学实践可以向学生传授21世纪的基本技能，如批判性思维和创造性思维。在学习这些技能的时候，有的学生需要更直接的指导，有的则培养了冒险技能，并扩展了这些能力的使用范围。
差异化教学	
成果 根据新掌握的观点、技能和过程，学生可以呈现有意义的作品。教师可以鼓励学生利用批判性思维解决问题，并产生有用的成果。有的学生能够通过音乐、戏剧、散文或图形表达自己的观点，有的则选择通过演讲、艺术设计、多媒体或其他途径展示自己学到的知识。	**环境** 营造学习环境旨在承认大脑的兼容性以及对"丰富"和"刺激"的需求。有的学生在教室内学习，有的则可能通过互联网或在仿真教室的环境中进行。在新世纪，学习越来越多地发生在课堂之外。

高质量的课程需要通过内容来明确，这些内容可以清楚地识别学科内部和跨学科的主要概念，因此学生能够更好地掌握概念意义并产生深刻的理解。此外，教师应该充分了解学科和学习单元的事实和程序基础。有了这些知识，教师就可以有效地评估学生在事实、程序和概念方面的知识基础，并传授给学生更强的发现问题和解决问题的能力。

有效的教学过程是指在学生的先验知识和先天创造力的基础上,促进技能在学科内部和复杂知识中的应用。教师指导学生提升批判性、创造性和更高层次思维的能力。如果学生需要更多的辅导或在更为复杂的情境中发挥这些能力,教师就应该提供多种资源和策略以满足需求。教师应该鼓励学生通过自己独特性和原创性的表现,展现自己的学习成果。当然,由于学生的学习偏好或表达的必要性不同,他们对能力的表现也会不尽相同。

在 21 世纪,成功的标志是能够产生独特的、原创的观点或作品,并能够进行实践。教师必须通过各种方式鼓励学生去思考和学习,从而培养他们在这些方面的能力。未来的学习会在不同类型的环境和场所中进行。学生将在课堂之外学习。他们只需点击一下按钮,就可以与世界各地的人们沟通协作。教育工作者必须能够实现学习环境的差异化,使学习环境能够尊重不同学习者的智力需求,并培养和支持学生与生俱来的好奇心和创造力。

结　语

我的父母在 20 世纪 30 年代末 40 年代初入学。我的母亲高中毕业之后,唯一的希望是上大学,做一名教师或护士。母亲的强项是数学,后来她被推荐到文职学校做秘书,她同意了。我父亲只读到八年级,因为他对上学不感兴趣。在那个年代,高中学历并不是找到工作的必要条件。他唯一的希望就是参军,在那里得到高中文凭。我的父母成功抚养了五个孩子,这五个孩子都考取了大学。

我和兄弟姐妹在 20 世纪 70 年代陆续高中毕业后都上了大学,职业前景远远不同于我们的父母。计算机科学领域的发展为职业发展开辟了新道路——我见过的第一台电脑占据了整个教室,人们需要为它配备空调和维修设备。此外,我们在大学毕业后有更多的职业选择,这是父母 30 年前无可比拟的。我们所有人都进了教育领域,这很令人惊讶,因为我们的父母都没有上过大学,甚至有一位居然高中没有毕业。

21 世纪的高中生毕业之后,可以选择的职业要比我们当年可以选择的更多,选项的数量是 20 世纪中期我父母那一代的若干倍。社会所需劳动力的层次也已经发生了变化——从技能应用发展到知识开发,这个变化还将持续。21 世纪的知识工作者需要成为 FIT:灵活、创新的思想家(Flexible、Innovative thinkers),日益娴熟的技术专家(Tech-savvy to increasingly greater degrees)。

如同第一章所述,课堂科技的使用和应用对学生的未来成功至关重要。我们的任务是更好地运用科技指导学生,提升和丰富我们的生活。如果以恰当的方式使用计算机、智能手机、平板电脑、软件程序、视频游戏、投影仪、遥控器等,它们都将成为无与伦比的学习工具,可以提高学生的智力、生产力和创造力。这些技术手段也吸引了当今许多学生的关注。不过,虽然科技可以帮助、改善和提高师生的生活,但它们却不能代替我们思考。

经过练习和指导,所有学生都可以进行高水平的学习和思考。为了竭尽全力帮助学生,教师需要注意以下要点:

- 我们必须引导学生建立自己的思维和学习过程。
- 我们必须每天把思维和学习灌输到课堂和课程中去。
- 我们必须期望学生使用和讨论他们的想法。
- 我们必须尊重、重视和赞扬学生各种各样的想法,即便我们不同意某些观点。
- 我们必须支持学生将课堂学习的知识与课外知识联系起来。

教师倘若接受本书的观点,将 21 世纪有效的思维和学习技巧融入课堂和课程中,并运用相关策略、模板和模型,学生将会更加积极地参与学习,提升思维能力,在快速发展的社会中获得更多成功的机遇。

参考文献

Afflerbach, P., P. Pearson, and S. G. Paris. "Clarifying Differences Between Reading Skills and Reading Strategies." *The Reading Teacher, 61(5)*(2008):364—373.

Anderson, L. W., and D. R. Krathwohl (Eds.). *A Taxonomy for Learning, Teaching, and Assessing: A Revision of Bloom's Taxonomy of Educational Objectives.* New York: Longman, 2001.

Azzam, A. M. "Why Creativity Now? A Conversation with Sir Ken Robinson." *Teaching for the 21st Century, 67(1)* (September 2009): 22—26.

Beecher, M. *Developing the Gifts and Talents of All Students in the Regular Classroom.* Austin, TX: Prufrock, 1995.

Bellanca, J., and R. Fogarty. *Catch Them Thinking.* Arlington Heights, IL: IRI/Skylight, 1986.

Ben-Hur, M. *Concept-Rich Math Instruction: Building a Strong Foundation for Reasoning and Problem Solving.* Alexandria, VA: ASCD, 2006.

Bloom, B. S. *Taxonomy of Educational Objectives, The Classification of Educational Goals, Handbook I: Cognitive Domain.* White Plains, NY: Longman, 1956.

Bronson, P., and A. Merryman. "The Creativity Crisis." *Newsweek* (July 10, 2010). Cited research by Dr. Kyung Hee Kim at the College of William and Mary.

Cash, R. M. *Self-Regulation in the Classroom: Helping Students Learn How to Learn.* Minneapolis: Free Spirit Publishing, 2016.

Casserly, M. "10 Jobs That Didn't Exist 10 Years Ago." *Forbes. com* (May 11, 2012) (forbes .com/sites/meghancasserly/2012/05/11/10-jobs-that-didnt-exist-10-years-ago).

Chappuis, J., et al.. *Classroom Assessment for Student Learning.* Upper Saddle River, NJ: Pearson, 2014.

Cole, R. W., ed. *Educating Everybody's Children: Diverse Teaching Strategies for*

Diverse Learners. Alexandria, VA: ASCD, 2008.

——. *More Strategies for Educating Everybody's Children*. Alexandria, VA: ASCD, 2001.

Collaborative for Academic, Social, and Emotional Learning (CASEL). "What Is Social and Emotional Learning?" (casel.org/social-and-emotional-learning)

Colvin, G. *Talent Is Overrated: What Really Separates World-Class Performers from Everybody Else*. New York: Portfolio Publishing, 2008.

Cotton, K. "Close-Up #11: Teaching Thinking Skills." *School Improvement Research Series Report*. Northwest Regional Educational Laboratory (NWREL), 1991.

Cox, A. J. *No Mind Left Behind: Understanding and Fostering Executive Control—The Eight Essential Brain Skills Every Child Needs to Thrive*. New York: Perigee Books, 2007.

Csikszentmihalyi, M. *Finding Flow: The Psychology of Engagement with Everyday Life*. New York: Basic Books, 1997.

Danielson, C. *Enhancing Professional Practice: A Framework for Teaching. Alexandria*, VA: ASCD, 2007.

——. *The Framework for Teaching Evaluation Instrument, 2013 Edition*. Princeton, NJ: The Danielson Group, 2014.

Dean, B. "Wisdom" (www.authentichappiness.sas.upenn.edu/newsletters /authentichappinesscoaching /wisdom).

Dosomething.org. "11 Facts About Education and Poverty in America" (dosomething.org /us/facts/11 -facts-about-education-and-poverty-america).

Drucker, P. F. "The Next Workforce: Knowledge Workers Are the New Capitalists." *The Economist* (November 2001).

Dweck, C. S. *Mindset: The New Psychology of Success*. New York: Ballantine Books, 2006.

EDUCAUSE. "Things You Should Know About... Flipped Classrooms." (February 2012) (net.educause.edu/ir/library/pdf/ELI7081 .pdf).

Elder, L., and R. Paul. *Guide to Critical Thinking*. Dillon Beach, CA: Foundation for Critical Thinking, 2009.

Eliot, L. "The Truth About Boys and Girls." *Scientific American Mind* (May/June 2010).

Elliot, A. J. and C. S. Dweck, eds. *Handbook of Competence and Motivation*. New

York: Guilford Press, 2005.

Erickson, H. L. *Concept-Based Curriculum and Instruction: Teaching Beyond the Facts.* Thousand Oaks, CA: Corwin Press, 2002.

——. *Concept-Based Curriculum and Instruction for the Thinking Glassroom.* Thousand Oaks, CA: Corwin Press, 2007.

Erlauer, L. *The Brain-Compatible Glassroom: Using What We Know About Learning to Improve Teaching.* Alexandria, VA: ASCD, 2003.

Erwin, J. C. *The Classroom of Choice: Giving Students What They Need and Getting What You Want.* Alexandria, VA: ASCD, 2004.

Ettling, M. "Workforce 2020: How Ready Are You?" *Forbes. com* (Sept. 11, 2014) (forbes. com/sites/sap/2014/09/11 /workforce-2020-how-ready-are-you).

Fisher, D., and N. Frey. *Checking for Understanding: Formative Assessment Techniques for Your Classroom.* Alexandria, VA: ASCD, 2014.

Fredricks, J. A., P. C. Blumenfeld, and A. H. Paris "School Engagement: Potential of the Concept, State of the Evidence." *Review of Educational Research, 74 (I)* (Spring 2004): 59—109.

Gentry, M., and R. K. Gable. *My Class Activities: A Survey Instrument to Assess Students' Perceptions of Interest, Challenge, Choice, and Enjoyment in Their Classroom.* Mansfield Center, CT: Creative Learning Press, 2001.

Giroux, H. A. "Toward a Pedagogy of Critical Thinking." In *Re-Thinking Reason: New Perspectives on Critical Thinking.* K. S. Walters (Ed.). Albany, NY: State University of New York Press, 1994.

Girsch, M., and C. Girsch. *Fanning the Creative Spirit: Two Toy Inventors Simplify Creativity.* St. Paul, MN: Creativity Central, 2005.

Given, B. K. *Teaching to the Brain's Natural Learning Systems.* Alexandria, VA: ASCD, 2002.

Global Digital Citizen Foundation (globaldigitalcitizen. org).

Goodwin, B., and K. Miller. "Research Says / Evidence on Flipped Classrooms Is Still Coming In." *Educational Leadership, 70(6)* (March 2013): 78—80.

Graham, S., and C. Hudley. "Race and Ethnicity in the Study of Motivation and Competence. In *Handbook of Competence and Motivation.* A. J. Elliot and C. S. Dweck (Eds.). New York: Guilford Press, 2005.

Gurian, M., and K. Stevens. *The Minds of Boys: Saving Our Sons from Falling Be-*

hind in School and Life. San Francisco, CA: Jossey-Bass, 2005.

Guskey, T. R., ed. *The Teacher as Assessment Leader*. Bloomington, IN: Solution Tree Press, 2009.

Harris, R. "Introduction to Decision Making, Part 1." (virtualsalt. com/crebook5. htm).

Hattie, J. *Visible Learning*. New York: Routledge, 2009.

Heacox, D. *Differentiating Instruction in the Regular Classroom: How to Reach and Teach All Learners*. Minneapolis: Free Spirit Publishing, 2012.

——. *Making Differentiation a Habit: How to Ensure Success in Academically Diverse Classrooms*. Minneapolis: Free Spirit Publishing, 2009.

Heacox, D., and R. M. Cash. *Differentiation for Gifted Learners: Going Beyond the Basics*. Minneapolis: Free Spirit Publishing, 2014.

Institute for the Future. "Future Work Skills 2020." Palo Alto, CA: Institute for the Future for the University of Phoenix Research Institute, 2011. (iftf. org/uploads/media / SR-1382A_UPRI_future_work_skills_sm. pdf).

Jensen, E. *Arts with the Brain in Mind*. Alexandria, VA: ASCD, 2001.

——. *Brain-Based Learning*. Thousand Oaks, CA: Corwin Press, 2008.

——. *Teaching with Poverty in Mind: What Being Poor Does to Kids' Brains and What Schools Can Do About It*. Alexandria, VA: ASCD, 2009.

Johnson, E. B. *Contextual Teaching and Learning: What It Is and Why It's Here to Stay*. Thousand Oaks, CA: Corwin Press, 2002.

Joint Committee on National Health Education Standards. *National Health Education Standards: Achieving Excellence*. Atlanta: American Cancer Society, 2007.

Jukes, I., T. McCain, and L. Crockett. *Understanding the Digital Generation*. Thousand Oaks, CA: Corwin Press, 2010.

Koob, G. F. et al. "Stress, Performance, and Arousal: Focus on CRF." *National Institute on Drug Abuse Research Monograph, 97* (1990): 163—176.

Leong, D. J., and E. Bodrova. "Developing Self-Regulation: The Vygotskian *View*." *Academic Exchange Quarterly* (Winter 2006).

Lombardi, M. M. "Authentic Learning for the 21st Century: An Overview." ELI Paper 1. Educause Learning Initiative (May 2007).

Marzano, R. J. "The Marzano Teacher Evaluation Model." Marzano Research Laboratory (August 2011).

——. *Transforming Classroom Grading*. Alexandria, VA: ASCD, 2000.

Marzano, R. J., and J. S. Kendall. *The New Taxonomy of Educational Objectives*. Thousand Oaks, CA: Corwin Press, 2007.

Marzano, R. J., D. J. Pickering, and J. E. Pollock. *Classroom Instruction that Works: Research-Based Strategies for Increasing Student Achievement*. Alexandria, VA: ASCD, 2001.

Mead, M. *Coming of Age in Samoa: A Psychological Study of Primitive Youth for Western Civilisation*. New York: William Morrow, 1928.

Murphy, P. K. and P. A. Alexander. *Understanding How Students Learn: A Guide for Instructional Leaders*. Thousand Oaks, CA: Corwin Press, 2006.

National Center for Education Statistics. "Family Characteristics of School-Age Children." *The Condition of Education 2016* (nces. ed. gov / programs/coe/pdf/ coe_cce. pdf).

National Research Council. *How People Learn: Brain, Mind, Experience, and School (Expanded Edition)*. Washington, DC: National Academy Press, 2000.

Neu, T. W., and R. Weinfeld. *Helping Boys Succeed in School: A Practical Guide for Parents and Teachers*. Waco, TX: Prufrock Press, 2007.

Newmann, F. M., W. G. Secada, and G. G. Wehlage. *A Guide to Authentic Instruction and Assessment: Vision, Standards and Scoring*. Madison, WI: Wisconsin Center for Educational Research, 1995.

Nussbaum, P. D., and W. R. Daggett. *What Brain Research Teaches About Rigor, Relevance, and Relationships: And What It Teaches About Keeping Your Own Brain Healthy*. Rexford, NY: International Center for Leadership in Education, 2008.

O'Connor, K. *How to Grade for Learning: K - 12*. Thousand Oaks, CA: Corwin Press, 2009.

Oxford Economics. "Workforce 2020: Building a Strategic Workforce for the Future." (2015) (oxfordeconomics. com/workforce2020).

Partnership for 21st Century Learning (p21 .org/ our-work/p21 -framework).

Pearson, P. D., and M. C. Gallagher. "The Instruction of Reading Comprehension." *Contemporary Educational Psychology, 8* (1983): 317—345.

Piirto, J. *Understanding Creativity*. Scottsdale, AZ: Great Potential Press, 2004.

——. *Understanding Those Who Create*. Scottsdale, AZ: Great Potential Press, 1998.

PwC. "The Future of Work:Reshaping the Workplace." (2014) (pwc. com/gx/en/issues/talent /future-of-work. html).

Reeves, D. B. *Making Standards Work: How to Implement Standards-Based Assessments in the Classroom, School, and District.* Denver, CO: Advanced Learning Press, 2002.

Reeves, T. C., J. Herrington, and R. Oliver. "Authentic Activities and Online Learning." In *Research and Development in Higher Education: Quality Conversations Vol. 25*. T. Herrington (Ed.). Perth, Australia: Higher Education Research Development Society of Australasia, 2002.

Renzulli, J. S., M. Gentry, and S. M. Reis. *Enrichment Clusters: A Practical Plan for Real-World, Student-Driven Learning.* Waco, TX: Prufrock Press, 2014.

Right Question Institute (rightquestion. org).

Robinson, K. *The Element: How Finding Your Passion Changes Everything.* New York: Penguin Books, 2009.

——. *Out of Our Minds: Learning to Be Creative. Oxford*, United Kingdom: Capstone Publishing, 2011.

Ryan, R. M., and E. L. Deci. "Self- Determination Theory and the Facilitation of Intrinsic Motivation, Social Development, and Well-Being." *American Psychologist* (January 2000): 68—78.

Sams, A., and J. Bergmann. "Flip Your Students' Learning." *Educational Leadership, 70 (6)* (March 2013).

Savery, J. R., and T. M. Duffy. "Problem-Based Learning: An Instructional Model and Its Constructivist Framework." In *Constructivist Learning Environments: Case Studies in Instructional Design.* B. G. Wilson (Ed.). Englewood Cliffs, NJ: Educational Technology Publications, 1998: 135—148.

Schultz, W., P. Dayan, and P. R. Montague. "A Neural Substrate of Prediction and Reward." *Science,* 275(1997): 1593—1599.

Sheffield, L. J. *Extending the Challenge in Mathematics: Developing Mathematical Promise in K-8 Students.* Thousand Oaks, CA: Corwin Press, 2003.

Smilkstein, R. *We're Born to Learn: Using the Brain's Natural Learning Process to Create Today's Curriculum.* Thousand Oaks, CA: Corwin Press, 2011.

Sousa, D. A. *How the Brain Learns.* Thousand Oaks, CA: Corwin Press, 2011.

Sousa, D. A., and C. A. Tomlinson. *Differentiation and the Brain: How Neuro-*

science Supports the Learner-Friendly Classroom. Bloomington, IN: Solution Tree Press, 2011.

Sternberg, R. J. "Creativity Is a Habit." *Education Week* (February 22, 2006): 47—64.

——. "Schools Should Nurture Wisdom." In *Teaching for Intelligence.* B. Z. Presseisen (Ed.). Arlington Heights, IL: Skylight Training and Publishing, 1999: 55—82.

——. *Successful Intelligence: How Practical and Creative Intelligence Determine Success in Life.* New York: Plume Books, 1996.

——. *Wisdom, Intelligence and Creativity Synthesized.* New York: Cambridge University Press, 2003.

Sternberg, R. J., and E. L. Grigorenko. *Teaching for Successful Intelligence: To Increase Student Learning and Achievement. Thousand Oaks, CA: Corwin Press*, 2007.

Sternberg, R. J., and R. Subotnik, eds. *Optimizing Student Success with the Other Three Rs: Reasoning, Resilience, and Responsibility.* Greenwich, CT: Information Age Publishing, 2006.

Strong, R. W., H. F. Silver, and M. J. Perini. *Teaching What Matters Most: Standards and Strategies for Raising Student Achievement. Alexandria, VA: ASCD,* 2001.

Sylwester, R. *How to Explain a Brain: An Educator's Handbook of Brain Terms and Cognitive Processes.* Thousand Oaks, CA: Corwin Press, 2005.

Taba, H. *Curriculum Development: Theory and Practice.* New York: Harcourt Brace and World, 1962.

Tomlinson, C. A. *The Differentiated Classroom: Responding to the Needs of All Learners.* Alexandria, VA: ASCD, 2014.

——. *Fulfilling the Promise of the Differentiated Classroom: Strategies and Tools for Responsive Teaching.* Alexandria, VA: ASCD, 2003.

——. *How to Differentiate Instruction in Mixed-Ability Classrooms.* Alexandria, VA: ASCD, 2001.

Tomlinson, C. A., and M. B. Imbeau. *Leading and Managing a Differentiated Classroom.* Alexandria, VA: ASCD, 2010.

Tomlinson, C. A., and J. McTighe. *Integrating Differentiated Instruction & Understanding by Design: Connecting Content and Kids.* Alexandria, VA: ASCD, 2006.

Tomlinson, C. A., and T. R. Moon. *Assessment and Student Success in a Differen-*

tiated Classroom. Alexandria, VA: ASCD, 2013.

Treffinger, D. J., ed. *Creativity and Giftedness.* Thousand Oaks, CA: Corwin Press, 2004.

VanTassel-Baska, J., and C. A. Little. *Content-Based Curriculum for High-Ability Learners.* Waco, TX: Prufrock Press, 2011.

Vygotsky, L. S. *Mind in Society: The Development of Higher Psychological Processes.* Cambridge, MA: Harvard University Press, 1978.

Walters, K. S., ed. *Re-Thinking Reason: New Perspectives in Critical Thinking.* Albany, NY: State University of New York Press, 1994.

Ward, B. A. "Instructional Grouping in the Classroom." Washington, DC: Office of Educational Research and Improvement (OERI), U.S. Department of Education, November 1987.

Wiggins, G. and J. McTighe. *Understanding by Design.* Alexandria, VA: ASCD, 2005.

Wolfe, P. *Brain Matters: Translating Research into Classroom Practice.* Alexandria, VA: ASCD, 2010.

Wormeli, R. *Fair Isn't Always Equal: Assessing and Grading in the Differentiated Classroom.* Portland, ME: Stenhouse Publishers, 2006.

Zimmerman, B. J. "Becoming a Self-Regulated Learner: An Overview." *Theory into Practice, 41 (2)* (Spring 2002): 64—70.

——. "Investigating Self-Regulation and Motivation: Historical Background, Methodological Developments, and Future Prospects." *American Educational Research Journal, 45* (2000): 166—183.

Zimmerman, B. J., S. Bonner, and R. Kovach. *Developing Self-Regulated Learners: Beyond Achievement to Self-Efficacy.* Washington, DC: American Psychological Association, 1996.

Zimmerman, B. J., and A. Kitsantas. "Developmental Phases in Self-Regulation: Shifting from Process Goals to Outcome Goals." *Journal of Educational Psychology, 89 (1)* (1997): 29—36.

——. "The Hidden Dimension of Personal Competence: Self-Regulated Learning and Practice." In *Handbook of Competence and Motivation.* A. J. Elliot and C. S. Dweck (Eds.). New York: Guilford Press, 2005.